MARE LIGUSTICUM
NUSSA
MARSILIA
DELPHINAT
ARLA
NIMANS
AVINION
LUMBARDA
DURINO
SOPHOI
LEON
MACON
GENEVORA
LOZAN
SVEICZR
LUCERN
PERN
BURGUNDA
BIZANCZ
SAONA
FASEL
ELSAS
SCHALON
TULIUM
FRIBURG
STRASBURG
RAUNS
LUTRIG
METZ

# Die Alte Straße und der Fluss

Eine Zeitreise durch vier Jahrtausende

Umschlag: „Der Lech-Fluss“, Gabriel Bodenehr,
Ende 17./ Anfang 18. Jh.

CIP-Kurztitelaufnahme der Deutschen Bibliothek
*Knabe, Wolfgang:*
Die Alte Straße und der Fluss
1. Auflage
Königsbrunn 2007

ISBN 978-3-86595-181-6


Umschlaggestaltung Bernhard Knabe
Satz, Layout und Bildbearbeitung Bernhard Knabe
Druck und buchbinderische Verarbeitung:
Geigerdruck GmbH, Horb am Neckar
Herausgegeben von der Stadt Königsbrunn
Printed in Germany 2007

Wolfgang Knabe

# Die Alte Straße und der Fluss

mit Zeichnungen von Anton Oberfrank

# Grusswort

In unserer Stadt Königsbrunn ist bis heute die Trasse der römischen „Via Claudia Augusta" erhalten. Dieses Buch erzählt von der Entstehung dieser Straße, lange noch bevor die Römer kamen, und von ihrer bedeutenden Rolle im Fernverkehr in römischer Zeit und nach dem Zusammenbruch des Römischen Reiches bis in unsere Tage.

Den Fernhandel auf dieser „Alten Straße" zwischen den Wirtschaftsmetropolen des 16. Jahrhunderts, Venedig und Augsburg sowie Nürnberg, hat der Autor vor den Toren Augsburgs untersucht: auf der Flur der heutigen Stadt Königsbrunn. Seine Ergebnisse erzählen von einem für uns heute kaum noch vorstellbaren Warenfluss vom Einkaufsmarkt Indien via Venedig auf den europäischen Markt. Und sie dokumentieren, dass Politik und Handel diese „Straße nach Italien" über einen langen Zeitraum zur wichtigsten europäischen Transport- und Kommunikationsader haben werden lassen. Dadurch ist unsere Region, das Lechfeld, zum Begegnungsland geworden. Zahllose Reisende sind darüber hinweggezogen, Pilger, die in das Heilige Land unterwegs waren, und Kaufleute mit venezianischen Waren, die von den Märkten Asiens kamen – von Indien, der Drehscheibe des Asienhandels, und sogar aus China, dem damaligen Ende der Welt.

Keine zwei Jahrhunderte ist es her, dass sich entlang der „Straße nach Italien" wieder Siedler auf Königsbrunner Flur niedergelassen haben. Obwohl die „Alte Straße" längst ihre transeuropäische Bedeutung verloren hatte, zogen immer noch Händler, Reisende und Pilger über ihre Trasse. „Damit die Reisenden in der menschenleeren Ödung während der heißen Sommertage sich einen kühlenden Labetrunk verschaffen können", ließ König Ludwig I Brunnen bauen – die „Königsbrunnen" – wie uns ein Augenzeuge aus dem Jahr 1851 berichtet. Ohne diese „Alte Straße" gäbe es heute keine Stadt ‚Königsbrunn'.

Der Autor, Dr. Dr. Wolfgang Knabe, Kulturwissenchaftler und Königsbrunner Bürger, kennt die antiken und mittelalterlichen Märkte an der indischen Westküste. Er hat die historischen Seehandelsrouten vor der indischen Westküste mit dem in Königsbrunn liegenden kleinsten deutschen Forschungsschiff MERCATOR befahren und die alten Handelstraßen in Mittel- und Südasien auf mehreren Expeditionen bereist.

Im Jahre 2005 erhielt Dr. Knabe von der Bayerischen Staatsregierung den Auftrag, eine Ausstellung anlässlich der 500jährigen Wirtschaftsbeziehungen zwischen Indien und dieser Region zu realisieren. Er konzipierte einen „Historischen Globus", ein Bauwerk, das die erste Welthandelskarte der Neuzeit trägt. Es ist eine zweidimensionale Karte der Vatikanischen Bibliothek aus dem Jahre 1529, die dreidimensional neu berechnet und von 1,7 m² auf 425 m² vergrößert wurde. Die zehn Meter hohe Weltkugel im Stadtzentrum von Königsbrunn ist derzeit der weltweit größte historische Globus. Er beherbergt in seinem Innern eine Ausstellung über die zeitweise bedeutendste europäische Wirtschaftsader, die in ihrer Blütezeit von der Nordspitze Dänemarks in den Süden Italiens führte und ab Augsburg in einem westlichen Zweig Flandern erreichte.

Buch und Ausstellung sind ein wichtiger Beitrag für unsere Stadt, unsere Region, das Begegnungsland Lechfeld, und für alle Orte, die heute an der „Straße nach Italien" liegen. Einen herzlichen Dank dafür an den Autor, der die Vergangenheit der Königsbrunner Flur um ein faszinierendes neues Kapitel bereichert hat.

Ludwig Fröhlich
1. Bürgermeister der Stadt Königsbrunn

Königsbrunn im Juli 2007

# Inhalt

## Anhang

# Abbildungen

| Gehöfte, Siedlungen und Straßen auf Königsbrunner Flur | |
|---|---|
| **2000** | Besiedlung des Lechfeldes |
| 1800 | Bronzezeitliche Streusiedlung |
| 1200 | Gehöfte und Tonbrennerei |
| 1000 | Die keltische Straße |
| 800 | Das keltische Dorf |
| 600 | Bewohner wandern nach Italien ab |
| 500 | Die likatische Siedlung |
| 15 | Bau einer römischen Erdstraße |
| 0 | |
| 46 | Ausbau zur Via Claudia Augusta |
| 100 | Römische Gutshöfe |
| 200 | Fernhandelsgüter aus Indien und China |
| 357 | Zerstörung der römischen Gutshöfe |
| 600 | Bäuerliche Anwesen |
| 800 | Die Reichsstraße |
| 900 | Die Pilgerstraße ins Heilige Land |
| 1200 | Die Augsburger Botenstraße |
| 1450 | Die Rottstraße Augsburg-Venedig |
| 1500 | Die Pilgerstraße nach Rom |
| 1501 | Die transeuropäische Nord-Süd-Straße |
| 1505 | Die Poststraße nach Italien |
| 1660 | Die Hochstiftstraße in das Allgäu |
| 1688 | Zollhaus und Pferdewechselstation |
| 1819 | Postwagenstation bis 1823 |
| 1825 | Die ‚Chaussee' Augsburg- Landsberg |
| 1828 | Neusiedler auf Königsbrunner Flur |
| 1840 | Brunnen für Reisende |
| 1842 | Königsbrunn wird Gemeinde |
| 1950 | Die Romantische Straße |
| 1967 | Königsbrunn wird Stadt |

# Spuren alter Straßen auf Königsbrunner Flur

Eine malerische Landschaftsdarstellung aus der ersten Hälfte des achtzehnten Jahrhunderts zeigt eine Staubstraße, die sich durch eine öde Landschaft zieht.[1] Baumlos erstreckt sich das Lechfeld vor den Toren Augsburgs nach Süden. Und die Karte des Lechtales aus dem gleichen Zeitraum bestätigt dieses Bild. Lediglich zwei Straßen durchschneiden die eintönige Ebene – *„wo Heidekraut* wuchert *und sparsames saures Gras, versengt durch die Strahlen der Sonne, wenn es je wagte, seinen dürren Halm etwas höher aus dem Kiesgrunde emporzutreiben*“[2], wie ein Augenzeuge berichtet. Einsam in der Landschaft steht ein „Neuwirtshaus“. Von dort sind es *„14.245 Mannschritt*“ bis nach Augsburg und *„13.222 Mannschritt*“ zu einer Kirche [I] mit Kloster auf dem südlichen Lechfeld, verkündet im Zollhaus eine Tafel – und dass diese Strecke abgeschritten worden ist von Meister Johann Spieß aus Buchloe im Jahre 1720.[3]

Nördlich dieser Gastwirtschaft lassen sich im Jahre 1828 die ersten Siedler nieder.[4] Und zwanzig Jahre später, als bereits eine überschaubare Anzahl von kleinen Bauernhöfen die lange Straße über die heutige Königsbrunner Flur belebt, beginnt ein Vermessungstrupp mit der Kartierung des Lechtales. Acht Jahre später ist die erste maßstabsgetreue Karte der heutigen „Königsbrun-

I „Unser Frauen Hülf“, heute Gemeinde Klosterlechfeld‘

ner Flur“ geboren. Sie zeigt eine schnurgerade Chaussee, flankiert von einigen Häusern, dazu Feldwege und Grundstücksgrenzen. Zahlreiche Grenzlinien entpuppen sich als Wegefragmente, die die Straße „Augsburg – Landsberg“ begleiten. Dass diese Überreste einstiger Wege mehr sind als bloße Ackerwege, macht ihre Ausrichtung deutlich.

Um das Geheimnis dieses Wegebündels zu entschlüsseln, verbinden wir die fragmentarischen Linien auf der Karte und stoßen das Fenster in die Vergangenheit weit auf. Aus Wegefragmenten und Feldwegen werden Straßen geboren und aus der heutigen Königsbrunner Flur wird eine regelrechte ‚Straßenflur‘. Dieser Begriff erlaubt uns, alle diese Straßen unter dem Namen „Alte Straße“ zusammen zu fassen. Die „Alte Straße“ ist das Synonym für alle diese Trassen, an deren letztgenutzter schließlich im neunzehnten Jahrhundert das längste Straßendorf Deutschlands – Königsbrunn – entstanden ist.

Wir wollen dieser Straße – über die Fluren des heutigen Königsbrunn hinaus – nun ihre Geschichte zurückgeben und eintauchen in ihre abenteuerliche Vergangenheit, die sich in vielerlei Hinsicht als etwas Besonderes entpuppt. Allein der Zeitrahmen ihrer Existenz umfaßt Jahrtausende: vom bronzezeitlichen Karrenweg über die eisenzeitliche Erdstraße zur römischen Staatsstraße; vom mittelalterlichen Pilgerweg über die spätmittelalterliche Rottstrasse zur transeuropäischen Wirtschaftsader des sechzehnten Jahrhunderts; von der 1660 gebauten ‚Hochstiftstraße‘ über die ‚Romantische Straße‘ zur heutigen autobahnähnlichen Bundesstraße 17.

Millionen Menschen haben bis heute die „Alte Straße“ auf der Königsbrunner Flur begangen und befahren: ganze Armeen und Völkerstämme sind darüber hinweg gezogen; Menschen, die in Kriegs-, Hunger- und Pestjahren flüchteten; Könige und Fürsten mit ihrem zahlreichen Tross ebenso wie „fahrendes Volk“, Handwerker wie Künstler, Geistliche wie Bildungsreisende, Tagelöhner wie Bauern, über Jahrhunderte eine große Zahl von Rompilgern und solchen, die ins Heilige Land fuhren – und natürlich Kaufleute, die in den Blütezeiten des europäischen Fernhandels jährlich zehntausende von Fuhrwerken mit Handelswaren von Süden oder Norden über die „Alte Straße“ schickten oder begleiteten.

Das Besondere der „Alten Straße“ liegt in ihrer Brückenfunktion. In ihrer Blütezeit war sie eine transeuropäische Fernverbindung, die von Kalabrien, der Südspitze Italiens, über Augsburg reichte. Von dort führte sie in einem westlichen Zweig zum Fernhandelsknotenpunkt Brügge, später Antwerpen, und in einem nördlichen Zweig über Hamburg oder Lübeck bis in den Norden der dänischen Halbinsel Jütland. Südlich der Alpen erhielt diese transkontinentale Fernverbindung von den Häfen Roms und später von Venedig Anschluß zu den afrikanischen und asiatischen Märkten. Und im mitteleuropäischen Raum verband die Fortsetzung der „Alten Straße“ nahezu alle bedeutenden mittelalterlichen West-Ost-Fernstraßen.

**Historische Straßentrassen über die Königsbrunner Flur**

Die entlang der westlichen Hangkante der ‚Hochterrasse' führende Straße hat möglicherweise ihre Vorläuferin bereits in einer bronzezeitlichen Wegeführung. Denn bronzezeitliche sowie eisenzeitliche Straßen sind Höhenwege, die immer entlang der Wasserscheide verlaufen. Die Römer verlagerten ihren Straßenneubau nicht nur aus strategischen Gründen an den Lech, sondern möglicherweise auch, um die zur Zeit der römischen Okkupation bestehende likatische Siedlung „links liegen zu lassen."[5]
46 n. Chr. wird die Römerstraße ‚Via Claudia Augusta' gebaut. Sie vollzieht eine nicht eindeutig erklärbare Richtungsänderung auf der Fläche, wo heute das ‚Neuhaus' steht. Dort ist ihre Trasse zusätzlich versetzt.
In der weiteren zeitlichen Abfolge sind mehrere mittelalterliche Trassen erkennbar.
1505 – mit der Aufnahme des Thurn-und-Taxischen-Postdienstes bildet sich eine Postreiterroute heraus, die von der Poststation am Gögginger Tor bis auf das mittelalterliche Straßenbündel auf heutiger Königsbrunner Flur verfolgt werden kann.
Die 1660 teils neu gebaute, teils nur erneuerte Trasse der Hochstiftstraße verläuft südlich des ‚Neuhaus' auf der „Via Claudia Augusta. Nördlich ist sie identisch mit der späteren Chaussee.
Zwischen 1700 und 1720 entsteht eine Pilgerstraße nach Klosterlechfeld, die am ‚Neuhaus' von der „Straße nach Italien" abzweigt. Dieser Teil ist ebenfalls identisch mit dem Verlauf der späteren Chaussee.
1825 erhalten beide Straßenteile im Zuge der Erneuerung des Straßenzustandes ihr heutiges Aussehen.

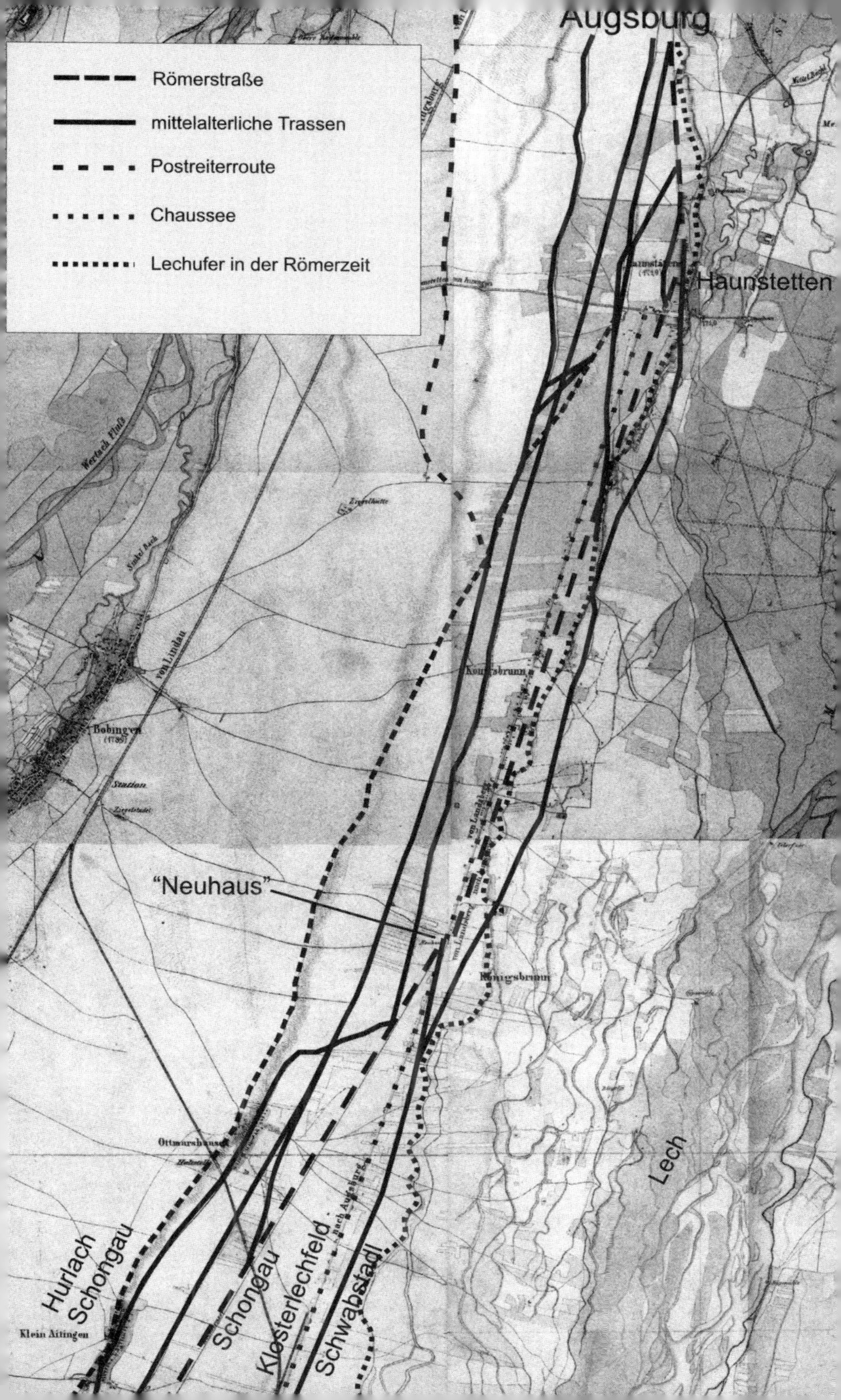
Römerstraße
mittelalterliche Trassen
Postreiterroute
Chaussee
Lechufer in der Römerzeit
Augsburg
Haunstetten
"Neuhaus"
Lech
Hurlach
Schongau
Schongau
Klosterlechfeld
Schwabstadl

# Ein Tag im Juni 1592

Ein böiger Föhnwind wirbelt Staubwolken auf der alten Römerstraße auf und treibt sie vor sich her. Die Sonne wandert auf den Zenit zu und brennt auf die Dächer der beiden Reisewagen, die gemächlich auf der „Alten Straße" nach Norden ziehen. Jakob Fugger, der in der ersten Kutsche sitzt, lehnt sich aus dem Fenster. Nordwärts verschwindet eine von verkrüppeltem Buschwerk und Wildgräsern bewachsene Ebene in einer Dunstschicht und geht im Westen in einen kurzen Steilhang über. In der zweiten Kutsche reisen Diener, Haushälterin, Magd und Küchenmädchen. Voraus sind einige Fuhrwerke zu erkennen, die auf verschiedenen Fahrspuren ebenfalls in die gleiche Richtung nach Norden ziehen. „Kannst Du schon den Turm von St. Ulrich erkennen?" fragt ihn sein Gegenüber. Es ist Wilhelm Locher, sein Hauslehrer. Locher hatte von 1585-1589 in Madrid gelebt und dort die spanische Sprache und Gebräuche des Landes erlernt. Nun begleitet er seinen Schüler Jakob, der in Spanien auf einer Bildungsreise war, zurück nach Augsburg. Jakob schüttelt den Kopf und reckt sich nochmals aus dem Fenster. „Es ist schön, nach so langer Zeit bald wieder zu Hause zu sein." Beide wissen, dass sie dringlich erwartet werden. Denn der 24jährige Jakob, das jüngste Kind Hans Fuggers aus der bekannten Augsburger Handelsdynastie, hatte Anfang Februar 1592 in Madrid von seinem Vater einen Brief erhalten, in dem er aufgefordert worden war, umgehend mit der nächsten Galeere heimzukehren.[6] Was er noch nicht weiß, ist, dass er nun die Stelle eines Domherrn zu Regensburg antreten soll und es ihm in der Zukunft – ein Jahrzehnt später, im Alter von erst 36 Jahren – vergönnt sein wird, das Amt des Fürstbischofs zu Konstanz und des Abtes auf der Insel Reichenau zu übernehmen.

Jakob Fugger und sein Lehrer Wilhelm Locher waren daraufhin mit ihrem Gesinde im März 1592 von Madrid aus aufgebrochen und hatten nach einer Woche Valencia erreicht. Dort mussten sie sich fast zwei Wochen gedulden, ehe sie mit ihren Bediensteten auf zwei ‚Privatgaleeren' eine Mitfahrgelegenheit über Palamós[II] nach Genua fanden. In den ersten Tagen hatten die Schiffe guten Wind von Westen. Doch dann frischte der Wind auf und drehte nach Ost-Nordost. Schließlich reichte die Kraft der Rudersklaven nicht mehr aus, um den Kurs zu halten, und so mussten die Schiffe wegen des starken Gegenwindes umkehren. Die neuerliche Abfahrt verzögerte sich wiederum um fast einen Monat, da im „Spanischen Meer", wie damals der Golf von Lyon hieß, sechsunddreißig Kaperschiffe der Barbaren – nordafrikanischer Sklavenhändler – gesichtet worden waren. Endlich konnten die beiden Galeeren mit Wilhelm Locher und Jakob Fugger in einem größeren Schiffsverband aufbrechen und erreichten schließlich am 24. Mai den Hafen von Genua, wo sie von Christoph Furtenbach, dem dortigen fuggerschen Agenten, bereits erwartet wurden.[7] Dieser versorgte die Reisegruppe mit zwei Kutschen und schickte sie auf den weiteren Heimweg, der über Mailand und Verona über den Brenner nach

II nördlich Barcelona

Innsbruck führte.[8] Von hier machte die Reisegesellschaft noch einen Abstecher das Inntal abwärts nach Schwaz, um sich dort das dem fuggerschen Unternehmen gehörende Bergwerk und den Salzberg anzusehen. Danach folgte die Weiterreise nach Augsburg über Zirl, Kloster Ettal, Kloster Rottenbuch und Schongau. Zuletzt passierten sie das Dorf „Stadel".[III]

Heute, am 16. Juni, hoffen Wilhelm Locher und sein Schüler Jakob, noch vor Anbruch der Dunkelheit durch das „Rote Tor" nach Augsburg eingelassen zu werden. Plötzlich geht ein Ruck durch den Wagen. Der Kutscher zieht die Zügel des Gespanns an. Der Weg vor ihnen wird durch einen Steinwagen[9] blockiert, dessen Achse gebrochen ist. Ein Warnruf ist vom ersten Kutschbock zu hören. Der Fuhrmann verlässt den Fahrweg und lenkt sein Gespann auf das holprige von Gestrüpp überdeckte Lechfeld. Kaum hundert Meter weiter stößt er auf einen Fahrweg, der über einen flachen Damm verläuft. Dieser Weg eignet sich ideal dazu, das Verkehrshindernis zu umfahren. Die letzten zwei Meter müssen sich die Pferde allerdings kräftig ins Geschirr legen, um die Böschung auf die Dammkrone zu schaffen. Mit Schwung nimmt die erste Kutsche das Hindernis und dann fährt der Fuhrmann sein Gefährt noch bis auf einen etwa zwanzig mal zwanzig Meter geweiteten Platz, wo er zum Stehen kommt. Ein lauter Fluch und Angstschreie der Insassen der nachfolgenden Kutsche lassen die Vorausgefahrenen aufschrecken. Der zweite Reisewagen ist an

---

III heute Ortsteil Schwabstadl der Gemeinde Klosterlechfeld

der Böschung hängengeblieben. Jakob Fugger und Wilhelm Locher springen heraus. „Das hat uns gerade noch gefehlt. Es wird uns den heutigen Tag kosten", entfährt es Wilhelm Locher, der sofort übersieht, dass nicht nur das Rad, sondern auch die Radnabe in Mitleidenschaft gezogen ist. Doch gottlob sind die Insassen mit dem Schrecken davon gekommen.

Während sich die Fuhrmänner an die Reparatur machen, kümmert sich das Gesinde um einen geeigneten Rastplatz ihrer Herrschaften. Wilhelm Locher sieht sich derweilen um. Einst mögen hier Eichen- und Buchenwälder gestanden haben, die bereits dem römischen Straßenbau und der Römerstadt Augusta Vindelicum zum Opfer gefallen sind. Nachwachsende Bäume haben im Mittelalter den Energiehunger der Stadtbewohner allein nicht stillen können, und so präsentiert sich nun das Lechfeld bis an die Augsburger Stadtmauer als ausgeblutete Natur. „Kannst Du Dir vorstellen, wie es hier in dieser sonnenverbrannten Einöde einmal ausgesehen hat?" fragt Locher seinen Schüler Jakob und fährt, ohne seine Antwort abzuwarten, gleich fort: „Diesen Straßendamm, auf dem wir stehen, haben vor mehr als eineinhalbtausend Jahren die Römer gebaut. Doch auch vor den Römern hat es hier eine Zivilisation gegeben. Sieh dir den Verlauf der Römerstraße in Richtung Augsburg an. Kannst Du die kleinen Hügel links der Römerstraße erkennen? Sie scheinen weit älter zu sein…"[IV] Jakob hört aufmerksam zu. Wilhelm Locher weiß inzwischen, dass

IV Keltische Grabhügel auf der Uraufnahme von 1862

**Die Reiseroute von Jakob Fugger von Kloster Ettal bis Augsburg im Jahre 1592**

Die bislang auf das Jahr 1575 datierte Straßenkarte zeigt die um 1602 erbaute Kirche auf dem Lechfeld „Unser Frauen Hülf" und muss daher auf den Entstehungszeitraum ab 1603 korrigiert werden. Auf ihr läßt sich der Reiseweg nachverfolgen, den Jakob Fugger und sein Hauslehrer Wilhelm Locher ein Jahrzehnt zuvor zurückgelegt haben.

Von Innsbruck aus haben sie auf ihrer Rückreise nach Augsburg die ‚Untere Straße' gekommen, die über Etal (Kloster Ettal), Ambergaw (Oberammergau), Wurmsaw (Wurmansau), Soyen (Bad Bayer-

soien), Raittenbuch (Rottenbuch) und Peutingen (Peiting) nach Schonge (Schongau) führt, wo sie mit der hier nicht eingezeichneten ‚Oberen Straße' aus Füssen zusammentrifft. Beide Straßen sind Teil des wichtigsten Teilstückes der transeuropäischen Nord-Süd-Fernhandelsstraße Venedig-Augsburg.

Von Schongau führt die Straße über Altenstadt, Niderhofen, (Schwabniederhofen), vorbei an Tenkling (Denklingen) und dem Romakesel (Römerkessel) nach Seeubestetten (Seestall) und weiter zum Dorf Stadel (Schwabstadl), der letzten Übernachtungsstation vor Hausstetten (Haunstetten) und Augsburg.

in Jakob zwar kein Kaufmann aber doch ein an geistigen Dingen interessierter junger Mann steckt. Sein Interesse wurde auf der vom Vater verordneten Bildungsreise nach Spanien geweckt. Denn noch ein Jahr zuvor hatte Hans Fugger über Jakob geklagt: „*Man habe ihn wenig zu der Schreibstube bringen*“[10] können, denn „*er liebe Schlittenfahrten, spätes Aufstehen und leichtfertige Gesellschaft*“. Doch seitdem er in Wilhelm Locher seinen Hauslehrer hat, ist Jakob wie gewandelt. Und so hört er aufmerksam zu, was Wilhelm Locher ihm an diesem geschichtsträchtigen Platz erzählt …

# Die Geburt des Handelsweges

Dichter Buchen- und Eichenmischwald bedeckt das Voralpenland und versteckt es unter einem mächtigen grünen Blätterdach. Undurchdringliches Unterholz wächst bis an das Flussbett, das von den schäumenden Gebirgswassern des Lechflusses nach jeder Schneeschmelze, nach jedem Hochwasser wieder neu gestaltet wird.

Wieder einmal hatte der Lech sein mehrarmig verwobenes Bett verlagert, als im achten Jahrtausend vor Christus erstmals Jäger-, Fallensteller- und Sammlersippen mit ihren Familien vom Donautal über einen von zahlreichen Wildtieren breit ausgetretenen Wildwechselpfad in diese unberührte Wildnis eindringen. Sie folgen dem Großwild, das Jahr für Jahr von den Winterweiden im Donautal entlang der Flüsse, die von den Alpen in die Donau entwässern, zu den Sommerweiden im Alpenraum zieht. Im Herbst kehren die Tiere dann in das Donautal zurück. Der Großwildpfad ist mit anderen Tierpfaden vernetzt, die quer zum Nord-Süd-Wildwechsel laufen und für den Menschen die Urwaldgebiete überhaupt erst begehbar machen. Die vollkommene Abhängigkeit von den Jahreszeiten, die das Pflanzenwachstum, den Fruchtertrag und das Verhalten der Wildtiere bestimmen, verhindert einen längeren Aufenthalt der ersten über das Lechfeld ziehenen Jäger- und Sammlersippen. Denn der Wald und der Fluss können ihnen auf Dauer das Überleben nicht sichern. Deshalb hat ihre Anwesenheit nichts Bleibendes. Und Spuren, die von ihren Lagerstätten auf ufernahen Lichtungen

Zeugnis geben könnten, werden vom nächsten Hochwasser wieder fortgetragen.

Noch weitere Jahrtausende vergehen, bis sich der Mensch durch Lernen von der Natur sowie permanente Neugierde und Experimentierfreudigkeit die Kenntnis angeeignet hat, Samen des wilden Weizens sowie weiterer essbarer Pflanzen in dafür geeignete Böden zu setzen und zu vervielfachen. Der erste Schritt zur Sesshaftigkeit ist getan. Schutz und Pflege des Feldes von der Aussaat bis zur Ernte gehen einher mit der Entwicklung von Behausungen, die von dauerhafterem Bestand sind.

Um 5500 v. Chr. zieht es erste permanente Siedler auf das Lechfeld. Auch sie folgen dem Großwild aus dem Donautal in Richtung Alpen. Noch ist es nur ein Wildwechselpfad, den sie begehen, doch schon bald wird er für die Siedler zum ersten natürlichen Verkehrsweg werden, bevor der Mensch dann eigene ‚Höhenwege' tritt, die über die Wasserscheiden führen und ihn unabhängig machen von witterungsbedingten Hochwassern und Veränderungen der Flussläufe.

Den Wandel vom Großwildpfad zum ersten Kommunikations- und Verkehrsweg und die Entstehung der ersten Höhenwege wollen wir nun im Alltag der Siedler nacherleben, die sich nördlich der heutigen Stadt Bobingen sowie zwischen den heutigen Lechfeldgemeinden Wehringen und Großaitingen niederlassen. Sie bauen Langhäuser von fünf bis acht Metern Breite und bis zu vierzig Metern Länge und schützen ihre Siedlung durch einen umlaufenden Graben.[11] In den nächsten zwei Jahrtausenden kultivieren die Nachkommen dieser Siedler ihren Lebensraum. Sie sichern angestammte und neue Siedlungsplätze mit Erdwerken und Gräben. Jede Siedlung liegt inmitten eines Jagd- und Schweifgebietes, das sich an Tierpfaden orientiert und für den Nahrungserwerb der Siedler unverzichtbar ist. Das Schweifgebiet der nördlich von Bobingen lebenden Jäger, Sammler und Rodungsbauern dehnt sich über die heutige Königsbrunner Flur bis zum Ufer des Lechflusses aus, an dem Tageslager entstehen.

Der Boden des heutigen Königsbrunn bleibt unbesiedelt,[12] denn die Menschen im Neolithikum lassen sich niemals zu nah an einem Großwildpfad nieder. Zu groß ist die Gefahr, die von wanderndem Großwild ausgeht und der sie – vor allem nachts – mit Lanzen sowie Pfeil und Bogen nur unvollkommen begegnen können. Deshalb haben sie ihre Ansiedlung im Eichen- und Buchenmischwald an der westlichen Grenze des Lechfeldes versteckt. Ein von den Siedlern getretener Pfad führt vom Großwildweg zum Lechfluss und in entgegengesetzter Richtung zur Siedlung, die inmitten einer Lichtung liegt. Das Feld macht den Eindruck einer zwar gerodeten, aber unkultivierten Waldfläche, auf der noch zahlreiche mannshohe verkohlte Baumstümpfe stehen. Dazwischen wachsen Wildweizen und Hülsenfrüchte und weitere Pflanzen, die die Männer auf ihren Jagdzügen entdeckt und mitgebracht haben, und die sie hier eingraben, um sie auf ihre Nahrungsverwertbarkeit zu testen. Wenn am Spätnachmittag die Sonnenstrahlen die Pflanzen auf dem Rodungsfeld nicht mehr erreichen, werden an den Wohnplätzen die Feuer angefacht. Die letzten Bewohner kehren in den sicheren Schutz ihres ‚Langhauses' zurück. Ein solches fensterloses Haus betritt man durch einen schmalen Zugang, der des Nachts mit einem aus Weidenruten mehrfach geflochtenen Türteil verschlossen und mit zwei großen Hölzern abgestützt wird. Um eine in der Mitte liegende Feuerstelle schlafen Männer, Frauen und Kinder. Sie liegen auf Fellen, die auf geflochtenen Schilfmatten über festgetretenem Lehmboden vor der Kälte des Bodens schützen sollen. Die Einrichtung des Raumes ist rein wirtschaftsorientiert:[V] Jagdgerät, Mahlstein, geflochtene Körbe aus Weidenruten, mehrere Bündel mit Fellen, Behältern und Schalen aus Holz sowie magische Symbole an den Stützpfählen und Jagdtrophäen im Dachgebälk...

Das Leben in dieser Siedlung ist von der alltäglichen Nahrungssuche geprägt. Drei junge Jäger – Lar, Run, At – und eine junge Frau – die wir Mot nennen wollen, [VI] erlauben uns einen Einblick in ihren Alltag und wir

---

V Der Autor hat als Ethnologe in den 70ger Jahren über einen Zeitraum von achtzehn Monaten bei einem bis zu diesem Zeitpunkt unbekannten Volksstamm – den Berg-Márias – gelebt. Der Stamm im Zuflussgebiet des Indravati, Dekkhan-Hochland, Indien, befand sich auf der Wirtschaftsstufe der Jäger- und Sammler und frühen Brandrodungsbauern. Die hier wiedergegeben Schilderungen stammen aus diesen Erfahrungen, siehe Knabe, 1977.

VI Die Namen in diesem Kapitel sind wissenschaftlich nicht verbürgt und nur aufgrund der besseren Lesbarkeit eingefügt.

lernen durch sie die ersten Wege kennen, die von den Bewohnern auf der heutigen Königsbrunner Flur buchstäblich getreten werden.

Die Nacht ist kalt gewesen. Doch das Feuer hat den Menschen die ganze Zeit Wärme gegeben. Zweimal brauchte es neue Nahrung. Die Männer haben das Feuer mit Schwemmholz gefüttert, das die Frauen und Kinder am Tag zuvor am Ufer des Lechs gesammelt hatten. Lar blickt zum Dachgebälk hoch, dem die Rußschicht einen schwarzen Anstrich gegeben hat. Der anbrechende Tag flutet sein Licht durch die Türöffnung, in der in diesem Moment Run und At erscheinen. At zieht einen Hasen von der Schulter und wirft ihn auf den Boden. Vor Anbruch der Tageshelligkeit hatten sie sich am Ufer des Lechs am Ausgang eines Wildpfades auf die Lauer gelegt. Doch der Hase ist leider die einzige Jagdbeute geblieben. Viel zu wenig für die ganze Sippe. Run setzt sich an das Feuer, um das noch die anderen Bewohner liegen, und legt einen trockenen Ast auf die heruntergebrannte Glut. Kleine Flammen lecken an der neuen Nahrung und nehmen sie dann qualmend in Besitz. In der schwachen Helligkeit des Feuers beginnen sich die anderen Bewohner zu regen. Ein neuer Tag beginnt…

„Wir müssen zum Flussufer und dort neues Holz suchen“, spricht Lar in die Runde. „Mot soll mit den anderen Frauen mitgehen. Wir brauchen neue Fischreusen.“ Der ausgetretene vom Menschen gemachte lokale Verbindungsweg zwischen dem Wohnort und dem Wirtschaftsraum weist der Sippe die Richtung. Lar führt die

Gruppe an. Der Pfad hat nun die Lechfeldhochterrasse überquert. Bevor er sich nun von der Anhöhe hinunterzieht, verlangsamen die Männer ihr Tempo. In der Gruppe ist es still geworden. Mit einsatzbereitem Bogen, den Pfeil schon in der Kerbe, nähern sie sich vorsichtig einer Lichtung. Doch es ist still, kein Laut zu hören. Dann stehen sie auf der vom Donautal zu den Alpen laufenden Tierspur. Der dünne Humusboden ist von den Tieren zertrampelt und bis auf den darunterliegenden Kies aufgewühlt, so dass sich, obwohl Sommerzeit, nicht einmal Gras auf der Wildspur zeigt. Lar, der die Sippe anführt, blickt vorsichtig in beide Richtungen, bevor er sich auf die Wildspur hinaus wagt. Es ist der Wildwechsel der Großtiere, der Wisente, des Dammwildes und der Wildpferde. Lar ist nicht nur deshalb so vorsichtig, weil er Großwild erwartet hat – auch zwischen den Jahreszeiten kommt es zu regionalen Großwildwechseln, vor allem von alten Tieren, die zu Einzelgängern geworden sind – sondern er ist auch auf der Hut, weil die Wildspur manchmal von Fremden begangen wird, von Jägern, die es nicht nur auf Wild, sondern auf sie selbst, auf ihre Frauen und ihren Besitz abgesehen haben. Der Wildwechsel birgt immer eine Gefahr – von wilden Großtierherden bis zu fremden Besuchern…

Der Wildwechsel ist zu bestimmten Zeiten eine wichtige Nahrungsquelle. Das ganze Jahr über ist er der erste überregionale Kommunikationsweg. Über ihn werden Handelskontakte zu Nachbarsiedlungen aufgebaut und gepflegt. Jagdbeute wird getauscht und Güter, die vor Ort nicht zu haben sind: Zinnkraut, das zum Schaben und Glätten von Oberflächen verwendet wird, Zunderschwämme, Feuersteine und Pyritknollen, Werkmaterial, wie Birkenteer, der zur Befestigung der Werkzeugklingen und als Klebstoff Verwendung findet… Im Gefolge der Tauschkontakte werden soziale Beziehungen geknüpft und durch Heiratsallianzen besiegelt: zwischen den Sippen werden Mädchen getauscht, sobald sie ihre Geschlechtsreife erreicht haben.

Die Gruppe hat den Wildwechselweg überquert und zieht nun zum Lech hinunter, der sich noch unsichtbar durch ein wachsendes Rauschen bemerkbar macht. Dann zeigt sich sein silbriges Band zwischen den Bäumen. Auf einer von Weiden gesäumten Kiesbank haben sich die Frauen kaum zusammengesetzt, als die Männer bereits mit frisch geschnittenen Zweigen zurückkehren. Die Frauen machen sich nun daran, aus den Ruten Körbe zu flechten – und neue Fischreusen. „Gleich unten am Fluss sind Engerlinge in einem Baum und im Schilfbestand können Frösche und Vogeleier und zwischen den Steinen Eidechsen versteckt sein“, verabschiedet sich Lar von den Frauen. Dann verlassen die drei Jäger das Tageslager und wandern am Ufer flussaufwärts. Erst am Nachmittag werden sie hierher zurückkehren.

Archäologische Funde von Kleinwerkzeugen, Pfeilspitzen und dergleichen mehr erzählen uns heute, dass die Frauen hier im Tageslager auch Halsketten, Armreifen oder Schmuckstücke aus den Knochen der Jagdbeute gefertigt haben.

Run und At kontrollieren die Reusen, die sie am Morgen bereits ausgelegt haben. Vier große Lachse sind darin. Während sie mit ihrem Fang beschäftigt sind, bricht auf der gegenüberliegenden Seite des Lechs eine kleine Wisentherde aus dem lichten Eichenwald hervor. Zwei Jungtiere sind darunter. Die Jäger halten inne. Eine unerwartete Jagdbeute. Doch heute sind sie nicht darauf eingerichtet, keiner hat einen Speer dabei. Trotzdem verhalten sich die Jäger ruhig, um nicht die Aufmerksamkeit der Muttertiere auf sich zu lenken. Morgen wird wieder ein guter Jagdtag sein. Das haben ihnen heute die Omen auf dem Weg zum Fluss verraten. Dann werden sie Kleinwild finden, aber auch Vögel, deren Federn in der Schaftfiederung der Pfeile verarbeitet werden. Der Wald und der Fluss erweisen sich den ganzen Sommer über als Nahrungsquelle, bis die eigenen Feldfrüchte, wilder Weizen, „Emmer" genannt, oder „Einkorn" sowie Hülsenfrüchte geerntet werden können.

In den nächsten Jahrhunderten breitet sich der Ackerbau auf dem Lechfeld aus. Die Nachfrage nach Bauholz und Brennholz, die beginnende Tierhaltung und das Anwachsen der Bevölkerung tragen ihr Übriges dazu bei, dass immer mehr Rodungsecken geschlagen werden und der Primärwald langsam aber kontinuierlich dem Kulturland weicht. Längst hat der Mensch die Wildwechselwege entlang des Lechflusses wieder der Natur überlassen und sich über die Hochterrasse des Lechfeldes eigene trockene Pfade gebahnt, die von Siedlung zu Siedlung bis zu den Fundstellen von Bodenschätzen in den Alpen weiter ausgetreten werden. Das magische Zauberwort

Ein Wildwechselpfad –
der erste Verkehrsweg auf dem Lechfeld.

heißt ‚Kupfer'. Es wird in den neolitischen Kupferlagerstätten im Tagebau gewonnen. Und dorthin richten sich die Handelswege aus. Das „Know How" seiner Verarbeitung hat hier ein Spezialistentum hervorgebracht, das neue Produkte kreiert – Beile, Pfeilspitzen, Dolche, Töpfe, Beschläge, Figuren und Schmuck. Durch den Tauschhandel werden immer weiter entfernte Tauschpartner bedient. Der Fernhandel ist geboren. Er vernetzt die allerorts entstandenen festen Kommunikationswege zu Trassen zukünftiger Handelsstraßen.

## „Tausch-Straße“ der Bronzezeit

Der bereits im Endneolithikum einsetzende Kupfer-Fernhandel führt von den Kupferlagerstätten in der nördlichen Alpenregion entlang des Inn, der Isar und des Lechs in das Donautal. Über den Brennerpass [13] und andere Pässe gelangt das Kupfer auch nach Norditalien.[14] An den Salzlagerstätten und in den Kupferbergbauregionen entstehen überregionale Handelsmärkte. Am Hochkönig wird bereits im Neolithikum Kupferkies im Tagebau abgebaut.[15] In der nun einsetzenden Bronzezeit werden die Abbaustollen bis zu einhundert Meter in den Berg vorgetrieben. Die Kupferausbeute liegt hier zwischen 2300 und 1200 v. Chr. bei 15.000 Tonnen Kupfer. Eine noch höhere Kupferausbeute wird in diesem Zeitraum in der Region Schwaz erreicht. Hier werden die Schächte bis zu fünfundsechzig Meter in die Tiefe getrieben.[16] Weitere Kupferlagerstätten im unteren Inntal und im Raum Kitzbühl[17] tragen mit ihrer Ausbeute zu einem stetigen Anstieg von Kupfertransporten aus dem nördlichen Alpenraum bis über die Schwäbische und Fränkische Alb hinaus bei. Auch der Weg über das Lechfeld entwickelt sich zu einem ‚Kupferweg‘.

Zunächst jedoch wird das kupferhaltige Gestein zu den Metallgießereien an der Salzach und Saalach gebracht. Dort werden Ösenring-Barren für den Fernhandelstransport gegossen. Die produzierten Mengen decken den gesamten Kupferbedarf in Ostwürttemberg, in Südbayern und in Oberösterreich.[18] Fremdkupfer wird in jener Zeit in diese Regionen nicht eingeführt. Dies zeigt, dass dieses Kupfer auch ein gefragter Exportartikel ist. Spuren finden wir an der Saale und an anderen Stellen in Mitteldeutschland. Zusammen mit dem Rohkupferhandel wird auch das ‚Know How' der Zinnbronze-Technologie transportiert und in serienmäßiger Herstellung von Bronzewaren[19] umgesetzt. Die Transporteure sind die ersten Kupfererzhändler der Geschichte. Sie wandern in Gruppen. Oft sind es ein Dutzend oder mehr Männer, von denen jeder dreißig Kilogramm transportiert und am Tag bis zu vierzig Kilometer zurückgelegt. Sie haben in ihren Kiepen nicht nur Kupferbarren, sondern auch Fertigprodukte: Metallgefäße und -werkzeuge, Bronzewaffen und –schmuck. Besonders gefragt sind Produkte, in denen ein weiteres Metall eingelegt ist – eine Technik, die aus dem Mittelmeerraum stammt. Auf dem Rückweg von ‚Süden' sind Produkte aus dem Mittelmeerraum im Gepäck, beispielsweise Muschelketten. Und aus dem Norden erreichen Bernsteinknöpfe und Bernsteinperlen das Lechfeld.

Die neuartigen Handelswaren, die Archäologen auf dem Lechfeld ans Licht gebracht haben – beispielsweise Stabdolche, die in Hohlgusstechnik hergestellt worden sind,[20] Vollgriffdolche,[21] Kupferprieme, Kupferblätter und Kupferbeile [22]... weisen auf die überregionale Bedeutung des Kupferhandelsweges hin, der bereits Teil eines europaweiten Fernhandelsnetzes ist.[23] Er bringt auch auf dem Lechfeld Wohlstand, wie das im Süden Königsbrunns gefundene Steinkistengrab beweist, dessen Grabbeigaben – darunter Muscheln aus dem Mittelmeerraum – den Fernhandelscharakter des bronzezeitlichen Handelsaustausches unterstreichen.

Der von den Kupferabbaustätten in den nördlichen Alpen kommende Kupferweg ist identisch mit dem zeitlich älteren Salzweg, der das Lechtal noch in der Römerzeit auf der Höhe des heutigen Epfach kreuzt. In Gegenrichtung werden landwirtschaftliche Erzeugnisse, die aus intensivierter Agrarwirtschaft stammen, zu den Erzabbaustätten und Gießereizentren transportiert. Nicht nur auf dem Agrarsektor haben sich die Bewohner von der Subsistenzwirtschaft gelöst, sondern auch in der Herstellung von Web-, Fell-, Leder- und Keramikwaren... – kurzum bei allen Produkten, die von den Bewohnern der Bergbau- und Gießereizentren als tauschadäquate Gegenwerte akzeptiert werden. Die sich steigernde Produktion führt zu einem stetigen Anwachsen des Gütertransportes. Wie uns Grabbeigaben offenbaren, haben auch die ersten Bewohner auf heutiger Königsbrunner Flur daran einen bescheidenen Anteil. Noch wissen wir nicht genau, wo die fünf bronzezeitlichen Siedlungen,[24] die zwischen 1800 und 1600 v. Chr. entstanden sind, gelegen haben, denn bisher erzählen uns nur die Gräberfelder davon. Doch wir können uns anderenorts an bronzezeitlichen Siedlungsfunden aus jener Zeit orientieren: Kleine Ansiedlungen, die in der Regel nur aus ein bis drei Häusern bestehen, gebaut in Pfostenbauweise über ovalem Grundriss, wobei ein Haus immerhin eine Größe von sechzig bis siebzig Quadratmetern hat. Bewohnt wird es von einer Familie, die mit den Bewohnern der anderen Häuser eine verwandtschaftliche Sippe bildet. Es sind Siedler des ‚Glockenbecherformenkreises', die von Süden her, von der Iberischen Halbinsel, auf das Lechfeld eingewandert sind und nach den in ihren Gräbern aufgefundenen glockenförmigen Tontassen so genannt werden.

Wir kennen das Umfeld dieses Siedlungsplatzes und können daraus die Bedingungen ablesen, die für die Gründung der Siedlungen ausschlaggebend gewesen sind: Zum einen ist es das Vorhandensein von natürlichen Ressourcen, die ein Endprodukt hervorbringen, das sich als Tauschware eignet. In diesem Fall ist es tonhaltiger Lehm, aus dem geschickte Hände Gefäße formten und liebevoll mit Mustern verzierten, deren Scherben in Gräbern überdauert haben. Zum anderen ist es die handelsstrategische Lage an der Verbindungstrasse zwischen den Kupfererzlagerstätten und dem Donautal. Darüber hinaus bietet die Königsbrunner Flur gute Bedingungen für Tierzucht und Tierhaltung: denn Tiere sind zum einen selbst Handelsprodukt, zum anderen sehr wichtig geworden für den Transport schwerer Güter – einerseits als Tragtiere, andererseits als Zugtiere von ein- oder zweiachsigen Karren. Mit dem anwachsenden Handelsvolumen ändern sich auch die Transportgrundlagen. Das Tier löst den Menschen als Lastträger ab. Handelsgüter werden als Saumlast und später auch mit einem Gespann transportiert.

Um „unsere" Ursiedler noch besser zu verstehen, gehen wir wieder auf eine Zeitreise – diesmal zurück in das Jahr 1600 v. Chr.: Es ist später Nachmittag. Eine

Gruppe Händler ist mit mehreren Ochsengespannen über einen ausgefahrenen Karrenweg in das Donautal unterwegs. Die Wagen transportieren Steinsalz, Zinn und Kupferbarren. Der Weg läuft über die Hochterrasse, die Wasserscheide des Lechfeldes. Er läuft in Sichtweite eines Gräberfeldes,[VII 25] und mündet auf einer weitläufigen Lichtung, auf der Felder angelegt und in Abständen Hütten zu sehen sind. Am Westrand des bewirtschafteten Kulturlandes sind einige Männer bei der Rodungsarbeit der nächsten Waldparzelle, um ein neues Feld anzulegen. Zwischen emmer- und erbsenbestandenen Feldern nahe einem Dreschplatz stehen große ovale Häuser, deren Wände mit einem Gemisch aus Lehm und Stroh bestrichen sind. Das heruntergezogene Dach ist mit getrocknetem Schilf gedeckt. Nahe den beiden Wohnhäusern steht ein Vorratshaus, daneben befindet sich ein Gatter, innerhalb dessen einige Jungtiere aufgezogen werden. Kaum hundert Meter entfernt steht die nächste Hausgruppe und noch eine weitere ist im späten Sonnenlicht erkennbar. Fünf solche Hausgruppen umfasst die Streusiedlung.

Die Ankunft der Fremden hat die Bewohner zu ihren Häusern eilen lassen. Das Oberhaupt der Sippe begrüßt die Ankömmlinge und lädt sie ein, die Nacht über hier zu bleiben. Frauen bringen Tonbecher mit Wasser, getrocknetes Holz wird auf die schwelende Glut des Feuers geworfen, geräucherter Lechfisch gereicht und

VII Durch die Lage der Gräberfelder läßt sich der Verlauf des bronzezeitlichen Höhenweges grob bestimmen.

erwartungsvoll lassen sich Jung und Alt um das Feuer nieder, um den Erzählungen der neuen Gäste zu lauschen. Durchreisende Händler sind etwas Besonderes im eintönigen Alltag der Lechfeldbewohner, der von Feldarbeit, Fischfang und Jagd geprägt ist. Die Fremden transportieren nicht nur neuartige Waren, sondern auch Neuigkeiten aus der Welt, die sich jenseits des Lechtales erstreckt. Keiner der Lechfeldsiedler ist in seinem Leben weiter als bis in die nächsten Siedlungen gekommen. Schon die Donau kennen die meisten nur vom Hörensagen. Es sind ausschließlich die Händler, die in dieser Zeit Neuigkeiten und Wissen transportieren.

Mit fortschreitender Nacht gesellen sich die Bewohner der ganzen Streusiedlung zu der Runde um das Feuer. Sie erfahren von dem Handelsweg, über den Salz und Kupfer kommen, über die Menschen, die südwärts und nordwärts leben. Die Fremden holen Handelswaren aus ihren Karren – Gebrauchsgegenstände, Schmuck… und lassen sie in der Runde von Hand zu Hand gehen – begleitet von Geschichten über die Herkunft des Handelsgutes. Einige Frauen tragen Töpferwaren herbei; zwei Männer hängen große Stücke Rauchfleisch vom Dachgebälk ab, ein weiterer bringt Felle. Eine Frau kommt mit einem großen Weidenkorb, in dem sie gewebtes Leinentuch trägt. Und zwei junge Mädchen bringen Schmuckketten herbei. Beim Anblick der Mädchen weiß einer der Fremden zu erzählen, dass einige Siedlungen weiter südlich ein guter Brautpreis für ein heiratsfähiges Mädchen gezahlt würde. Der Vater der Mädchen horcht auf. Den nächsten Händlern, die durch das Dorf nach Süden ziehen, wird er eine mündliche Nachricht mitgeben, dass seine beiden Töchter noch frei seien…

Am nächsten Morgen wechselt noch Salz den Besitzer. Die Händler tauschen einige Feldfrüchte für die Weiterreise, geben einen Obulus für das Nachtquartier und ziehen weiter in Richtung Donautal. Schon bald begegnen sie Handelskollegen, die ihnen mit Fellen, wildem Honig und Werkzeugen entgegenkommen und zu den Erzlagern in den Alpen unterwegs sind, um dort ihre Ware gegen Kupferbarren einzutauschen. Und an der Donau treffen sie auf Händler, die mit gesalzenem Fisch nach Süden ziehen. Und so folgt Transport über Transport von schweren wie leichten Gütern über den Handelsweg der Bronzezeit.[26] Er wird ausgetreten und ausgefahren und entwickelt sich zu einer breiten Erdstraße, an der sich neue Wegkreuzungen bilden, an der Siedlungen zu Dörfern und zu marktähnlichen Zentren wachsen.

Etwa 1200 v. Chr., in der Zeitspanne, die wir als Urnenfelderzeit bezeichnen, kommt es zu einer Veränderung in der Bevölkerungsstruktur mit ökonomischen Auswirkungen im Kleinen, die die bereits angedeutete Entwicklung im Großen bestätigt: Neue Einwanderer lassen sich auf dem Lechfeld nieder und auch hier auf heutiger Königsbrunner Flur. Sie haben eine verbesserte Keramik-Fertigungstechnik im Gepäck und sind deshalb bei der alteingesessenen Bevölkerung gern gesehene Neuankömmlinge. Das nachbarschaftliche Verhältnis zwischen Alteingesessenen und Neuankömmlingen ist von langfristiger Dauer und besteht bis in die Hallstattzeit hinein. Der Grund liegt in der neu errichteten Produktionsstätte – einer Töpferei, in der qualitativ hochwertige Keramikware produziert wird. Bald schon bedienen die Neuankömmlinge vom „Bobinger Bergl" den lokalen, regionalen und überregionalen Markt mit ihren Keramikwaren: von feinsten Schalen bis hin zu Gefäßen mit einem Durchmesser von fünfzig Zentimetern. Die heimische Produktionsstätte umfasst drei Brennöfen, die bislang einzigen weit und breit.[27] Die „exportfertige" Handelsware laden sie auf zweiachsige Wagen und exportieren sie über die bronzezeitliche Straße nach Norden wie nach Süden.

# Die keltische Straße

Um 800 vor Chr. erreicht eine Einwanderungswelle keltischer Stämme über die „Alte Straße" das Lechfeld. Auf der heutigen Königsbrunner Flur entsteht nördlich der bronzezeitlichen Streusiedlung ein neues Dorf.[28] Die spektakuläre Ausgrabung des hallstattzeitlichen Dorfes brachte fünfundvierzig Holzhäuser mit Getreidespeichern, eine Schmiede, ein einzelnes Gehöft und mehrere sogenannte Kreisgräben hervor.[29] Die Getreidespeicher weisen auf die ökonomische Priorität dieser Siedlung hin. Das Wichtigste im Leben der keltischen Dorfbewohner ist der Erfolg der nächsten Ernte. Darüber entscheidet nur der richtige Zeitpunkt der Aussaat. Jede Sippe nutzt ihren Kalender, der ihnen den Tag der Aussaat berechnet. Es ist eine kreisrunde Anlage, die durch einen Palisadenzaun begrenzt ist und/oder durch einen Graben. Sie hat zwei gegenüberliegende Eingänge oder zumindest an einer Stelle einen Eingang und an der gegenüberliegenden Stelle zwei in kurzem Abstand voneinander stehende erhöhte Pfosten, durch die an einem Tag im Jahr die Strahlen der Sonne fallen. Es ist der Tag der Wintersonnenwende, der kürzeste Tag im Jahr und der Schlüsseltermin des bäuerlichen Jahres schlechthin. An diesem Tag bitten die Bewohner im magischen Kreis um Fruchtbarkeit. Dieser Ort ist auch Angehörigen des Dorfadels für ihre Totenfeiern vorbehalten. Generationen später kommt es in dieser Siedlung zu einem Verlust magisch-religiöser Kulturinhalte, unter anderem auch der Kenntnisse der Astronomie, wie die aufgefundenen Varianten der klassischen Kreisanlagen belegen.

Handelsverkehr um 700 vor Chr. auf der heutigen Königsbrunner Flur.

Die Bewohner dieses neuen Dorfes richten ihre Dorfökonomie deutlich auf Überproduktion aus. Sie schaffen sich auf diese Weise Handelsgüter und sichern sich damit ihre Teilnahme am Wirtschaftsverkehr.

Die landwirtschaftliche Überproduktion ist das wichtigste wirtschaftliche Standbein des keltischen Dorfes. Felder, die mit Dinkel, Gerste, Einkorn, Hafer, Hirse und Roggen, Erbsen, Ackerbohnen und Linsen bestanden sind, werden mit eisernen Pflugscharen bestellt, die Feldfrüchte mit eisernen Sensen geerntet und liefern bei geringerer körperlicher Anstrengung einen wesentlich höheren Ertrag. Das zweite Standbein ist die Leinentuchproduktion. Felder, die mit Flachs bestanden sind, überwiegen. Sie liefern den Rohstoff zur Herstellung von Leinentuch. Zeugnisse der Garnherstellung fanden Königsbrunner Archäologen in einem Webstuhl mit 24 Webgewichten. Das dritte Standbein in der Dorfökonomie ist nach wie vor die Keramikherstellung. Hier hat sich im Vergleich zum bronzezeitlichen Dorf ein hoher Qualitätsstandard entwickelt. Große Gefäße, die für die Aufbewahrung von Nahrungsvorräten dienen, sind überliefert. Und die Tierzucht ist das vierte Standbein des keltischen Dorfes. Schafherden liefern das Rohmaterial ‚Wolle' zur Fertigung von wollenem Tuch. Die Frauen widmen sich der Herstellung von Wollerzeugnissen wie auch der Korbflechterei. Reit- und Zugtiere werden in steigendem Maße benötigt, um die im Dorf gefertigten Produkte zu Abnehmern zu bringen. Der Handel mit Tierhäuten spiegelt sich in der Lederfabrikation wieder, wie eine aufgefundene Ahle nachweist.

Das Wissen um die Herstellung dieser ‚modernsten' Werkzeuge treffen wir erst seit dem neunten vorchristlichen Jahrhundert in Mitteleuropa an. Auch dieses ‚Know How' wird über die keltische Straße eingeführt, wie auch die ersten aus anderen Kontinenten kommenden Importartikel. Die keltischen Neusiedler haben ein neues, bislang unbekanntes Tier mitgebracht: das in Indien domestizierte Huhn, das in Mitteleuropa archäologisch erstmals im Landkreis Sigmaringen auftaucht.

Die keltische Straße, die vermutlich auf bronzezeitlicher Trasse über die heutigen Lechfeldgemeinden Obermeitingen und Hurlach nach Süden führt, kreuzt auf der Höhe von Epfach die bereits erwähnte Salzstraße[30] und führt bereits in dieser Zeit als Saumpfad über den Fern- und Reschenpass in den Mittelmeerraum. Denn archäologische Funde offenbaren uns intensive Handelsbeziehungen nach Oberitalien, ebenso wie einen regen Import mediterraner Güter, deren Abnehmer die keltische Oberschicht ist. Und so werden Keramikwaren, bronzene Trinkgeschirre, Bronzeeimer, Bronzebecken und Bronzefiguren über die keltische Straße transportiert, sowie Schmuck und Glasperlen, Halsketten, Korallen-einlagen, Amulette und für das einfache Volk Massenlieferungen von Öllämpchen und Olivenöl, das in „Einweg-Amphoren" aus der heutigen Toskana und auch aus dem heutigen Ligurien kommt. Olivenöl wird nicht nur zum Kochen und zum Einlegen von Speisen, sondern auch als Brennmittel für Öllampen genutzt. Doch die Handelsgüter kommen nicht nur aus dem Mittelmeerraum. Bereits im sechsten Jahrhundert v. Chr. erreichen die ersten Vorboten eines interkontinentalen Handelsaustausches das obere Donautal. Es sind „Textilien, die mit chinesischer Seide bestickt“ sind.[31] Die Gegenwerte dafür müssen enorm hoch gewesen sein.

Plötzlich, inmitten dieser wirtschaftlich prosperierenden Kulturepoche der Hallstattzeit – am Ende des sechsten Jahrhundert v. Chr. – verlässt die überwiegende Zahl der Bewohner der keltischen Siedlung in Königsbrunn wie auch andernorts auf dem Lechfeld die angestammte Heimat und überquert die Alpen, um sich im mediterranen Raum einen neuen Siedlungsplatz zu suchen. Vermutlich sind die Bewohner unter einem neuen ‚Stammesführer‘ über den Alpenhauptkamm gezogen und der entmachtete Dorfadel bleibt zurück. Anzeichen, dass letzteres passiert sein könnte, lassen sich aus den Erkenntnissen der Archäologen ablesen, die nachgewiesen haben, dass die Bestattungen in den Steinkreisen noch fortdauerten.[32]

Auf dem hier wie andernorts verlassenen Siedlungsland lässt sich ein neuer keltischer Stamm nieder: die Vindeliker. Sippenverbände dieses Stammes, die sich Likatier nennen, finden ihre Heimat auf der heutigen Königsbrunner Flur. Mit diesen Siedlern hat auch der Lech – Licca – seinen heutigen Namen bekommen. Der Handel belebt in der nun folgenden Laténezeit die keltische Straße zwischen der Donau und dem oberitalienischen Raum. Vierhundert Jahre vor der römischen Okkupation läutet er die Blütezeit der keltischen Kultur ein. Dies zeigt sich allein schon darin, dass erstmals ein

Zahlungsmittel den Tauschhandel ablöst: schüsselförmige Gold-, Silber- und Bronzemünzen, die im Volksmund ‚Regenbogenschüsselchen' genannt werden. Wissenschaftler bezeichnen den Siedlungsraum zwischen Inn, Donau und Lech als die Wiege des mitteleuropäischen Münzsystems.

Inmitten dieses Zeitraumes verlassen nördlich der Donau wiederum keltische Stämme ihre Heimat. Ausgelöst wird diese Wanderung durch die vermutlich von der jütländischen Halbinsel stammenden Kimbern, die ihrerseits – einem Schneeball gleich – andere Gruppen ebenfalls zum Aufbruch bewegen.[33] Über die keltische Straße wälzt sich ein bis an den Horizont reichender Treck beladener Ochsengespanne, begleitet von tausenden Männern, Frauen und Kindern. Ihr Ziel ist Italien und ihre Absichten sind keineswegs friedlich. Plündernd dringt die keltische Völkerschar in die Poebene vor und erobert im Jahre 387 v. Chr. Rom.

Nachdem sich die mediterranen Wirtschaftszentren von dieser Welle der Zerstörung erholt haben, floriert wieder der Austausch der Produkte aus dem nördlichen Alpenvorland mit den Handelswaren der etruskischen Kultur. Über die Saumpfade werden Zinn, Kupfer und Salz gehandelt und tierische wie landwirtschaftliche Produkte: Schinken, Würste, Gänsefedern, Hörner des Urs, große Geweihe, Trinkgefässe aus Horn, Pelzwerk, Honigwaben, Möhren, Rettiche und alle heimischen Güter, die sich handeln lassen – angefangen von Pomade zum Färben des Haares… über Halsketten und Armringe, leinenen und wollenen Stoffen mit Färberröte oder blauem Waid gefärbt... bis hin zu blondem Echthaar, das zahlreiche Sklavinnen liefern. Und bezahlt wird mit den ‚Keltoi' wie die Römer die keltischen Münzen bezeichnen. Jeder Stamm prägt seine eigenen Münzen. Zunächst sind die Münzbilder der keltischen Mythologie entlehnt. Mit der Zeit aber erhalten mediterrane und römische Einflüsse darin Platz. Zuletzt wird das gemünzte keltische Edelmetall zu einem Handelsobjekt an sich und endet in römischen Prägestätten.

Südlich der Alpen wecken die keltischen Produkte ökonomische Begehrlichkeiten – vielleicht auch mit dem in den Gebirgsflüssen (überliefert ist der Inn) gefundenen Münzrohstoff Gold[VIII]. Von Cäsar ist überliefert, dass er im keltischen Gallien große Mengen von diesem Flussgold zusammengeraubt hat. Ausschlaggebend für das nun folgende Übergreifen der römischen Staatsmacht an die Donau ist in jedem Fall die Sorge römischer Politiker vor neuen keltischen Einfällen. Und so folgt in logischer Konsequenz die Okkupation und die administrative Eingliederung des keltischen Wirtschaftsraumes zwischen den Alpen und der Donau in das Römische Imperium. Und damit verschwindet im Jahre 15 vor Chr. auch die keltische Währung.[IX]

---

VIII dem Elektron

IX Dezidiert hat sich dazu Walter Grasser, Universität München, geäußert. ebda, 1980, S.11

# Die römische Militärstraße

Im Jahre 15 vor Christus marschieren römische Legionen unter ihrem Feldherrn Drusus durch das Etschtal, ziehen über den Alpenhauptkamm, den Reschen- und Brennerpass, dringen durch das Inntal ins Voralpenland und bringen das keltische Siedlungsland bis an die Donau unter ihre Kontrolle. Teile der Legion erreichen über die bronzezeitliche Salzstraße das Lechfeld und überqueren den Lech somit auf der Höhe des späteren römischen Stützpunktes Abodiacum (Epfach). Die Bewohner des Lechfeldes leisten keinerlei Widerstand. Damit die Lage auch weiterhin ruhig bleibt, läßt Drusus den größten Teil der wehrfähigen Männer zwangsrekrutieren und eine Trockenstrasse anlegen, über die im Falle eines Aufstandes in kurzer Zeit Truppen aus Italien über den Reschenpass und den Fernpass herangeführt werden können. Etwa um 8 vor Chr. entsteht an der Lechfurt der Salzstraße der Militärstützpunkt Abodiacum und am Zusammenfluß von Wertach und Lech ein Militärlager (nahe dem späteren Augusta Vindelicum /Augsburg).

Noch über ein halbes Jahrhundert nach der römischen Okkupation ist die Donau eine offene Grenze und die Bewohner des Voralpenlandes bleiben – bis auf wenige römische Stützpunkte – sich selbst überlassen. Und so geht das traditionelle Leben auf den keltischen Wegen und Straßen, als wäre nichts geschehen, weiterhin seinen gewohnten Gang. Händler ziehen mit ihren Ochsengespannen von Dorf zu Dorf. Bauern holen ihre Ernte von den Feldern und trauen sich schon ab und an, wenn sich

**Transportwege der Orient-Waren um 200 n. Chr. über die heutige Königsbrunner Flur**

Die Via Claudia Augusta ist um 200 n. Chr. die direkte Verbindung von und zu den römischen Importhäfen Puteoli und Ostia. Aus Alexandria und Antiochia werden die Orient-Waren über die römischen Fernstraßen auch nach Raetien transportiert, wo die Oberschicht auf ihre gewohnte ‚römische Lebensweise' nicht verzichten will.

In Augusta Vindelicum gibt es eine Vereinigung von Fernhandelskaufleuten, die Warentransporte in das Rheintal bis Mogontiacum und bis nach Colonia Claudia Ara Agrippinensium auf den Weg schicken. Warenlieferungen, auch solche, mit denen der Frieden am Limes erkauft werden soll, gelangen über keltische und germanische Straßen nach Norden. Ein wichtiger Verkehrsweg durchquert das Maintal, folgt dann dem bronzezeitlichen Höhenweg über das heutige Fulda und überschreitet die Flüsse Weser und Aller bei Verden. Stade und Bardowieck sind bedeutende Handelsplätze an der Elbe. Auch von Raetien aus führen keltische ‚Straßen' in das Fuldatal.

Viborg
Stade
Bardowieck (Lüneburg)
Verden
Colonia Claudia Ara Agrippinensium (Köln)
Mogontiacum (Mainz)
Biriciana (Weißenburg)
Grinario (Köngen)
Argentoratum (Straßburg)
Castra Regina (Regensburg)
Augusta Vindelicum (Augsburg)
Guntia (Günzburg)
Cambodunum (Kempten)
Abodiacum (Epfach)
Augusta Raurica (Augst)
Foetes (Füssen)
Via Salina
Brigantium (Bregenz)
Juvavum (Salzburg)
Via Claudia
Pons Drusi (Bozen)
Tridentum (Trient)
Aquileia
Feltria (Feltre)
Altinum
Verona
Hostilia
Via Aemilia
Ariminum
Via Flaminia
Roma
Ostia
Via Appia
Capua
Puteoli
von Alexandria und Antiochia
Königsbrunner Flur
Via Claudia Augusta
römische Straße
keltische/germanische Straße
Flussroute

weder Fahrzeug noch Reiter zeigen, die neue Straße zu benutzen. Ab dem Jahre 30 n. Chr. füllt sich die römische Straße mit Leben. Der zwangsweisen Umsiedlung von Alpenbewohnern auf das Lechfeld folgt eine planmäßige Ansiedlung von Kolonisten aus dem Römischen Reich und der Aufbau der zukünftigen Hauptstadt der neuen römischen Provinz Raetien. Und mit den Neuankömmlingen hält auch die römische Lebensweise in das Voralpenland Einzug.

Die Benutzer der neuen Straßentrasse kommen für die keltischen Lechfeldbewohner aus einer fernen anderen Welt. Wieder halten Bauern in ihrer Feldarbeit inne, wenn nicht enden wollende Materialtransporte über die römische Trasse an ihnen vorbeirollen – und ihre Blikke folgen den von Maultieren gezogenen Gespannen, die voll beladen über die heutige Königsbrunner Flur ziehen. Staunend stehen Kinder am Straßenrand, wenn Soldaten in glänzenden Rüstungen und rot leuchtenden Mänteln Werttransporte sichern, wenn Kuriere auf ihren schnellen Pferden vorbeijagen und täglich größere oder kleinere Gruppen von Einwanderern aus den verschiedenen Teilen des Römischen Reiches nach Norden in die neue Stadt oder weiter bis zur Donau oder gar zum Rhein ziehen. Viele von ihnen sind Handwerker, die von Ort zu Ort unterwegs sind und Reparaturen an Mänteln, Kleidung, Untergewändern und Waffen der Soldaten durchführen. Jeder einzelne Soldat erhält zwar eine einmalige staatliche Zuwendung für seine Kleidung und Ausrüstung, muss sie sich aber selbst beschaffen und in dem hierzulande kalten und feuchten Klima auch instand halten. Mit den Handwerkern wird auch das Wissen um die Art und Weise der Fertigung aus dem mediterranen Raum nach Süddeutschland importiert. Doch es sind nicht nur Handwerker, die des Weges ziehen. Ihnen folgen Händler, die für die einheimische Bevölkerung viele unbekannte, für die sich bildende Stadtbevölkerung jedoch bereits unverzichtbare Waren mit sich führen. Die neue Stadt braucht alle wichtigen Berufsgruppen, um zu funktionieren: Verwaltungsbeamte, Ärzte und Lehrer, Anwälte und Schreiber, Priester und Vestalinnen. Und auch Dirnen sind darunter, die in der neuen Stadt einen Verdienst erwarten, ebenso wie Glücksspieler und Diebe.

Mit der Erhebung des Voralpenlandes zur neuen römischen Provinz Raetien sind bald darauf – im Jahre 46 nach Chr. – auch die Ausbauarbeiten an der römischen Trasse beendet. Sie wird zur Staatsstraße erhoben und erhält zu Ehren von Kaiser Claudius seinen Namen „Straße des Claudius Augustus – „Via Claudia Augusta". Die römische Geschichtsschreibung überliefert uns die Geburt dieser Fernstraße mit den Worten:
*„Tiberius Claudius Caesar Augustus, Germanenbesieger, Oberpriester, zum 6. Mal mit der tribuzinischen Gewalt betraut, für das 4. Konsulat designiert, zum 11. Mal als Imperator ausgerufen, Vater des Vaterlandes, hat die Via Claudia Augusta, welche sein Vater Drusus nach Öffnung der Alpen im Krieg angelegt hatte, ausgebaut vom Po an den Fluss Donau über eine Strecke von 350 Meilen."* [37]
Plutarch beschreibt die römische Staatsstraße, bei der die Straßenbaumeister *„neben praktischen Erfordernissen*

*auch auf gefällige Formen bedacht" sind. Schnurgerade* ziehen *die Straßen durch das Land, teils mit behauenen Steinen gepflastert, teils mit aufgeschüttetem Sand bedeckt, der festgestampft wurde... Jede Strecke* ist *nach Meilen unterteilt... und zur Angabe der Distanzen* sind *von Meile zu Meile steinerne Säulen aufgestellt.*" Und so zieht sich über die heutige Königsbrunner Flur eine Straße mit einer festgestampften Schotteroberfläche, die für die Laufruhe der schnellen Reisewagen sorgt. Die Straßenbreite von 4,80 Meter ist für die problemlose Begegnung zweier Wagen ausgelegt. Mannshohe Meilensteine im Abstand einer römischen Meile, dies sind 1,48 Kilometer, geben die Entfernung zum nächsten Ort an.

Ein Jahrhundert später ist die Via Claudia eine wichtige Nachschubverbindung für die Sicherung der Donau-Main-Rheinlinie des Römischen Reiches. Truppen werden hierüber bis in das nördliche Gallien verschoben und stehen auch in Raetien für militärische Operationen in Germanien zur Verfügung.[34] Im Jahre 170 marschiert die erste nun in Raetien dauerhaft stationierte Legion über ihre Trasse: 6.000 Soldaten, die von Lederzelten, Kriegsgerät, steinernen Handmühlen, Töpfen und Schüsseln bis hin zur Lebensmittelversorgung und Verpflegung für die Tiere alles mit sich führen. Begleitet wird die Legion von ebenso vielen Zivilpersonen – von Verwaltungsbeamten, Frauen und Freundinnen der Soldaten mit ihren Kindern bis hin zu einem Heer von Sklaven. Auch der Nachschub an Proviant und Ausrüstung für die Besatzungen der Kastelle wird über die Via Claudia transportiert. Die Besatzung eines Kastells benötigt jährlich 182,5 Tonnen Proviant.[35] Dazu gehören große Mengen an Essig, der mit Wasser verdünnt als unverzichtbares Grundgetränk genossen wird und unverdünnt als Konservierungsmittel dient. Eine Legion verbraucht pro Tag sechs Tonnen Weizen, fünf Tonnen Gerste, größere Mengen an Salz, Speck und Hartkäse. Das Lebensmittelgewicht pro Woche liegt bei 85 Tonnen.[36]

Und auch den Gewohnheiten der Soldaten wird Rechnung getragen. Der Legionär will vor allem nicht auf den gewohnten Wein verzichten. So gehören Weintransporte aus der mediterranen Heimat ebenso zu den Massenkontingenten, die über die römische Militärstraße transportiert werden, wie auch alles, was zum Lebensumfeld einer ‚Soldatenehe' gehört, von Kleiderstoffen bis zum Schmuck. Denn der Legionär ist zwar in kasernenartigen Gebäuden stationiert, erlaubt ist ihm aber auch ein ‚ziviles Leben' mit einer Contubernalis, einer „Genossin". Für sie baut er eine Hütte, gründet einen eigenen Hausstand und versorgt sie und seine möglichst zahlreichen Kinder – den Nachwuchs für die Legion – mit allem, was den Grundbedarf des Haushaltes sichert.

Die Straße ist in ihrer Struktur als Kommunikationsschiene für die schnelle Nachrichtenübermittlung angelegt. Täglich sind staatliche Boten- und Kurierdienste unterwegs und es verkehrt wie in allen Teilen des Römischen Reiches auch eine Reichspost. Um eine verzögerungsfreie Nachrichtenübermittlung zu gewährleisten, sind in regelmäßigen Abständen Relaisstationen, „Mutationes“ genannt, für den Pferdewechsel eingerichtet, an denen jeweils etwa vierzig Pferde ständig verfügbar stehen, die alljährlich ausgewechselt werden. Kurze Entfernungen zwischen den „Mutationes“ ermöglichen einen häufigeren Pferdewechsel, schonen dabei die Reittiere und beschleunigen die Kuriersendungen. Zeitweise ist die „Mutatio“ auch mit einem Militärposten besetzt, der den Straßenverkehr überwacht und für die Sicherheit auf diesem Streckenabschnitt der Via Claudia sorgt, denn die neue Fernstraße mit ihren wertvollen Warentransporten verlockt zu Raubüberfällen.

In Abständen von jeweils einem Tagesmarsch[38] werden Unterkünfte, sogenannte „Mansiones“[39] gebaut. Und es entstehen – mit zunehmendem Verkehrsaufkommen durch Handel und zivilen Reiseverkehr – Gasthäuser, die eine umfassende Gästebetreuung bieten: „*Wirt, lass uns abrechnen*“[40], heißt es auf einem Steindokument, das einen Wirt und seinen Gast Lucius Calidius mit seinem Maultier zeigt. Und der Wirt zählt auf, was die Übernachtung gekostet hat: *Wein, Brot = 1 As, Zukost = 2 Asses, ein Mädchen = 8 Asses, Heu fürs Maultier = 2 Asses*“. „Das Heu ist zu teuer“, beschwert sich Lucius Calidius, so wie sich heutzutage ein Reisender über den zu hohen Benzinpreis auslassen würde.

Lucius Calidius bezahlt den Wirt und steigt auf sein Maultier. Es ist wieder ein verkehrsreicher Tag heute und Fuhrwerke aller Art sind auf der Staatsstraße unterwegs. Gerade fährt eine „Cisium“ vorbei, eine offene leichte einachsige Reisekutsche, die keltischen Ursprungs ist, genau wie der Carruca, ein vierrädriger, geschlossener Transportwagen, der am Straßenrand steht.[41] Lucius Calidius weiß, dass sein Volk vom keltischen Fahrzeugbau profitiert hat. Immer noch gelten die keltischen Wagenbauer – auch wenn dies zu erwähnen unschicklich ist – als gute Handwerker auf ihrem Gebiet.

Kaum eine Meile, nachdem Lucius Calidius seinen Rastort verlassen hat, nähert er sich einem Ochsengespann, das vor einen offenen Karren gespannt ist, der so schwer an Steinen und Holz geladen hat, dass er sich kaum vorwärts bewegt. Normalerweise fahren solche Lasttransporte mit einer Geschwindigkeit von 1,5-3 Stundenkilometern, bei einer Belastungsdauer der Tiere von maximal fünf Stunden.[42] Doch dieser hier fährt so gemächlich, dass man bequem zu Fuß nebenher laufen kann – zu langsam für Lucius Calidius und auch zu langsam für den vor ihm fahrenden Carrus,[43] einen Spezialtransporter für Flüssigkeiten, der Wein, Olivenöl oder Essig geladen hat und nun zum Überholen ansetzt. Doch sofort bremst der vor Lucius fahrende Flüssigkeitstransporter ab und ordnet sich wieder hinter dem Steintransporter ein, denn ein Kurier kommt ihnen entgegen. Lucius Calidius dreht sich kurz um, als er hinter sich noch ein Pferdefuhrwerk hört, das mit 7-8 Stundenkilometern auf ihn zuhält. „Jetzt wird es eng“, schießt es ihm durch den Kopf. Und tatsächlich: zu allem Überfluss wird vor ihm, hinter dem Kurier in der Ferne, auch noch eine Rheda sichtbar. Der schnelle Reisewagen ist mit bis zu elf Stundenkilometern[44] unterwegs und nach den berittenen Boten das schnellste Gefährt, wobei auf

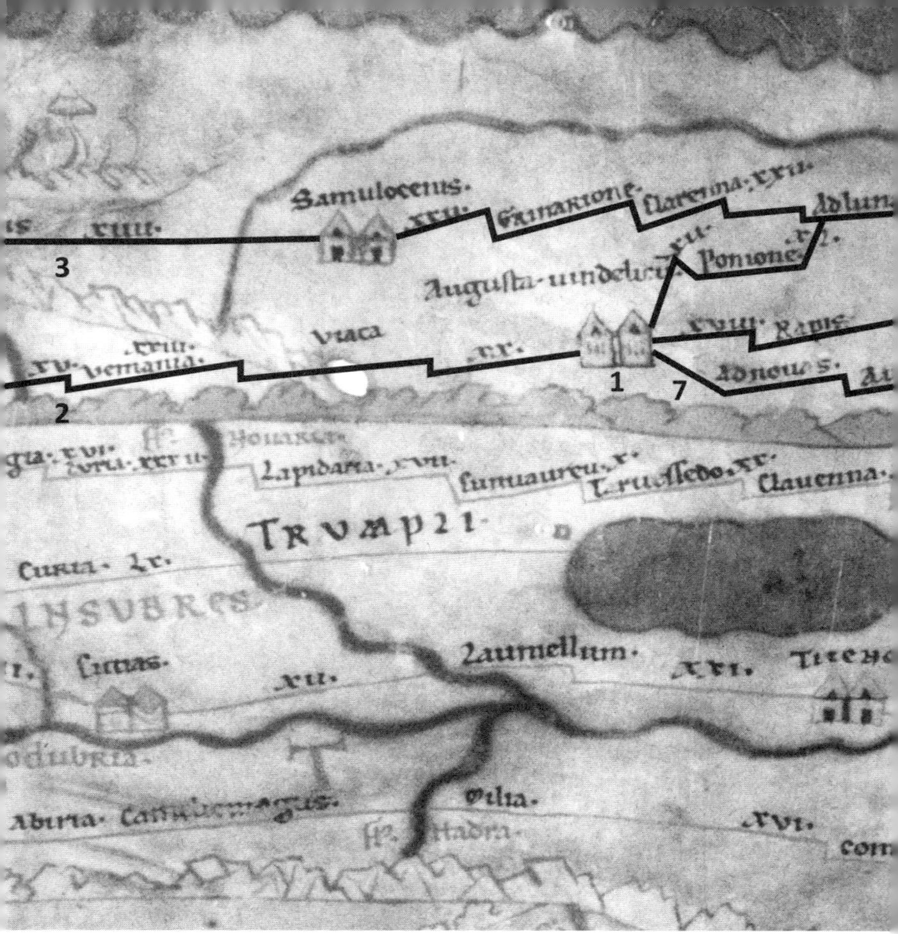


**2** über Viaca (Memmingen) und Brigantium (Bregenz), Curia (Chur) und Mediolanum (Mailand) nach Placentia (Piacenza).

**3** über Ad Lunam (Urspring) nach Argentoratum (Straßburg).

**4** über Ad Lunam (Urspring) und Aquileia (Heidenheim) nach Mogontiacum (Mainz) und Colonia Claudia Ara Agrippinensium, kurz CCAA (Köln).

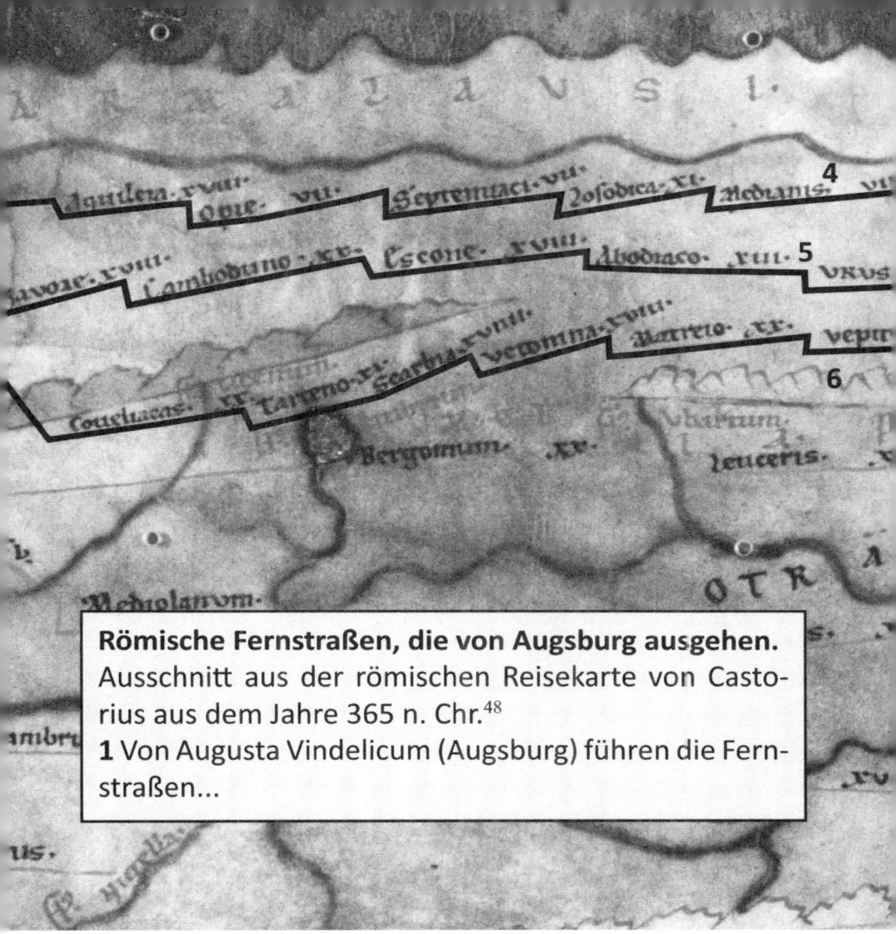


**Römische Fernstraßen, die von Augsburg ausgehen.** Ausschnitt aus der römischen Reisekarte von Castorius aus dem Jahre 365 n. Chr.[48]
**1** Von Augusta Vindelicum (Augsburg) führen die Fernstraßen...

**5** über den Töpferort Rapis (Schwabmünchen), Cambodunum (Kempten) nach Augusta Raunica (Augst) am Rhein.

**6** über die Via Claudia Augusta Richtung Ad Novas (das bei Igling vermutet wird), Abodiacum (Epfach) und Foetes (Füssen) nach Verona.

**7** Lage der heutigen Flur der Stadt Königsbrunn

den römischen Straßen das Reisen in der Rheda trotz der Schnelligkeit komfortabel bleibt. So schwärmt Plinius: *„Ich bin so bequem in einem Wagen hierher gekommen, wie in einem Schlafzimmer.“* [45]

Für Lucius Calidius, wie für alle Verkehrsteilnehmer, gilt als Grundregel das Rechtsfahrgebot. Darüber hinaus ist den kaiserlichen Kurieren, den Postkurieren und den Reisegespannen jederzeit freie Fahrt einzuräumen. Vor einem Hindernis müssen immer die langsameren Verkehrsteilnehmer warten, bis die schnelleren Fahrzeuge das Hindernis passiert haben, auch wenn die eigene Straßenseite blockiert ist. Befolgen alle diese Regeln, dann entwirrt sich das Verkehrsknäuel, noch bevor es sich richtig gebildet hat. Zuerst jagt der Kurier an Lucius Calidius vorbei, während hinter ihm das Pferdefuhrwerk langsamer wird und die Vorbeifahrt der Rheda abwartet. Dann überholt das Pferdefuhrwerk, gefolgt vom Öltransporter und danach passiert Lucius Calidius mit seinem Muli den Steintransporter und hat nun wieder freien Ritt vor sich.

Ein so starkes Verkehrsaufkommen führt unweigerlich zu einer Abnützung der Fahrbahnoberfläche, die daher immer wieder von Beamten der Baubehörde inspiziert wird. Größere Instandhaltungsmaßnahmen sind in der darauffolgenden Zeit nicht überliefert. Dafür ist der Straßenkörper einfach zu gut gebaut. Die römischen Bauvorschriften schreiben das auch vor. Danach hat eine Straße mindestens einhundert Jahre zu halten, ohne dass Ausbesserungsarbeiten notwendig werden. Tatsächlich hören wir erst 149 Jahre nach Fertigstellung der Via Claudia Augusta erstmals von Ausbesserungsarbeiten: *„Im Jar 203 haben Severus und Antonini Söhne mit großem Nutzen der Provinz / die Wege und Brucken widerumb zurichten lassen: Nemlich von Augspurg auff Italien zu / auffs wenigste 110000. Schritt .... Mit erdinen Schütten und Grießsand verwahret. Von denselben Schütten... findet man außerhalb noch viel Anzeigungen / und vor andern ein merckliche an dem Pflasterweg bey der Statt Augspurg.“* [46] Die 110.000 Schritte, auf der die Oberfläche der Via Claudia neu mit erdiger Schüttung und Griessand befestigt worden ist, reichen weit über die heutige Königsbrunner Flur hinaus. Und so hat letztmalig im Jahre 203 n. Chr. die Römerstraße hier eine neue Fahrbahndecke erhalten. Trotzdem überlebt die römische Straßentrasse die nächsten zwei Jahrtausende und noch heute sieht man – schaut man genau hin – an der südlichen Stadtgrenze der Königsbrunner Flur die leicht gewölbte Oberfläche der einstigen Fahrbahndecke der Via Claudia Augusta und Reste jener Materialgruben, die vor zweitausend Jahren durch den Straßenbau entstanden sind.

Möglicherweise sind einzelne Straßenabschnitte trotz des friedlichen Verlaufs der Okkupation des Lechfeldes in den nächsten Jahrzehnten durch Straßenposten gesichert gewesen.[47] Der um etwa vier Straßenbreiten im Süden des heutigen Königsbrunn auf dem ‚Neuhaus-Terrain‘ versetzte Straßenverlauf der Via Claudia Augusta könnte auf einen solchen Straßenposten hindeuten. War die damals nördlich dieses Postens liegende

kleine likatische Siedlung während des Straßenbaus ein Sicherheitsrisiko gewesen, weil die neue Trockenstraße die Siedlung am Rande durchnitt? Ist es auf dem Lechfeld – auch wenn wir diesbezüglich von römischen Geschichtsschreibern nichts erfahren – in den Folgejahren nach der römischen Okkupation zu Anschlägen auf den Transportverkehr gekommen? Lassen sich mit einer angespannten Sicherheitslage die größten und vielfältigsten Metallfunde des römischen Reiches[49] erklären, die auf ein frühes römisches Militärlager auf dem Boden des heutigen Augsburg zurückgeführt werden können?
Wie dem auch sei. Wir haben dafür und für den versetzten Straßenlauf der Via Claudia Augusta beim ‚Neuhaus' keine eindeutig belegte Erklärung. Auch die römische Reisekarte aus dem Jahre 365 n. Chr. und andere zeitgenössische Quellen geben uns keine Auskunft darüber.

Bauernhöfe, Häuser von Handwerkern, darunter vielleicht ein Wagenbauer, zwei Gasthäuser, ein öffentliches Bad und ein kleines Heiligtum des Mercurius Cimiacinus – so präsentiert sich das Dorf Abodiacum (Epfach) mit einer Brücke über den Lech und einem kleinen Kastell auf einem auf der Ostseite des Lechufers liegenden Hügel.[X] Von 15 vor Chr. bis etwa 50 nach Chr. überwachte dort eine Besatzung von 80 Soldaten die sich hier kreuzenden Fernstraßen zu Land und zu Wasser: die von Süden nach Norden führende Via Claudia Augusta, die von Osten nach Westen verlaufende Via Salina und den Lechfluss – die Wasserstraße von Füssen in die Donau.

Heute – wir schreiben das Jahr 200 nach Chr. – ist Raetien längst befriedet und der Militärposten verlassen. Vitus und Julius, beides Frachtwagenfahrer, Vinidarius, der Fuhrmann des Reisewagens, und einige Handwerker, die von Flavius angeführt werden, erreichen Abodiacum (Epfach) am Abend. Vitus war vor zwei Tagen in Cambodunum (Kempten) aufgebrochen, mit seinem Ochsengespann ins Wertachtal gefahren[50] und hatte nach der Wertachbrücke in der Straßenstation Escone auf dem Freyberg übernachtet. Heute Morgen hat er die Strecke von Escone hierher zurückgelegt.[51] Morgen will er auf der Via Claudia in Richtung Augusta Vindelicum (Augsburg) weiterfahren. Sein Frachtwagen hat Keramikwaren geladen, die für einen dortigen Großhändler bestimmt

X der Lorenzberg liegt heute am Westufer des Lechflusses

sind. Julius kam die Via Salina von Juvavum (Salzburg) hierher. Gestern hatte er die Nacht in Urusa (Raisting) verbracht. Seine Fracht ließ ihn höchstens zwei Kilometer in der Stunde zurücklegen und er musste ein Rad wechseln. Seine Ladung – Roheisen – musste er abladen. Dabei hat ihm ein Frachtwagenfahrer geholfen, der Salz aus der keltischen Saline nach Augusta Vindelicum transportiert. Kurz vor Einbruch der Nacht erreichen die beiden Gespanne die Lechbrücke vor Abodiacum. Zwei Flöße mit Baumaterial haben gerade die Pfahljochbrücke passiert. Die vier Flößer landen direkt hinter der Brücke und legen ihre Fahrzeuge am Ufer fest. Dann machen auch sie sich auf den Weg zur Herberge.

Vinidarius, der Fuhrmann, ist mit einem hohen Beamten aus Rom nach Augusta Vindelicum unterwegs. Die Gruppe um Flavius kommt aus Verona über die Via Claudia hierher. Am Abend sitzen sie alle in der Badeanlage beisammen. „Ich bin gar nicht sicher gewesen, ob ich meinen Herrn zum richtigen Abodiacum gelenkt habe, vertraut Vinidarius Julius dem Schwerlastfahrer an, „denn Abodiacum ist auf meiner Reisekarte[XI] gleich zweimal eingezeichnet. Und die Reisekarte ist so lückenhaft, dass einige Mansiones[XII] nicht oder falsch eingezeichnet sind. Aber wie es auch sei, ich hab mich nach den Meilensteinen orientiert." „Aber warum", fragt

XI Fehler, die in der Tabula Peutingeriana auffallen, der Kopie einer römischen Reisekarte von Castorius aus dem Jahre 365 n. Chr., siehe z. B. S. 62–63: Auodiaco = Abodiacum (7) und (5).

XII Mansion: eine Herberge mit Pferdewechselstation

Julius, „hast Du mit Deiner Gesellschaft denn keinen Wagen genommen für eine solch lange Strecke?" Flavius wischt sich den Schweiß aus dem Gesicht: „Weißt du, *anstatt mit Zittern und Zagen in einem Wagen der Staatspost zu fahren, betrunkenen Kutschern ausgeliefert zu sein,* verzeih Julius, du bist nicht damit gemeint, *und Maultieren, die vor Nichtstun und Überfütterung der Hafer sticht, anstatt Staubwolken, grässliches Geschrei und Peitschenknallen zu ertragen, zog ich* mit meinen Freunden *gemächlich zu Fuß einher auf einer baumbestandenen schattigen Straße, an der es* genug *Herbergen zum Einkehren* gab, *wo man sich von den Reisestrapazen erholen konnte.*"[52] Julius nickt und entgegnet: „Den ganzen Tag auf dem Kutschbock zu verbringen mit Zugtieren, die an jedem Bächlein stehen bleiben wollen, ist auch kein Vergnügen. Den lieben langen Tag über habe ich schon davon geträumt, hier den ganzen Staub auszuschwitzen."

Der neue Tag ist angebrochen. Jetzt kurz nach Sonnenaufgang herrscht Aufbruchstimmung. Der Wirt fordert von manchen Gästen noch sein Geld ein, während sich die ersten bereits auf den Weg nach Norden in die Provinzhauptstadt Augusta Vindelicum machen. Julius ist mit seiner Amphoren-Fracht, mit der er Liquamen, eine salzige Fischsauce, transportiert, bereits auf dem Weg. Vier Tage rechnet er noch bis Augusta Vindelicum (Augsburg). Die nächste Übernachtung wird er in Erpfting[XIII] machen, denn nach fünf Stunden braucht sein

---

XIII In der römischen Zeit ist eine Besiedlung auf dem Boden des heutigen Erpfting durch Münzfunde bis zum Ende des

Die heutige Königsbrunner Flur mit Blick auf die römischen Landgüter um 200 n. Chr.

Ochsengespann Ruhe. Morgen wird er dann Hurlach[XIV] erreichen, einen früheren Streckenposten, wo es eine einfache Mansion geben soll, die ein Bett bietet. Und am Tag danach wird er bei den ersten Vorstadt-Landgütern von Augusta Vindelicum eintreffen.

Vinidarius will schon morgen in der Provinzhauptstadt eintreffen und es deshalb heute noch bis Hurlach schaffen. Dagegen rechnet Flavius mit seinen Freunden noch drei Tage bis Augsburg. Die erste Rast werden sie heute in Igling machen. Dort ist ein neuer Hof gebaut worden mit einer großen Trocknungsanlage[XV] für Dinkel, Emmer und Einkorn,[53] den der Kopist auf der römischen Reisekarte nur fragmentarisch übertragen hat *„ad novam*" (villam rusticam?) – *zu dem neuen* (Gutshof?)."
Morgen hoffen sie dann am Lech eine Mansion zu finden.
Tags darauf: es ist bereits später Nachmittag. Die Reisegruppe um Flavius passiert wieder einen Meilenstein, den vorletzten am heutigen Tag. Seit Hurlach sind die Männer auf der endlos geraden Trasse nach Norden gezogen. Das Lechfeld zeigt sich als Heidelandschaft mit Trockengräsern und geringem Föhrenbestand.

---

4. Jahrhunderts n. Chr. nachgewiesen. Nördlich von Erpfting wurde eine villa rustica ausgegraben.

XIV Römische Münzfunde lassen hier eine Mansion vermuten. Zudem steht der Kirchturm angeblich auf Fundamenten eines römischen Wachturmes.

XV Etwa ein Kilometer nördlich von Igling wurde eine solche Darre ausgegraben, die auf einen Gutshof schließen lässt.

Rechts der Straße ist lichter Auewald sichtbar, der den Lauf des Lechs anzeigt. Die Straße ist stark befahren. Ein langer Nachschubtransport, der über Augsburg auf der westlichen weiterführenden römischen Straße zum Neckarübergang Griario (Köngen) nach Mogontiacum (Mainz) gehen soll, macht den Männern den Weg zur Qual. Fuhrwerk um Fuhrwerk zieht an ihnen vorbei und staubt sie ein. Vor Ihnen tauchen Gebäude an der Straße auf – die letzte Relaisstation für Depeschenreiter vor Augsburg. Links auf einer sich sanft erhebenden Anhöhe ist ein Gutshof sichtbar, der etwa einen halben Kilometer um sein Gehöft herum das Land unter dem Pflug hat. „Mit der planmäßigen Kolonisation der Bauernhöfe ist man hier auch schon weit fortgeschritten,“[54] zeigt einer aus der Gruppe auf den Hof und fährt zu Flavius gewandt fort: „Weißt Du, dass ein solcher Hof einen Überschuss von 4.500-10.675 Liter Weizen erwirtschaftet?[55] Hier steht wohl „Emmer“ auf dem Feld und wohl auch noch der keltische „Dinkel“ wie überall. Das andere scheinen mit Lein bestandene Felder zu sein und Flächen für Grünfutter.“ Flavius entgegnet, dass der Anbau von Lein hier besonders stark betrieben wird, denn nicht von ungefähr ist Augusta Vindelicum das Zentrum der raetischen Textilerzeugung. Jahr für Jahr werden von hier große Mengen an Textilien in andere Teile des Römischen Reiches exportiert. Dafür und für die Verpflegung der wachsenden Bevölkerung in Augusta Vindelicum mit ihren 10.000 bis 15.000 Einwohnern[56] gibt es viele solcher Höfe im Umland der Provinzhauptstadt. Die größten und schönsten werden wir noch am Ostufer des Lechs sehen können. Die Gutshöfe – villae rusticae genannt – zwischen der feuchten Lechtal-Aue und der trockenen Hochterrasse auf der heutigen Königsbrunner Flur bewirtschaften Ländereien zwischen 60 und 80 einige sogar bis 100 Hektar, und liegen in einem Abstand von etwa einem bis zwei Kilometern zueinander.[57] Obwohl es schon viele Landgüter um die Stadt gibt, reichen die Felder für die Ernährung der Stadtbewohner immer noch nicht aus, denn auch heute werden die Wanderer von Fuhrwerken überholt, die mit Getreideladungen aus Italien über die Via Claudia Augusta nach Augsburg unterwegs sind.

Die Reisegruppe von Flavius passiert die Depeschenstation. Am Stallgebäude ist gerade ein Depeschenreiter eingetroffen. Ein neues Pferd steht schon bereit. Flavius fällt die veränderte Straßenführung auf, die den Eindruck macht, als wäre dies einmal ein kleines Kastell gewesen, vielleicht einmal eine Station, die der Straßensicherheit diente, wo nach Herkunft und Reiseziel gefragt und die Gesundheit der Reisenden in Augenschein genommen wurde. Um 200 nach Chr. besteht keine Gefahr – weder was die Sicherheit der Straße noch was den gesundheitlichen Zustand der Reisenden anbelangt. Das war aber nicht immer so. Damals, zu einer Zeit, als die Provinz längst befriedet und deshalb die Bewachung der Flussübergänge, der Straßen und Flussläufe aufgegeben worden war, haben – nach dem ersten Partherkrieg im Jahre 116 nach Chr. – aus Syrien heimkehrende Soldaten über die Via Claudia Augusta die Pocken oder das Fleckfieber eingeschleppt. Die Epidemie hat sich schnell entlang der Straße auf den Vorstadt-Landgütern und auch in Augusta Vindelicum verbreitet. Viele Bewohner starben damals und es fehlte eine Zeit lang an Landarbeitern, um die Versorgung der Stadtbevölkerung aufrecht zu erhalten.

Das Geräusch eines näher kommenden Pferdes wird hörbar. Die Männer treten schnell zur Seite. Dann ist der Depeschenreiter mit frischem Pferd bereits an ihnen vorbei und nur noch eine Staubfahne hängt in der Luft, die aber schon Minuten später vom Wind lechwärts weiter getragen wird. Vor den Wanderern taucht zwei Meilen weiter in der Ferne ein großes Vorstadt-Landgut auf und rechter Hand ein Haus, das direkt an der Straße steht.[58] Zunächst passieren die Wanderer einen links der Straße liegenden keltischen Totenacker mit einigen Grabhügeln. Dahinter liegen einige Gehöfte von Likatiern. Das Haus an der Straße entpuppt sich beim Näherkommen als Lagerhaus, das scheinbar noch aus der Zeit des Straßenausbaus stammt. Jetzt macht es einen heruntergekommenen Eindruck.

Links am Hang liegt inmitten fruchtbarer Felder ein außergewöhnlich großes Landgut. Es ist wie die anderen Vorstadt-Landgüter bereits in ‚Claudischer Zeit' entstanden. Eine fünfeinhalb Meter breite Straße, die von zwei Abflussgräben gesäumt ist, führt von der Via Claudia Augusta auf das Gutsgelände. Auf umzäuntem Grasland weiden Rinder und Schafe, Pferde und sogar einige importierte Edelhirsche. Acht bis zehn Wirtschaftsgebäude,[59] darunter das Wohnhaus des Verwalters und auch ein kleiner Mithrastempel, stehen verstreut auf der weitläufigen Hofflur. Die Gebäude fallen durch ihre farbigen – in rot, grün und weiß gehaltenen – Außenwände auf. Am Ende der Stichstraße liegt das Hauptgebäude. Es macht mit seinen gemörtelten Wänden, seinem roten Ziegeldach und durch sein lang gestrecktes säulenbestimmtes Querbauwerk in hellem Tuffstein einen wohlhabenden Eindruck. Enten, Gänse und Hühner sind zwischen den Wirtschaftsgebäuden zu sehen. Importierte Hauskatzen halten Ausschau nach Ratten und Mäusen. An der Südseite stehen Obstbäume. Hierzulande gelten die römischen Bauern als Begründer des Obstanbau, der Züchtung verbesserter Apfelsorten, der Veredelung von Pflaumen und insbesondere der von ihnen eingeführten Süßkirschen. Ein Bewässerungssystem mit Wasserschleusen[60] weist auf eine am Hang austretende Quelle hin,[XVI] deren Wasser für die Gartenkultur genutzt wird: Hülsenfrüchte, wie Bohnen, Erbsen, Linsen, Blatt- und Wurzelgemüse, sowie Rettich, Pastinaken, Möhren, weiße Rüben und Gewürzpflanzen wie Petersilie, Koriander, Fenchel und Sellerie werden angebaut. Bis zur Via Claudia Augusta erstreckt sich weitläufig das Kulturland. Da der Gutshof auf schlechterem Boden liegt, braucht er mehr Ackerland, um produktiv arbeiten zu können[61] und dementsprechend arbeitet hier auch eine größere Zahl an Gesinde. Bewirtschaftet wird der Hof von etwa fünfzehn bis zwanzig Personen – dem

XVI In römischer Zeit liegt der Wasserspiegel des Lechs acht Meter höher und hat einen entsprechend höheren Grundwasserspiegel zur Folge. Quellaustritte an der Kante der Hochterrasse werden für die Bewässerung der Gartenkulturen aufgestaut.

Besitzer und dem Verwalter mit seiner Familie und den Knechten. In der Erntezeit werden noch Tagelöhner beschäftigt. Die Felder sind mit Dinkel, Emmer, Einkorn, Gerste und Roggen bestanden – und mit Wicken, deren Ertrag als Viehfutter für die militärische Sicherung Raetiens außerordentlich wichtig ist.

Ein besonderes Wirtschaftssegment der römischen Gutshöfe ist die Züchtung von neuen Tierrassen. Zwar gelingt die Zucht des Maultieres als wichtigstes Pack- und Zugtier diesseits der Alpen nicht, dafür aber die Züchtung größerer Pferderassen und größerer Rinder. Da sich Ochsen am besten für das Ziehen schwerer Lasten eignen, werden sie nicht nur bei der Feldarbeit eingesetzt, sondern auch im Straßenverkehr. Auch auf die Züchtung von Milchkühen wird großer Wert gelegt.[62] Milchwirtschaft gehört zu den vorrangigen Aufgaben der großen Gutshöfe, denn Milch ist ein Grundnahrungsmittel und wird in der Bevölkerung in großem Maße konsumiert. In römischer Zeit gelingt auch die Züchtung größerer Hunde zum Schutz von Haus und Hof und nicht zuletzt auch die Aufzucht größerer Hühner. Mit dem Ende der römischen Besiedlung und der Zerstörung der Gutshöfe gehen jedoch alle viehzüchterischen Erkenntnisse wieder verloren. Erst im neunzehnten Jahrhundert erreichen die Zuchterfolge hierzulande wieder das Niveau der Antike.

Zwei einachsige Karren, von Maultieren gezogen, passieren den Torbogen des Vorstadt-Landgutes und biegen nach Norden auf die Via Claudia ein. Sie transportieren

Gartenfrüchte, Milch, Fleisch, Wolle, Eier, Daunen und einige Backwaren in die Stadt. Ihnen kommt ein Händler aus Augsburg entgegen und fährt nun mit seinem Carrus durch das Tor. Er liefert die vom Verwalter in der Stadt bestellten Küchengewürze und die beliebten Fischsaucen. Nicht nur Güter der mediterranen Wohn- und Lebenskultur, sondern selbst die für den römischen Lebensstil unverzichtbaren Delikatessen werden über die Via Claudia Augusta eingeführt. Denn die Küche nimmt einen sehr hohen Stellenwert im Alltag der römischen Familie ein. Von Vinidarius wissen wir, was an Gewürzen in der Küche eines römischen Hauses und somit auch in diesem Landhaus nicht fehlen darf, zumal dies allem Anschein nach einem wohlhabenden Römer gehört. Es ist *„Safran, Pfeffer, Ingwer, Laser, Lorbeer-Blätter, Myrtenbeeren, Kostwurz* (Spiralingwer von der indischen Westküste), *Nardenspitzen* (Spitzen der indischen Nardenwurzel), *Addena* und *Kardamom.*" [63] Pfeffer ist für jedermann erschwinglich und wird aufgrund der starken Nachfrage in großen Mengen aus Indien über die Via Claudia Augusta eingeführt.[64] Und so erreichen bereits im ersten Jahrhundert nach Chr. Gewürze von der indischen Westküste nicht nur Augusta Vindelicum, sondern auch die römischen Landgüter auf der heutigen Königsbrunner Flur – zusammen mit Fernhandelswaren aus allen Teilen des Römischen Weltreiches.

# Kontinentalhandel nach Norden

In Rom, dem Zentrum des internationalen Warenverkehrs, haben Handelshäuser ihren Sitz, die in verschiedenen Provinzen des römischen Reiches tätig sind. Und so fließt tagein - tagaus ein gewaltiger Warenstrom in die Weltstadt am Tiber und ein kleiner Teil der Waren von dort oder auch direkt von den norditalienischen Produktionsstätten über die Alpen in das nördliche Alpenvorland nach Augusta Vindelicum, dem Handelsumschlagszentrum Raetiens. Massengüter aus den firmeneigenen Produktionsstätten werden auf dem Markt der Provinzhauptstadt ebenso angeboten wie exotische Unikate. Wagen- und Maultierkolonnen passieren das Stadttor in beide Richtungen.

Ein zweirädriger Ochsenkarren mit einer Ladung Tierhäute fährt zum Kontor eines Kaufmannes. Am Lagerhaus nebenan werden Säcke voller Gänsefedern abgeladen. Im Innern stapeln sich bereits Säcke, die blondes Frauenhaar enthalten. Die Ware ist schon nach Rom adressiert. Am Lagerhaus vorbei bewegt sich ein Trupp germanischer Sklaven. Römische Sklavenhändler haben sie auf den Grenzmärkten wie zum Beispiel in Biriciana (Weißenburg) aufgekauft. Auf dem Vorplatz vor der langgestreckten Markthalle kontrollieren Kaufleute eingetroffene Warentransporte, Packer entladen einen wartenden Carrus, Lastenträger schleppen Glaswaren in das große, über siebzig Meter lange Gebäude. Und auch an den Längsseiten stehen Ochsengespanne. Darunter sind auch manche, die nun für die Weiterfahrt beladen werden. Augusta Vindelicum ist für viele Waren aus Italien nicht Zielpunkt, sondern lediglich Zwischenstation in die Rheinprovinzen oder auch nur Durchgangsstation nach Norden nach Germanien. Handelswaren, die beispielsweise aus Aquileia[65] kommen, gelangen über Augusta Vindelicum nach Germanien oder über die ‚Augsburger Heerstraße' nach Castra Regina (Regensburg). Dort hat die Vereinigung der Weihrauchhändler ihren Sitz. An der Augsburger Heerstraße steht ein großes Heiligtum des Gottes Merkur, des Beschützers der Kaufleute und Reisenden.

Weitere Wege zweigen von der neu gebauten römischen Fernstraße über Köngen nach Aalen und Arnsburg in den Norden ab. Vom Limes führen die Fernhandelswege als Höhenwege[66] auf den Wasserscheiden der Bergrükken beispielsweise nach Verden und auch als Wasserwege durch das Flusstal der Fulda und der Weser. Eine Fernstraße, die Kaiser Vespasian hat erbauen lassen, führt ab dem Jahre 74 n. Chr. von Augusta Vindelicum durch das Tal der Kinzig über Tuttlingen und Offenburg nach Argentoratum (Straßburg). Von hier erreichen die Transporte Mogontiacum (Mainz). Die Vereinigung der Fernhändler in Augusta Vindelicum unterhält direkte Handelsbeziehungen auch nach Colonia Claudia Ara Agrippinensium, kurz CCAA genannt, heute Köln. Auf dem Weg dorthin machen die Fernhandelskaufleute Halt in Mogontiacum (Mainz), der Hauptstadt der Provinz Obergermanien. Hier ist die XII. Legion stationiert. Für die Soldaten werden Grundnahrungsmittel – Getreide, Olivenöl, die beliebte Fischsauce Garum und Wein –

aus der mediterranen Heimat herangeschafft, sowie auch Güter des gehobenen Bedarfs. Mogontiacum hat einen besonderen Bezug zu Raetien. Denn hier befindet sich die Kenotaphe, das nicht belegte Grabmal des Feldherrn Drusus, unter dem die spätere Via Claudia Augusta zunächst als Trockenstraße angelegt worden war. Sechs Jahre danach erlag Drusus hier einer Verletzung,[67] die er sich auf einem Feldzug an der Elbe zugezogen hatte. Auf Wunsch seiner Soldaten sollte er dann in Mogontiacum in dem für ihn gebauten Mausoleum bestattet werden. Doch sein Bruder Tiberius verfügte, dass sein Leichnam nach Rom transportiert werden sollte.

Augusta Vindelicum ist ein bedeutendes Zentrum der Textilindustrie und auch ein Markt für Luxustextilien. Unter den Textilhändlern treffen wir auf den Griechen Tiberius Claudius Euphras.[68] Schon sein Name deutet auf Fernhandelsverbindungen in das Zweistromland hin. Claudius Euphras hat Purpurstoffe über die Via Claudia hierher transportiert und reist bald weiter über Köngen in die Rheinprovinzen.

Die Provinzhauptstadt ist auch ein wichtiger Handelsplatz für Lederwaren. Denn der Bedarf daran ist enorm. Leder wird für Zelte, Taschen, Schildbezüge, Wasserflaschen, Sättel, Zaumzeug und natürlich für Schuhwerk benötigt. Römische Schuhe sind auch bei der einheimischen Bevölkerung begehrt, denn römische Handwerkskunst hat durch das „Rotgerben“ das Leder wasserfest und widerstandsfähig gemacht. Daher treffen wir auf der Via Claudia Augusta desöfteren auch auf einwandernde Schuhmacher.

Der Keramikhandel – sowohl durch kleine Warenhändler wie durch Großhändler mit umfangreichen Fernbeziehungen – prägt den Straßenverkehr über die Via Claudia. Enorme Stückmengen kleiner Öllampen, keramischer Lampen aus Modena, und glasierter Keramikware – sogar aus Nordafrika[69] – sowie Bronze- und Silbergeschirr aus Mittelitalien gelangen auf der Via Claudia Augusta nach Augusta Vindelicum. Dazu kommen Transporte von Glaswaren wie Flaschen, Trinkgläsern, Glasschalen und Glasbechern aus Aquileia bis hin zu Fensterscheiben, wenngleich der Import über die Alpen bereits im Rückgang begriffen ist, da im späteren Rheinland zu dieser Zeit eine Glasindustrie entsteht, die Mitte des zweiten Jahrhunderts über die Donauprovinzen bis nach Ägypten liefert. Glas- und Luxusgüter werden mit Tragtieren befördert, Massengüter mit Frachtwagen, denen Ochsen vorgespannt sind, die eine maximale Last von fünfhundert Kilogramm ziehen können.

Wein- und Olivenöltransporte sowie Gewürz- und Fischsaucen gehören zu den Massen-Einfuhrartikeln. Der Verbrauch dieser zu den Grundversorgungsgütern zählenden Einfuhrwaren geht monatlich in die tausende Liter. Die Flüssigkeiten werden in zweiachsigen Carrus-Gespannen transportiert – der Wein in Fässern und das Öl wie die Gewürz- und Fischsaucen in Einwegamphoren zu je etwa fünfzig Litern Inhalt. Auch die Besitzer der Vorstadt-Landgüter fahren nach Augusta Vindelicum zum Kontor des Publius Pompeianius Silvinus, um dort Wein und Fischsauce zu kaufen. Die im dortigen Kontor lagernden Amphoren sind vom Transport über die Via Claudia noch mit Strohseilen umflochten. Das Olivenöl, das Publius Pompeianius Silvinus mit seinen Spezialwagen aus Italien holt, stammt aus Spanien, die Gewürz- und Fischsaucen aus Mittelitalien. Den Wein hat er auf dem Rückweg in Südtirol zugeladen.

Wenn wir uns die tägliche römische Speisekarte besehen, die nach Importen verlangt, die im Voralpenland bis zur römischen Okkupation unbekannt waren, dann finden wir darauf Reis, Kichererbsen, Koreander, Feigen, Datteln, Rosinen, Oliven, Dill, Sellerie und Bohnenkraut, die aus dem Orient stammende Edelzwiebel und den für die römische Küche unverzichtbaren Kreuzkümmel. Nahezu alle heutzutage in unserer deutschen Küche bekannten Kräuter werden bereits in der römischen Küche verwandt.

Auch auf Seefische und Meeresfrüchte wollen die Römer hierzulande nicht verzichten. Und so werden immer wieder Transporte mit konserviertem Meeresfisch – insbesondere Thunfisch und Makrele – sowie große Mengen an Mollusken über die Via Claudia transportiert. Unter letzteren ist die Auster besonders beliebt, wie zahlreiche Funde – so auch im Kastell bei Epfach am Lech – beweisen. Manche der Limes-Kastelle halten gar Seewasserbassins vor, um eingetroffene Austernlieferungen frisch zu halten. Allerdings darf die Beförderung aus Haltbarkeitsgründen nicht länger als 24 Tage dauern.[70] Und so wird aus Zeitgründen auf Transporte über Flüsse verzichtet und die „Schnellstraße“ Via Claudia Augusta benutzt.

Die Stabilisierung der römischen Herrschaft in Germanien, die Erweiterung Obergermaniens und das neue Defensivkonzept des Limes, das den nördlich davon lebenden Völkern den Verzicht Roms auf weitere Expansionen signalisiert – schaffte bereits während der Herrschaft des römischen Kaisers Vespasian[71] eine Sicherheitslage, die einen grenzüberschreitenden Handel nach Norden auslöste, der seitdem auch über Augusta Vindelicum und die Via Claudia Augusta, der kürzesten Landverbindung nach Norditalien, läuft und umgekehrt bis an das ‚nördliche Ende der Welt'. Dort liegt die geheimnisvolle Handelsstadt Viborg, die bereits seit der prärömischen Zeit ein Handelszentrum ist. Der Handel mit Rom funktionierte – von zwei Störungsperioden abgesehen – fast kontinuierlich zwischen 70 – 330 n. Chr., was durch Funde römischer Münzen ab der Zeit des römischen Kaisers Vespasian über die Zeiträume der römischen Kaiser Hadrian, Antonius Pius, Claudius II bis hin zu Konstantin belegt werden kann.[72] Durch die wachsende Nachfrage, insbesondere nach preiswerten Massenartikeln, die jenseits des Limes sehr gefragt sind, aber von der dortigen Wirtschaft mangels ‚Know How' nicht hergestellt werden können, [XVII] gewinnt der Nordhandel im zweiten nachchristlichen Jahrhundert einen hohen Stellenwert. An der Elbe treffen die Fernhandelsrouten von Norden und Süden zusammen. Auf ihnen transportieren Ochsengespanne Bronze- und Messing-

XVII durch Beutezüge z.B. der Juthungen 357 n. Chr. überliefert, die 6000 Handwerksspezialisten als Kriegsbeute mitnehmen.

gefäße, Tonwaren und sogar Mühlsteine,[73] die aus dem Römischen Reich kommen. Es sind unter anderem auch Gütertransporte, die direkt von Rom über die Via Claudia auf den Weg geschickt werden, um sich nördlich des Limes den Frieden der germanischen Stämme zu erkaufen.[74] Die Transporte gehen über Augsburg in das freie Germanien, wo die Waren in germanischen Händen auf den bronze- und eisenzeitlichen Karrenwegen – aber auch auf den Flussläufen – weiter nordwärts befördert werden. Das Straßengeflecht nördlich des Limes basiert auf Handelsverbindungen der Bronze- und Eisenzeit, die durch Warenströme an den territorialen Nahtstellen der germanischen Stämme zusammengewachsen sind. Ein parallel laufender Höhenweg begleitet die Fulda und die Weser bis zur bronzezeitlichen Furt Verden. Von Verden aus führt ebenfalls seit der Bronzezeit ein Handelsweg auf das seit 1000 v. Chr. existierende Handelszentrum Stade zu – einem bedeutenden Umschlagplatz. Hier endet ein von Viborg in Jütland kommender bronzezeitlicher Weg. Ein weiterer Handelsplatz ist Bardowieck, an dem auch die begehrte Ware ‚Bernstein' gehandelt wird. In römischer Zeit ist er bereits als „Bardorum Vicus" bekannt.

Tausende von Gespannen, die mit Tierhäuten beladen sind, passieren im Gegenzug die Limesgrenze und ein Teil davon geht auch über Augsburg nach Süden. Rom benötigt Häute von 54.000 Kälbern, um nur eine einzige Legion mit Zelten zu versorgen. Auch für eine ganze Reihe weiterer Handelsgüter, die Augusta Vindelicum aus dem Norden bezieht, ist die Stadt ein nicht unwichtiger

Zwischenhandelsplatz als Tor zum Süden. Hier werden große Mengen wilden Honigs verladen, zahlreiche Käfige mit lebenden Wildtieren und natürlich auch der eben erwähnte ‚Bernstein', von dem Plinius der Ältere berichtet, dass er gut für trübe Augen sei. Als ein regelrechter Exportschlager großen Stils gilt blondes Frauenhaar, das bei der modebewussten Römerin hoch im Kurs steht.

Nicht zuletzt werden auch Sklavenzüge über die Via Claudia nach Süden geführt, zwischen ein- oder zweiachsigen von Ochsen oder Maultieren gezogenen Wagen, einheimischem Fußvolk, das nach Norden wie nach Süden unterwegs ist, militärischen Fußtruppen, reitenden Kohorten und Boten. Die transkontinentalen Handelswege zwischen Oberitalien und dem Norden Europas lassen noch viele Fragen offen, doch die jetzt bekannten Fragmente des grenzübergreifenden Nordhandels zeigen, dass über die Via Claudia Augusta ein großer Teil des transeuropäischen Handelsverkehrs abgewickelt wurde.

# Handel über die Seidenstraße
## Ursprungsorte vieler Handelsgüter

Wir zählen das Jahr 200 n. Chr. Die Bevölkerungszahl der Provinzhauptstadt Augusta Vindelicum scheint zu explodieren. Täglich treffen neue Zuwanderer ein. Auch Flavius steht mit seiner Reisegruppe nun hier auf dem Forum, wo heute Markttag ist. Syrer, Juden, Griechen, Spanier, Ägypter und Afrikaner sind zwischen den Ständen zu sehen. Zwar ist den Likatiern die römische Stadtkultur weiterhin fremd, doch in ihren Dörfern haben sie längst begonnen, die römische Lebensart zu übernehmen.[75] Sie beliefern die wachsende Provinzhauptstadt mit den Produkten ihrer Felder.

Die Stadt ist eine riesige Baustelle. Holzhäuser werden durch Steinbauten ersetzt, das öffentliche Bad neu errichtet, ein neuer Stadthalterpalast gebaut, Privathäuser und neue Depots entstehen.[76] Flavius und seine Reisebegleiter hoffen deshalb, hier in ihrem Handwerk genügend Arbeit zu finden.

An den Eingängen zur Markhalle stapeln sich Kisten. Einige sind gefüllt mit Luxusgegenständen aus Alabaster, andere mit Papyrus. Unweit davon lädt ein Sklave weitere Kisten mit lebenden Tieren von einem Karren ab. Darunter sind auch Karettschildkröten, die von der Insel Tabrobane stammen sollen – ein Name, der den Klang vom Ende der Welt in sich birgt. Zwei Männer, griechische Kaufleute, beaufsichtigen die Arbeit. Um die

Käfige mit den fremdartigen Tieren bildet sich ein Menschenauflauf. Fragen nach dem ‚Woher' werden laut. Einer der Griechen fühlt sich gemüßigt, etwas zu sagen und erhebt darum seine Stimme zu den Umstehenden:

„Hört ihr Bürger von Augusta Vindelicum. Ich komme aus Ktesiphon (nahe Bagdad), der Hauptstadt der Parther, unserer Feinde im Osten, die von unserem Kaiser Septimius Severus vor zwei Jahren erobert wurde. Nun ist ein Teil des Landes unserer Feinde römisches Land und wird auch bald eine römische Provinz werden.[XVIII] Seitdem kommen auch wieder die Waren aus dem fernen Land ‚Tsing' (China) zu uns. Ich selbst bin dort gewesen, wo alle Straßen nach Osten enden."[XIX] Dabei hebt der Sprecher zum Beweis eine kleine grüne Jadefigur hoch. Ein Raunen geht durch die Menge. Der Erzähler fährt fort: „Es ist ein sehr langer Weg dorthin. Er führt von Rom mit einem Schiff nach Seleukia Pieria, dem Hafen von Antiochia. Von dort gehen täglich große Karawanenzüge nach Ktesiphon in das Land, das von den großen Strömen Euphrat und Tigris durchflossen wird. In dieser Stadt habe ich mich einer Karawane angeschlossen, die in das Land Baktrien[XX] gezogen ist. Der Weg dorthin führt über Gebirge und durch Wüsten – viele Tage lang.

---

XVIII Ende des Jahres 200 nach Chr. wird die neue römische Provinz ‚Mesopotamien' gegründet.

XIX Chinesische Quellen berichten von römischen Kaufleuten, die in der zweiten Hälfte des 2. Jahrhunderts in China, in der Hauptstadt Lo-yang, waren.

XX Nordprovinz im heutigen Afghanistan

Ich bin durch eine Wüste gereist, wo die Hitze so groß ist, dass Tiere, die dort sterben, durch die Sonne und das Salz konserviert werden. Sie liegen noch nach vielen Jahren am Wegesrand. Endlose schneeweiße Salzflächen, die wie Flechten aus dem Boden wachsen und zwischen denen sich Salzflüsse ihren Weg bahnen,[77] blenden die Augen. Städte spiegeln sich am Horizont, die in der Luft zerfallen, wenn man auf sie zureitet. So gelangt man in das Land Baktrien, das am Oxus-Fluss[XXI] endet. Lange Zeit war dieser Fluss das Ende der Welt, bis Alexander der Große ihn überschritten hat. Der Weg, auf dem ich gezogen bin, überschreitet den Oxus nicht. Er verlässt den Fluss und führt *„durch ein Land, in welchem Tal und Hügel wechseln, wo Weide und Gras im Überfluss wachsen. Diese Landschaft breitet sich volle sechs Tagereisen aus…“*[78] Dann *„beginnt eine Wüste von vierzig bis fünfzig Meilen Tiefe. Dort gibt es wieder kein Wasser und der Reisende muss sich damit versorgen, bevor er seinen Marsch antritt.“*[79] Ein heißer Wind hüllt jeden in Sand- und Staubwolken ein. Windhosen wandern über die endlose Weite. Dann erreicht man eine langestreckte mauerbewehrte Stadtanlage. Es ist Baktra,[XXII] die Drehscheibe des Fernhandels zwischen dem Römischen Reich, China und Indien. Die Stadt ist Umschlagplatz für Nachrichten und Neuigkeiten. Die Basarstraßen sind mit Waren aus allen Teilen Asiens gefüllt. Auch die in der Region heimischen

---

XXI Der Amu Darya entspringt auf dem „Dach der Welt“ und bildet die Grenze zwischen Afghanistan und Tadschikistan

XXII heute ein Ruinenfeld. In der Nachbarschaft entstand das mittelalterliche Balch, das heute zu Masar-i-Sharif gehört.

Handelsgüter gelangen auf der Seidenstraße über Baktrien auch nach Raetien

Ao 2007

Waren Lapislazuli, Bergkristall, Türkise, Karneole, und Bittersalz findet man hier.[XXIII] Vor der Stadt lagern große Kamelherden. Kaum trifft ein Handelszug ein, eilen Träger herbei, die die Fracht abladen und helfen, sie in die Stadt zu bringen. Andere beladen einen nach Westen abgehenden Handelszug, der aus bis zu hundert Tieren besteht. Er nimmt den Weg nach Ktesiphon und weiter nach Antiochia zum Mittelmeer. Auf den Rücken der Kamele und Dromedare sind Kisten mit Karneolen und Lapislazuli befestigt, die von hier stammen. Der Lapislazulistein ist sehr begehrt. Denn aus diesem Stein gewinnt man den Farbstoff Ultramarin.[80]

Von Baktra bin ich mit einer Karawane weitergereist, die in das ferne Tsing zurückgekehrt ist. Mit ihr habe ich das Pamirgebirge überschritten und bin durch die endlose Taklamakanwüste zum Gelben Fluss und weiter zur Hauptstadt von Tsing, nach Lo-yang, gezogen. Auf dem Weg dorthin bin ich durch mehrere Städte gekommen, in denen die feinsten Seidenstoffe hergestellt werden.
Dann bin ich am Gelben Fluss angelangt, woher die Seide kommt – und auch die grünen Jadesteine.[XXIV] Ich bin nicht der erste Kaufmann, der bis nach China gereist ist. Bereits vor einer Generation[XXV] haben römische Kaufleute diese Märkte mit eigenen Augen gesehen…"
Die Zuhörer auf dem Forum schauen den Griechen un-

---

XXIII römische Kaufleute erreichen Baktra um 220 n. Chr.

XXIV Grabbeigabe aus einem römischen Grab bei Neuburg

XXV zwischen 160-180 n. Chr

gläubig an. Ist er ein Fantast? Doch die Handelswaren sprechen für ihn.

Von der Handelsstadt Baktra führt ein alter Handelsweg über das Hindukusch-Gebirge nach Süden.[81] Zahlreiche Karawanen ziehen diesen Weg über weitläufige Geröllfelder, durch Schluchten, deren Boden nie das Sonnenlicht bescheint, und durch fruchtbare Täler, durch die die Gebirgsflüsse mäandrieren – bis sie die Hauptstadt des Kushanreiches, die Stadt Kapissa, erreichen.[XXVI]

Kapissa ist das Machtzentrum des Landes, keine Drehscheibe des Fernhandels. Die Hauptstadt lebt von den Einnahmen, die den Karawanen als Warenzölle auf diesem Fernhandelsweg auferlegt werden. Trotz der Zölle wird dieser Weg von den Kaufleuten gerne gewählt, denn er ist gefahrlos, wird in Ordnung gehalten und entlang der gesamten Strecke von Baktra bis zum Indus und bis zum Ganges gibt es genügend Karawansereien, in denen die großen Handelstransporte des Nachts eine sichere Bleibe finden. Davon profitieren nicht zuletzt die Hafenstädte am Arabischen Meer. Die reichhaltige Warenpalette in den Basaren garantiert den Bewohnern der Hafenstädte einen stabilen Handelsaustausch – vor allem mit Alexandria – aber auch mit den Märkten Indiens und Arabiens. In Konkurrenz zur ‚Seidenstraße' werden die Güter auf dem Seeweg durch den Persischen Golf zu den Seehäfen des Zweistromlandes befördert.

---

XXVI Die Hauptstadt des Kushan-Reiches, das um 200 n. Chr. die Karawanenstraßen und Pässe des Landes kontrolliert.

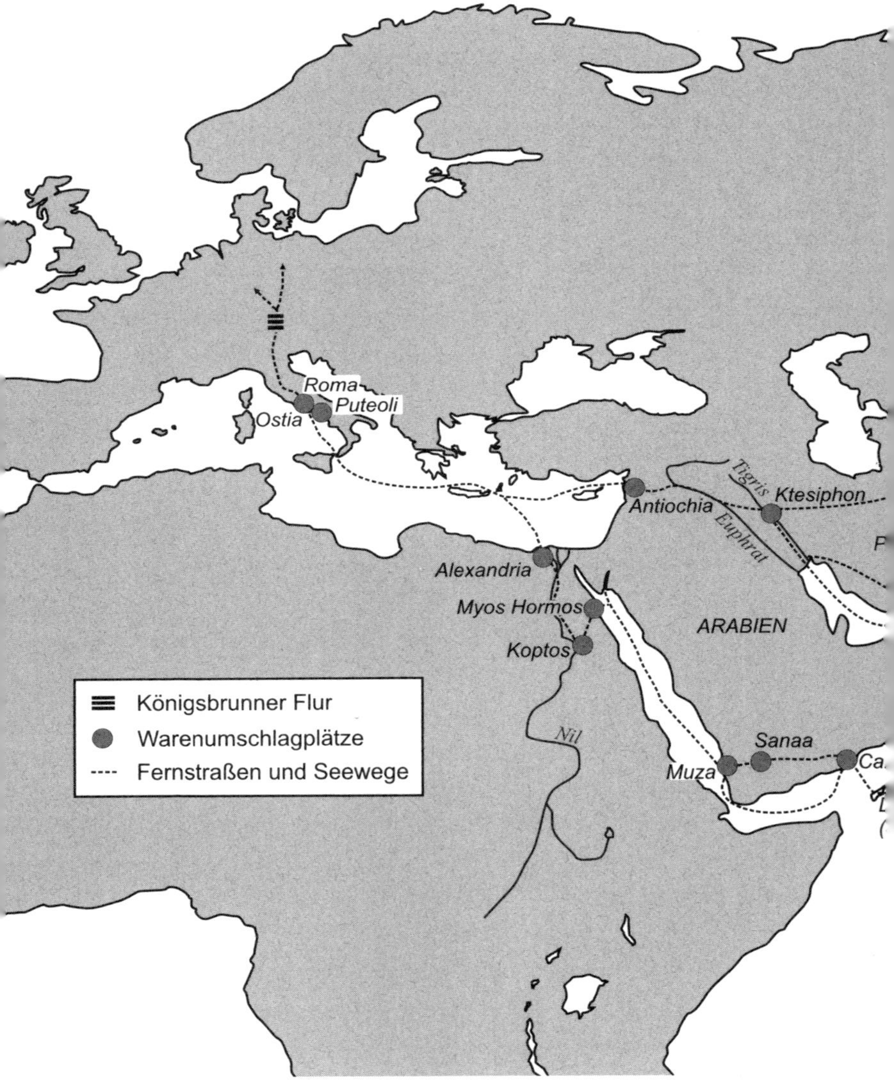
Roma
Puteoli
Ostia
Antiochia
Tigris
Ktesiphon
Euphrat
Alexandria
Myos Hormos
Koptos
ARABIEN
Nil
Sanaa
Muza
Königsbrunner Flur
Warenumschlagplätze
Fernstraßen und Seewege

**Fernhandelsstraßen und Seewege um 200 n. Chr.,**
über die Handelswaren auch über die heutige Königsbrunner Flur transportiert worden sind.

Über diese transkontinentalen Fernhandelsstraßen und Seewege gelangen asiatische Handelswaren bis in die nördlichen Provinzen des Römischen Reiches. In der Antike ist die indonesische Inselwelt noch unbekannt und daher auch die Spezereien, die ihren Ursprung auf den Molukken haben: Gewürznelken, Muskatblüten und Muskatnüsse.

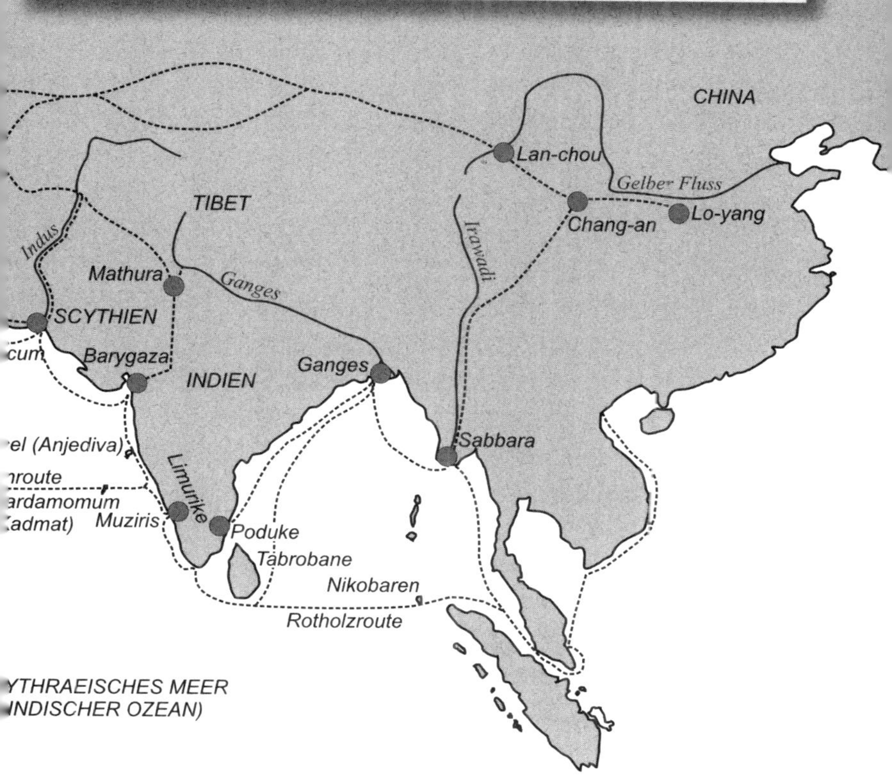

Folgt man dem Karawanenweg von Kapissa über den Khaiberpass in das obere Industal, gelangt man von dort entweder über eine Straße, die am Indus entlang führt, oder über den Indus selbst zum Hafen Barbarikon am Erythräischen Meer (Indischer Ozean). Durchquert man das Industal und reist weiter nach Osten, dann erreicht man die Stadt Mathura. Von dort gelangt man entweder zum Seehafen Barygaza an der indischen Westküste oder über den Ganges zum gleichnamigen Seehafen im Gangesdelta.

Alle drei Seehäfen haben um 200 n. Chr. eine weit größere Bedeutung im asiatisch-europäischen Handel, als der reine Gütertransport auf dem Landweg. Denn der Seeweg ist einfacher und auch gefahrloser, da die Schiffe nur bestimmte Breiten befahren und diese nur zu bestimmten Jahreszeiten, in denen der Monsun und die Meeresströmung ihre Fahrtrouten unterstützen.

# Über das Meer – aus Indien und China

## Ursprungsorte weiterer Handelsgüter

Wir befinden uns weiterhin im Jahre 200 n. Chr.. Bereits seit über einhundertundfünfzig Jahren boomt der Fernhandel aus den Ländern Asiens, der über Alexandria Europa erreicht. Alexandria ist die zweitgrößte Stadt des Römischen Reiches. Die Stadt besitzt eine Wirtschaftskraft, wie sie Venedig im fünfzehnten Jahrhundert innehaben wird.[82] Die alexandrinischen Kaufleute sind kosmopolitisch nach Westen wie nach Osten orientiert und kennen die Märkte an den Küsten des Indischen Ozeans. Über das Handelsbuch eines römischen Kaufmanns griechischer Abstammung, [83] der seinen Lebensmittelpunkt in Alexandria hat, erfahren wir vom Ursprung der orientalischen Waren, die zu dieser Zeit auch über die Via Claudia Augusta transportiert worden sind.

Es ist Anfang Juli. Diodoros,[XXVII] der griechische Kaufmann in Alexandria, hat von seinem Patron in Rom wieder einen Großauftrag zum Einkauf von Seide, Onyx, Jade, Pfeffer, Schildpatt, Weihrauch und Myrrhe bekommen. Die Endabnehmer der Bestellung sitzen in Augusta Vindelicum, der Hauptstadt Raetiens. Diodo-

XXVII Der Name ist historisch nicht verbürgt und ist nur wegen der besseren Lesbarkeit eingefügt. Die ‚Endabnehmer' sind fiktiv und sollen deutlich machen, wie Augusta Vindelicum in das globale Handelsnetz der antiken Welt eingebunden war.

ros schließt sich einer Gruppe römischer Kaufleute an, die ebenfalls die asiatischen Märkte bereisen wollen. Mit attraktiven Handelsgütern aus verschiedenen Provinzen des Römischen Reiches im Gepäck fahren die Kaufleute mit Flussschiffen den Nil aufwärts bis nach Koptos und reisen von dort in sieben Tagen mit einer Karawane durch die Wüste zum Hafen von Myos Hormus am Roten Meer. Dort liegen immer große Frachtsegler abfahrbereit. *„Früher wagten sich kaum zwanzig Schiffe aus dem Roten Meer hinaus, jetzt aber segeln große Flotten nach Indien und bis ans äußerste Ende von Afrika,“* [84] berichtet uns Strabon von Amaseia. Tatsächlich werden die Seerouten entlang der Küsten und über das Arabische Meer bereits seit etwa 116 n. Chr. regelrecht nach Fahrplan befahren.[85] Kapitäne und Kaufleute kennen die Routen, die lokalen Märkte und auch die sicheren Ankerplätze, an denen die Mannschaft für den nächsten Reiseabschnitt Wasser, Holz und Verpflegung aufnehmen kann. Die Reise des Kaufmannes Diodoros wird von einem Konsortium finanziert, ebenso wie die Einkaufsreisen der anderen Kaufleute. Die Händler haben für die Überfahrt ein Schiff ausgewählt, das über eine maximale Transportkapazität verfügt. Auf dem Hinweg werden sie an den Handelsorten am Ausgang des Roten Meeres Waren mitnehmen, die an der indischen Küste Abnehmer finden sollen.

Der Segler lichtet den Anker und nimmt Kurs auf *Muza* und *Kane*. Muza ist der beste Einkaufsplatz für Myrrhe und Kane ist der wichtigste Exporthafen für Weihrauch. Für die europäischen Kunden wird der Kapitän beide

Häfen auf dem Rückweg noch einmal anlaufen. Es ist nun Anfang Juli, die richtige Zeit für die Überquerung des Arabischen Meeres. Das erste Ziel liegt an der Indusmündung: *Barbarikon*, der Hafen des Skythen-Reiches. Auf den Basaren treffen die Kaufleute bereits auf eine breite Warenpalette: Schildkröten, Costuswurzel, Lapislazuli, chinesische Seidengürtel, Seidengarne und Indigo. Dann nehmen die Kaufleute Kurs auf *Barygaza,*[XXVIII] eine kleine Insel in der Bucht vor Bharuch im Golf von Khambat. Hier reicht das Angebot von Langem Pfeffer, Sesam-Öl, Nardensalbe aus Kaschmir über Korn, Reis und chinesische Seide bis hin zu Baumwolle und Baumwollstoffen.[86] Und hier erwerben die Händler aus dem Römischen Reich Elfenbein, Onyx, Achate und Seidengarn. Dann nimmt der Frachtsegler entlang der indischen Westküste Kurs nach Süden.

Im Jahre 1992 fährt die Mercator-Forschungsgruppe mit der Mercator, dem kleinsten deutschen Forschungsschiff,[87] entlang der indischen Westküste, um den Küstenhandel von der Antike bis in das 16. Jahrhundert zu untersuchen. An Bord haben die Wissenschaftler Karten der Antike und des Mittelalters sowie Augenzeugenberichte arabischer und europäischer Seefahrer aus dieser Zeit, darunter auch den Bericht des griechischen Kaufmannes aus Alexandria, der zwischen 40 und 70 nach Chr. verfaßt wurde. Die Expedition beginnt in Bombay, wo die Mercator in der Basis der indischen Kriegsmarine vor Anker liegt. Zunächst wird der nördliche Küsten-

XXVIII S.334, Abb. 1

Ein Handelsschiff aus dem Römischen Reich wird in einer Flussmündung an der Malabarküste beladen.

abschnitt erschlossen. Bereits nach wenigen Stunden wird deutlich, dass jeder Segler in der Antike zunächst Barbarikon ansteuern musste, damit er dann wind- und strömungsbedingt zur Insel Barygaza kommen konnte, von der eine bis zu 2,5 Knoten starke Küstenströmung nach Süden zieht.[88] Kaufleute, die in jener Zeit fremde Küsten ansteuerten, fanden Handelsorte auf vorgelagerten Inseln oder an strategisch sicheren Flussmündungen vor: auf der Insel Arnala, [XXIX] (früher Akabaru); auf der Panju-Insel,[XXX] auf der das antike Suppara lag, und siebenundvierzig Seemeilen weiter südlich Semylla an der Mündung des Kundalika-Flusses. Hier schält sich aus der palmengesäumten Einfahrt eine alte Stadtmauer heraus, die von den Portugiesen gegründete Handelsstadt Chaul.[XXXI] Sie war Ende des sechzehnten Jahrhunderts ein *„reiches Handelszentrum wertvoller Waren aller Art und Stelldichein von Kaufleuten aus ganz Indien und dem Orient*", wie uns ein Zeitzeuge überliefert.[89] Etwa sechzig ansässige europäische Kaufleute arbeiteten hier unter der Regie des Kaufmanns Ferdinand Cron, dem Sohn eines Augsburger Bürgermeisters, der zwischen 1592-1619 den Handel mit Portugal entlang der indischen Westküste in den Händen hielt. Während der Augsburger die Waren über Lissabon leitete, wurden in der Antike, als dieser Ort Semylla oder Camamane hieß, Handelsgüter von hier in das Zweistromland oder nach Ägypten verschifft.

---

XXIX S.334, Abb. 2

XXX S.334, Abb. 3

XXXI S.334, Abb. 4

Lesen wir nun weiter im Handelsbuch des Kaufmannes, den wir Diodoros genannt haben. Sein Schiff segelt weiter mit der Küstenströmung nach Süden. Nach vierunddreißig Seemeilen öffnet sich die Mündung des Savitri-Flusses. Dort, wo man heute den Ort Bankot findet, lag in der Antike der Handelsplatz Mandagora.[XXXII] Wenn man hier durch ein Zeitfenster zwei Jahrtausende zurückschauen könnte, würde man auf ein paar Dutzend mit Palmzweigen bedeckte Lehmhütten blicken und auf den römischen Lastensegler, auf dem Diodoros reist. Er liegt im trägen Wasser des Savitri-Flusses, mit dicken Seilen an Palmen festgebunden, die am Ufer stehen. Über einen wackligen Steg aus Palmholz schleppen Dorfbewohner Baumwolle an Deck des Schiffes. Sack für Sack wird von der Schiffsmannschaft durch die Decksluken im Laderaum verstaut. Ein Schreiber hält die an Bord gekommene Ware fest. Am Ufer stehen Bambuskäfige mit Wildtieren. Darunter sind Papageien, Meerkatzen und ein Leopard. Gleich nebenan feilschen Fischer um zwei Kisten mit Landschildkröten – Verpflegung für die nächsten Seetage. Und wieder andere Dorfbewohner bringen in großen Töpfen Trinkwasser herbei, das in die an Deck festgemachten Amphoren gefüllt wird.

Solche Szenen wiederholen sich am Handelsplatz Palaipatmai, wo heute Dābhol[XXXIII] liegt; in Melizeigara, heute Jaigarh,[XXXIV] auf Inseln wie Byzantion, wo heute die

---

XXXII S.334, Abb. 5

XXXIII S.334, Abb. 6

XXXIV S.335, Abb. 7

Festung Vijayadurg[XXXV] aufragt, im Schutze einer Halbinsel, wo Toparon (heute Devgarh)[XXXVI] liegt …und schließlich auch am nächsten Ziel, das wir nach dem Handelsbuch des Kaufmanns Diodoros am Abend erreichen.

Aus einer langestreckten Dünung, die durch einige Schaumkronen auf Unterwasserriffe hinweist, erhebt sich in warmes rötlich-gelbliches Licht getaucht, die Silhouette der Insel Sindhudrug.[XXXVII] Auf der Leeseite der Insel, die in der Antike Tyrannosboas heißt, geht die Mercator vor Anker. Von einer trutzigen Mauer bewehrt, verrät die Insel bis heute nichts von ihrer jahrtausendealten Geschichte. Vom Festland weht ein Duft aus Blüten und würzigem Räucherwerk herüber und bruchstückhafte Klänge von Tempelgesängen sind zu hören. Zu Zeiten Marco Polos kauften die arabischen Händler hier *„Ingwer, Pfeffer und Indigo… in großen Mengen… ebenso Baumwolle, Ziegen-, Büffel-, Ochsen- und Rhinozerosfelle… in großer Zahl. Ganze Schiffsladungen* (werden) *in die verschiedenen Länder ausgeführt. Bettdecken werden aus rotem und blauem Leder angefertigt und mit Gold- und Silberfäden bestickt. Man versteht hier kunstvoller zu sticken, als in irgendeinem anderen Teil der Welt.*[90]
Den nächsten Tag fährt die Mercator an einer landungsfeindlichen Küstenlandschaft entlang. Immer wieder liegen gefährliche Unterwasserfelsen auf dem nahen

XXXV S.335, Abb. 8
XXXVI S.335, Abb. 9
XXXVII S.335, Abb. 10

Küstenkurs. Gegeneinander laufende Strömungen stauen spitz zulaufende Wellen auf und der heute dunkle Himmel malt ein bedrohliches Szenarium, in dem bis zu vierzig Meter steil aus dem Meer aufragende Felsen eine unwirkliche Kulisse bilden. Wir haben die ‚Burnt Islands' vor uns, in der Antike Sesekreienai-Inseln genannt.[XXXVIII] Trotz der Unnahbarkeit sind die Inseln ein wichtiger Rast- und damit auch Handelsplatz gewesen, denn der nächste sichere Ankerplatz ist weitere achtundsiebzig Seemeilen entfernt. Doch dieser Ankerplatz ist geschichtsträchtig wie an der indischen Westküste kein zweiter. Es ist die Insel Anjediva.[XXXIX] Bereits um 2000 Jahre vor Chr. ankerten hier Handelsschiffe, die von der Nordspitze des Golfes von Khambat kamen. Ptolemäus hebt die Insel in seinem zwischen 110-147 n. Chr. entstandenen Kartenwerk hervor. Der indoskythische Fürst Sanabara, den wir als Sindbad den Seefahrer kennen, der arabische Reisende Ibn Battuta und schließlich auch Kaufleute aus Schwaben und Franken besuchten und beschrieben Anjediva. So berichtet im Jahre 1502 ein schwäbischer Kaufmann:„ *wir furen langs dem land und fund vil inseln und kame zu einer insel sy heyßt* ***Anthediua*** *und da sazten wir unser ancker und namen da*

---

XXXVIII S.335, Abb. 11

XXXIX S.335, Abb. 12. Griechen steuerten als erstes europäisches Seefahrervolk das Eiland an. Sie nannten die Insel ‚Leuke'. Bei den Römern heißt die Insel Aigidiorum und in der griechischen Bezeichnung des Handelsberichtes von 40-70 n. Chr. ‚Aigidioi'. Römische Münzfunde sowie antike und frühmittelalterliche Quellen bestätigen die Bedeutung dieser Insel.

*gut sus wasser und holz und brachten all unser siech volck an lant des wir vil hetten… .*“[91] Aus einem Briefwechsel des Augsburger Universalgelehrten Conrad Peutinger erfahren wir: „*An dem XVI. tage des monats Augusti 1502 sein wir von Melinde mit gutem winde gegen* ***Dangiediva*** *gefahren****…,*** also auf der direkten Seeroute über das Arabische Meer.

Warum ist Anjediva so wichtig? Die „*Ersten Teutschen, die India suchen*“, wie Conrad Peutinger rühmend hervorhebt, waren Ulrich Imhoff und der Augsburger Balthasar Sprenger. Sie geben uns die Antwort auf die eben gestellte Frage: Die Insel „*hat viel Wasser, das nach beiden Seiten der Insel fließt. Sie hat reichlichen Baumbestand…*“ und Balthasar Sprenger ergänzt: „*Da war ein schöner Hafen.*“ Auch die Mercator geht in dieser geschützten Bucht vor Anker. Während wir mit dem Beiboot auf den hellen Sandstrand zuhalten, schält sich aus dem grünlichem Küstensaum eine alte mit Kanonen bewehrte Mauer heraus, deren Aufbau die deutschen Kaufleute miterlebt haben. Auf der Insel spendet heute noch eine Quelle Wasser von selten reinem Wohlgeschmack, das die ganze Unberührtheit der Natur in sich trägt. Es ist bestes Trinkwasser, wie später auch eine Wasseranalyse an der Universität Goa bestätigt. Dies ist das jahrtausendealte Geheimnis der Insel Anjediva, die – wie wir von einem schwäbischen Kaufmann im Jahre 1504 hören – von jedem an der indischen Küste entlang fahrenden Handelsschiff angesteuert wurde, bevor es Kurs auf den Persischen Golf oder zur Arabischen Halbinsel genommen hat.

Manche Hinweise in diesem römischen Handelsbuch aus dem ersten nachchristlichen Jahrhundert haben bis heute Geltung. Vor der Stadt, die heute Honavar heißt, also *„nahe dem Platz, der ‚Halbinsel' genannt wird,"* liegt eine Insel, in der Antike Kaineitoi genannt, in deren Umgebung überall Piraten leben. Es ist die heutige Insel Basavarajadurg.[XL] Sie ist weniger ein Handelsplatz für die Kaufleute, als eine warnende Landmarke für alle vorbeiziehenden Handelsschiffe. Welch Ironie des Schicksals, dass auch die Mercator auf der Forschungsexpedition im Jahre 1992 unweit von Basavarajadurg von Piraten angegriffen worden ist.

Wir passieren eine weitere Orientierungsmarke aus römischer Zeit, die „Weiße Insel", die heute Netrani heißt.[XLI] Dann erreichen wir Naura[XLII] (Mangalore), den nördlichsten Handelsplatz des Landes Limurike, einst eine Insel in der Mündung des Netravati-Flusses. Südlich davon wächst seit Urzeiten der Ingwer an den Hängen des 259 Meter hohen Berges Dilli,[XLIII] der in römischer Zeit unter dem Namen Eli dem Küstenhandel als wichtige Navigationshilfe diente. Auch ein kleiner Handelsort kann hier angenommen werden. Die Flussmündungen

XL S.336, Abb. 13

XLI S.336, Abb. 14

XLII S.336, Abb. 15

XLIII S.336, Abb. 16. Südlich davon entwickelt sich ab dem 12. Jahrhundert der Ort Cannanore, wo 1505 während der 'Ersten deutschen Indienfahrt' von Portugal ein Handelsvertrag abgeschlossen und ein Handelsposten gegründet wird.

nahe dem Berg Dilli und auch die Flüsse wenige Seemeilen weiter südlich bieten gute Ankerplätze an. Hier und im fünfundvierzig Seemeilen südlicher gelegenen Tyndis[XLIV] (Ponnani) bringen Flussschiffe die begehrte Pfefferernte zur Küste. „*Pfeffer, Ingwer und andere Gewürze wachsen hier im Überfluss*", hören wir von Marco Polo über diesen Landstrich. Im ausgehenden Mittelalter wird an diesem Küstenstrich der beste Pfeffer der ganzen Malabarküste geerntet. Balthasar Sprenger, der Beauftragte des Augsburger Kaufmannskonsortiums auf der ersten deutschen Handelsfahrt nach Indien, berichtet von hier: „*Der Pfeffer wächst wie eine Weintraube und ist schön grün. Man pflückt ihn und anschließend dörrt man ihn auf einem Tuche an der Sonne. Er wird um den St. Martinstag oder um Weihnachten reif und geerntet. Um diese Zeit ist es in diesem Land am heißesten, denn es ist Hochsommer.*" [92] Auch einheimischer Zimt wird auf dem Markt angeboten. Doch da er an den Hängen des Mt. Dilli nur wild wächst, hat er eine nicht so gute Qualität wie der Zimt, der vom Nordosten Indiens, aus Bengalen, an die Malabarküste gebracht wird.

Unweit von Tyndis folgen die wichtigsten Exporthäfen für alle Waren, die an der indischen Westküste gehandelt werden: Muziris am Periyarfluss,[XLV] [93] Bakare, Balieta mit dem Pfeffergebiet der Roten Berge[XLVI] und der Pfeffer-

---

XLIV S. 336, Abb. 17

XLV S. 336, Abb. 18

XLVI S. 337, Abb. 20

region bei Vilinjam[XLVII]. In Muziris weist ein Augustustempel[XLVIII] auf der ‚Reisekarte des Castorius‘ [94] auf die Bedeutung der europäischen Händlerkolonie hin, deren Bewohner von hier den Export in das Römische Reich organisieren. Der Exporthafen Muziris mit seiner europäischen Kolonie wird im Mittelalter von Cranganore abgelöst und im vierzehnten Jahrhundert durch Cochin, wo sich schon bald seefahrende Kaufleute aus dem heutigen Vietnam niederlassen. Später folgen Araber und schließlich im sechzehnten Jahrhundert mit den Portugiesen auch Kaufleute aus Schwaben und Franken.[95]

Seit zweitausend Jahren blüht der Handel an der Pfefferküste. Hier stammt auch jener Pfeffer her, der im römischen Donauhafen Abusina nahe Straubing aufgefunden worden ist.[96] Von Nelkynda, das siebzehn Kilometer im Landesinnern liegt, bringen Flussboote die getrocknete Ernte zum antiken Handelsort Bakarě,[XLIX] wo das römische Frachtschiff, auf dem Diodoros reist, den Pfeffer übernimmt. Und die römischen Kaufleute aus Muziris organisieren, ebenso wie vierzehnhundert Jahre später der Augsburger Kaufmann Ferdinand Cron als Bevollmächtigter des Fugger-Welserschen Pfeffermonopols, von dieser Region aus den Warentransfer des Pfeffers nach Mitteleuropa und dazu noch viele andere Reichtümer des Orients: indisches Elfenbein, Schildkrötenpanzer, tropische Edelhölzer, chinesische Seidenstoffe,

XLVII S. 337, Abb. 21
XLVIII S. 337, Abb. 24
XLIX S. 337, Abb. 19

**Handelsorte, Ankerplätze und wichtige Landmarken an der indischen Westküste**

Die indische Westküste ist den Kaufleuten aus dem Römischen Reich gut bekannt. Sie kennen das Warenangebot an den Handelsplätzen, die Orientierungspunkte auf der Seereise und auch die Regionen, die durch Piraterie verrufen sind.

Die beiden nördlichen Orte ‚Barbaricum' und ‚Barygaza' sind über ‚Baktra' mit der Seidenstraße verbunden. Die Handelsorte entlang der indischen Westküste sind überwiegend durch den Nord-Süd-Küstenverkehr entstanden.

Muziris liegt dort, wo sich seit der frühen Neuzeit der Handelsort Cochin befindet. Muziris ist durch gute und sichere Inlandstraßen mit den an der Koromandelküste Indiens liegenden Europäerkolonien ‚Poduke' und ‚Arikamedu' verbunden.

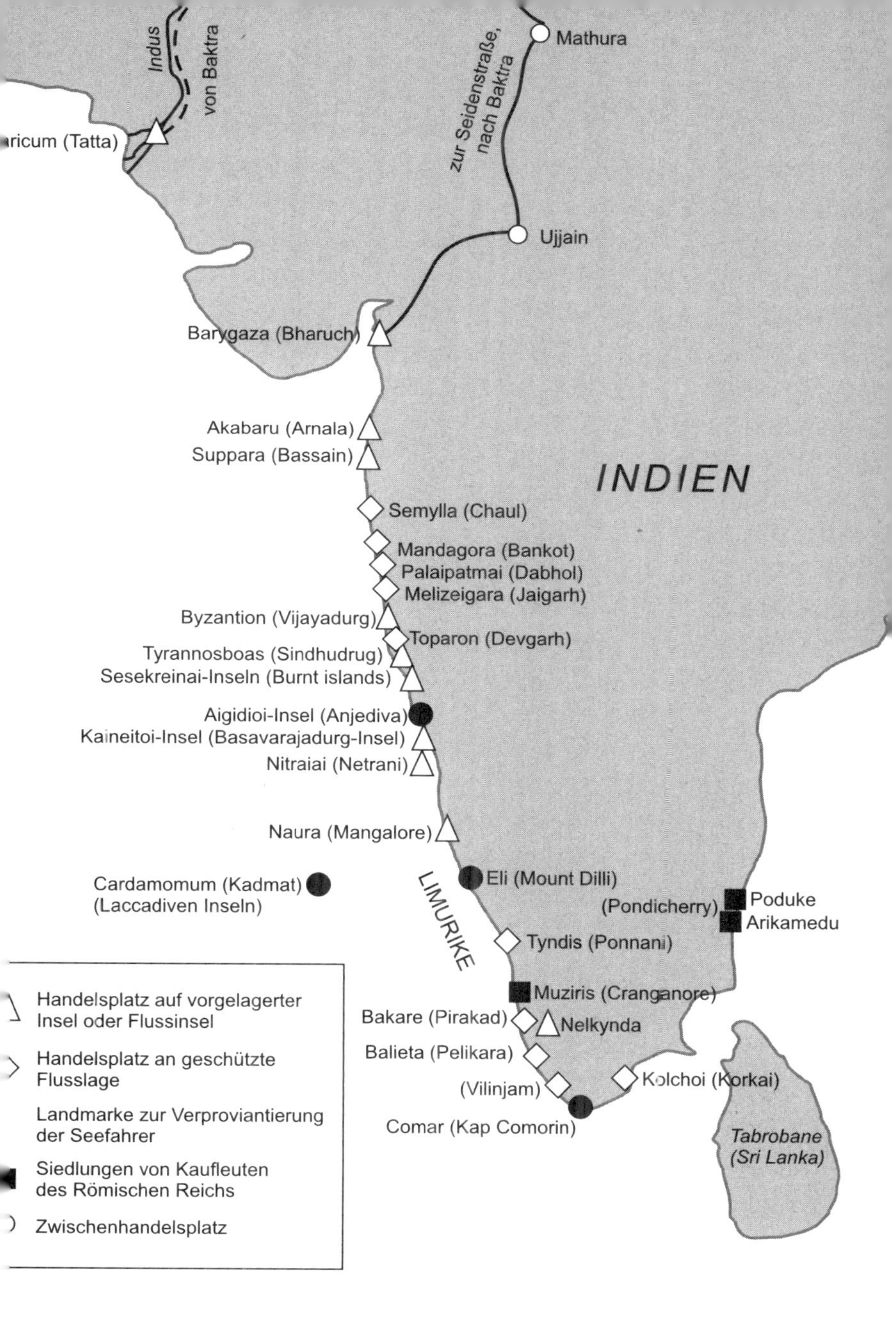
Indus
von Baktra
ricum (Tatta)
Mathura
zur Seidenstraße, nach Baktra
Ujjain
Barygaza (Bharuch)
Akabaru (Arnala)
Suppara (Bassain)
INDIEN
Semylla (Chaul)
Mandagora (Bankot)
Palaipatmai (Dabhol)
Melizeigara (Jaigarh)
Byzantion (Vijayadurg)
Toparon (Devgarh)
Tyrannosboas (Sindhudrug)
Sesekreinai-Inseln (Burnt islands)
Aigidioi-Insel (Anjediva)
Kaineitoi-Insel (Basavarajadurg-Insel)
Nitraiai (Netrani)
Naura (Mangalore)
Cardamomum (Kadmat)
(Laccadiven Inseln)
LIMURIKE
Eli (Mount Dilli)
Poduke
(Pondicherry)
Arikamedu
Tyndis (Ponnani)
Muziris (Cranganore)
Bakare (Pirakad)
Nelkynda
Balieta (Pelikara)
(Vilinjam)
Kolchoi (Korkai)
Comar (Kap Comorin)
Tabrobane
(Sri Lanka)
Handelsplatz auf vorgelagerter Insel oder Flussinsel
Handelsplatz an geschützte Flusslage
Landmarke zur Verproviantierung der Seefahrer
Siedlungen von Kaufleuten des Römischen Reichs
Zwischenhandelsplatz

feinste Garne vom Handelsplatz ,Ganges', hochwertige Baumwollgewänder und Stoffe,[97] Farbstoffe, wie das Blau der indischen Pflanze Indigo, Diamanten, Smaragde, Aquamarine, Saphire, Rubine, Karneole, Quarze und Perlen – und vor allem die reiche Palette der Gewürze – von weißem und schwarzem Pfeffer, Mutterzimt,[98] Ingwer, Kardamom .... bis hin zu den wertvollen Waren, die über die Rotholzroute die Pfefferküste erreichen, darunter der Duftstoff Ambra von den Nikkobaren. Zwischen der Pfefferküste und der Siedlung Kolchoi, dem heutigen Korkei nahe Tuticorin an der Palk-Straße, wo die besten Perlen Indiens und auch Purpurschnekken[99] herkommen, liegt Comar [L], das zur römischen Zeit wahrscheinlich nur ein ,Schutzhafen' gewesen ist, denn der Perlenhandel am Kap Comorin hat sich erst im Mittelalter entwickelt.

Den Rückweg nimmt das römische Handelsschiff mit dem Kaufmann Diodoros durch die Inselwelt von Limurike.[100] Heute tragen die Inseln den Namen Lakkadiven. Manche dieser Eilande stellen für die Seefahrer einen wahren Schatz dar – so auch die Insel Kadmat. Sie wird in der Antike Cardamomum genannt, weil auf der Achse ,Dilli – Kadmat – Sokrota' die Seeroute zur südlichen Küste von Sokrota auf einem Kurs von 225 Grad und somit genau nach Westen[LI] verläuft. Diese einfache Navigation macht die Seeroute besonders wertvoll. Und weil auf dieser Route das im Römischen Reich sehr

---

L S. 337, Abb.22

LI S. 337, Abb.23

begehrte Gewürz Cardamom in großen Mengen nach Alexandria gelangt, können wir mit Fug und Recht von der ‚Kardamomroute' sprechen. Ein Dreh- und Angelpunkt ist hierbei die Insel Kadmat. Sie hat einmal den Vorzug, dass sie eine geschützte Lagune besitzt. Hier geht auch der Segler mit den römischen und griechischen Kaufleuten vor Anker. Die Besatzung bindet das Schiff an Palmenstämme, wie es auch 2000 Jahre später die Besatzung der Mercator macht, und füllt dann – und dies ist der noch wichtigere Vorzug – die Amphoren an Deck des Schiffes wieder mit Süßwasser auf, das einen leichten Salzgehalt hat. Das Süßwasser ist Regenwasser der Monsunperiode, das von dem Korallengestein der Insel gespeichert und in kleinen Quellen direkt am Strand wieder abgegeben wird. Daher ist die Insel Kadmat, ebenso wie die Insel Anjediva, in der Antike für die Seefahrer eine wichtige Landmarke – ein Ansteuerungspunkt im asiatisch-europäischen Fernhandel. Und dies ist nicht nur wegen des Süßwassers der Fall. Hier laden die Seefahrer auch Meeresschildkröten zu, die als Lebendproviant für die siebenunddreißigtägige Rückreise bis zur Insel Sokrota dienen. Die Insel Sokrota (das antike Dioscurides) am Eingang des Roten Meeres ist ebenfalls eine ganz wichtige Landmarke im Seehandel. Auch hier sind es der Wasserreichtum und der sichere Ankerplatz, die die Kapitäne auf ihrer Fernhandelsroute diese Insel ansteuern lassen. Darüberhinaus hat auch Sokrota etwas Besonderes zu bieten: außergewöhnlich hübsche Sklavinnen, die die Kaufleute auf ihrem Weg nach Indien gerne erwerben, um sie dann in Barygaza gegen wertvolle orientalische Luxuswaren einzutauschen.

Dann nimmt der römische Segler, wie schon erwähnt, mit unserem griechischen Kaufmann Diodoros wieder Kurs auf das Rote Meer, um noch die Hafenstädte Muza und Kane anzulaufen und Weihrauch und Myrrhe zu laden. 1.500 Tonnen Weihrauch transportieren die Segler jährlich von hier zu den Grenzen des Römischen Reiches, wo die begehrte Ware um 200 n. Chr. vor allem über Alexandria Rom erreicht. Weihrauch und Myrrhe werden immer wieder über die Via Claudia Augusta transportiert. In Castra Regina (Regensburg) sitzt die Vereinigung der raetischen Weihrauchhändler und allein schon in Augusta Vindelicum ist der Verbrauch dieser Aromen auf dem Forum, in den öffentlichen Tempeln, an den Hausschreinen und in den Bädern überaus groß. Muza und Kane am Eingang des Roten Meeres sind darüberhinaus auch als bedeutende Umschlagplätze für Perlen und Korallen bekannt. Stammen die Perlen, die in Gräbern bei Neuburg gefunden wurden[101] – und vielleicht auch jene Korallen, die als Grabbeigaben in einem römischen Grab im Landkreis Augsburg überdauert haben, von hier?

Die Indische Westküste ist von der Antike bis in die Neuzeit auch die Drehscheibe für den Handel mit Waren aus Ostasien. Es sind vorwiegend indische Kapitäne, die dann von der indischen Westküste weiter nach Osten steuern. Als Landmarke für die Reise in das Bengalische Meer dient die Insel Tabrobane, das spätere Ceylon und heutige Sri Lanka. In der Antike ist sie nicht in das Fernhandelsnetz einbezogen, obwohl sie auf den damaligen Karten übermäßig groß dargestellt wird.[102] Grund hierfür ist der hoch aufragende Gebirgszug der Insel, der den Seefahrern als nautische Orientierungshilfe dient. Alle großen Lastensegler umfahren die Insel auf der Seite zum offenen Ozean hin, da die Palk-Straße zwischen dem südindischen Festland und Sri Lanka reich an Riffen, gefährlichen Winden und Strömungen ist.

Gegenüber von Sri Lanka liegen die antiken europäischen Handelskolonien Poduke und Arikamedu. Bis hierhin gelangen Olivenöl aus dem Gebiet der nördlichen Adria, mit Garum gefüllte Einwegamphoren von der spanischen Mittelmeerküste und Wein von Campania. Kaufleute aus dem Römischen Reich handeln auf ihren Fernfahrten am antiken Handelsplatz ‚Ganges', wo Zimt und Cassia herkommen, und weiter östlich, im Mündungsgebiet des Irawadi-Stromes, wo der wichtigste Handelshafen im Golf von Bengalen liegt – Sabbara. Er ist lange Zeit das Ende der bekannten Welt. Der Irawadifluss bildet hier mit seinen breiten Armen eine große Insel. Karawanen aus dem Reich Tsing (China) erreichen hier mit kostbarsten Waren, vor allem mit der begehrten chinesischen Seide, die Küste des Indischen Ozeans. Der Transportweg in das ferne Europa ist auf diesem kombinierten Land-Seeweg um ein vielfaches kürzer und gefahrloser als über die Seidenstraße, und daher floriert hier auch der Handel auf dem Umschlagplatz Sabbara. Ist Sabbara die geheimnisvolle „Goldene Insel"[103] am Ende der Welt? Kommt über diese Handelsroute die orangefarbene Seide, die Archäologen (neben Keramik und Gläsern aus dem Rheinland) in einem römischen Grab in Wehringen im Landkreis Augsburg gefunden haben, das um zweihundert nach Chr. angelegt worden ist? Dort war die Asche einer reichen Römerin in ein orangefarbenes Seidentuch eingewickelt worden.[104] In einem anderen Grab im Landkreis Augsburg wurde Jade entdeckt. Der aus dem Landesinnern Chinas stammende Stein kann auch auf dem Seeweg durch die Straße von Malakka in den Indischen Ozean gelangt sein. Die Malakkastraße ist um 200 n. Chr. für Kaufleute und Reisende aus dem Römischen Reich längst kein unbekanntes Terrain mehr. Denn schon um 66 n. Chr., in der Regierungszeit von Mark Aurelius Antonius, passieren Kaufleute aus dem Römischen Reich diese Meerenge und landen im südlichen Küstenabschnitt des heutigen Vietnam, wo sie chinesische Seidenstoffe, Elfenbein, Rinozeroshörner und Schildpatt erwerben.

Bis in das sechzehnte Jahrhundert blüht der Handelsverkehr zwischen dem Mekongdelta und der indischen Pfefferküste.[105] Er führt über die Nikobareninseln, wo die Handelsschiffe Süßwasser aufnehmen – und ebenfalls Meeresschildkröten als Lebendproviant. Ein weiterer Reichtum dieser Inseln liegt an den Stränden. Hier erstehen die Seefahrer das kostbare Ambra, das vor allem während des Monsuns an den Küsten der Inseln angespült wird. Ambra ist eine Substanz, die von Pottwalen ausgeschieden wird, und die – wie die Indische Nardensalbe – bereits in der Antike zur Parfümherstellung verwendet wird. Beide Duftstoffe gelangen über Alexandria und Rom auch bis nach Raetien.

## Straße der Eroberer

Noch ist die Via Claudia Augusta von friedlichem Handel belebt. Doch es mehren sich die Anzeichen, dass es nicht so bleiben wird. Die Gefahr einer größeren Bedrohung der nördlichen Reichsgrenze steigt in der zweiten Hälfte des zweiten Jahrhunderts nach Chr. immer stärker an. Den Auftakt geben ab dem Jahre 164 die Markomannenkriege.[106] Damit wird die Via Claudia wieder zu dem, was sie zu Beginn gewesen ist: eine Heerstraße. Größere Truppenbewegungen prägen nun immer häufiger das Straßenbild bis hin zu großen Heeresbewegungen.

Im Jahre 195 nach Chr. erlebt die heutige Königsbrunner Flur, wie von Morgengrauen an ein schier endlos scheinendes Heer über die Via Claudia nach Norden zieht. Über 100.000 Mann Fuß- und Reitertruppen mit mehreren hundert Rüst- und Proviantwagen legen jeglichen Regional- und Fernhandelsverkehr lahm. Noch jubeln die Bewohner der hiesigen Landgüter, die am Straßenrand den Vorbeizug der Truppen verfolgen, ihrem Kaiser Septimius Severus zu. Noch fühlen sie sich sicher. Doch achtzehn Jahre später, als sein Sohn und Nachfolger Caracalla gegen die Alamannen zieht, und sogar eine ägyptische Legion, die II. Legion Traiana,[107] im Eilschritt der Nordgrenze zustrebt, beobachten die Bewohner Raetiens sorgenvoll das Geschehen an ihrem Grenzabschnitt. Und diese Sorge erweist sich als berechtigt. Zwanzig Jahre später, im Jahre 233 überwinden die Alamannen wiederum den Limes, der den Einwohnern

Raetiens über zwei Jahrhunderte Sicherheit garantiert hatte. Diesmal jedoch ziehen sie plündernd, mordend und brandschatzend auf die Provinzhauptstadt Augusta Vindelicum zu. Weite Teile Raetiens werden verwüstet. Die Hauptstoßrichtung der Alamannen erfolgt dann über die Römerstraße nach Kempten.[108] Dabei bleiben auf wundersame Weise die Landgüter auf der Königsbrunner Flur noch einmal verschont.

Zwanzig Jahre später ist der obergermanische Limes nicht mehr zu halten. Nun ist es nur noch einen Frage der Zeit, wann das Schicksal auch die Landgüter am Lech erreicht. Im Jahre 259 brechen zehntausende Germanen vom Stamme der Juthungen, die von der Spree nach Süden unterwegs sind,[109] auf breiter Front nun auch durch den raetischen Limes und erreichen die ungeschützte Provinzhauptstadt. Sie haben es nur auf Beute abgesehen und so setzen sie den fliehenden Einwohnern der Stadt nicht nach, sondern tragen aus den Häusern und Tempeln alles zusammen, was ihnen wertvoll erscheint: von Kunstgegenständen über Tafel- und Küchengeschirr bis hin zu Werkzeugen, Waffen und Sakralgeräten. Dann laden sie ihre Beute auf die zurückgelassenen Gespanne und verlassen die eroberte Stadt.

Entlang der Straße laden auch die Vorstadt-Landgüter zum Plündern ein.[110] Ihre Bewohner, die von Flüchtlingen aus Augusta Vindelicum gewarnt wurden, haben auf ihre Wagen geladen, was sie in der Eile mitnehmen konnten, und sind auf Nebenwegen – nur weg von der Durchgangsstraße – in die westlichen Wälder geflohen.

Die über das Lechfeld vorrückenden Juthungen bedienen sich in den Gutshöfen an zurückgelassenen Werten, Kleidung, Lebensmitteln und an dem auf den Weiden noch stehenden Vieh, und ziehen in ihrem Siegesrausch, eine Spur der Verwüstung hinterlassend, weiter nach Süden.[111] Die in ihre Häuser und Höfe zurückkehrenden Bewohner machen sich ans Aufräumen. Kaiser Gallienus gelingt es erst bei Mediolanum (Mailand), die Juthungen aufzuhalten und so kehren sie im darauffolgenden Jahr zurück – nicht ohne in der Westschweiz wiederum reiche Beute zu machen. Über die römische Straße, die auf das Lechfeld führt wälzt sich ein gewaltiger Beutezug. Dabei ist es nur ein Teil der ein Jahr zuvor in Raetien eingefallenen Juthungen, die nun mit hunderten von Gespannen wieder auf dem Rückweg in ihre Heimat sind. Randvoll sind die Wagen mit Kisten und Truhen, mit Ackergerät und Werkzeugen beladen – aber auch mit Silbergeschirr und Kunsthandwerk. Letzteres ist allein um des Silberwertes klein gehackt. Die Kisten und Truhen sind voll von Schmuck und Edelsteinen.[112] Auch das „Know How" der Fertigung führen die Juthungen mit sich: tausende gefangener Handwerker, die in Eisenfesseln in Richtung Germanien getrieben werden.

Die Bevölkerung von Augusta Vindelicum hat die Zeit nach dem Überfall auf ihre Stadt genutzt, um einer neuerlichen Bedrohung zu begegnen. Rechtzeitig haben Boten über die Via Claudia die Nachricht vom heranrückenden Feind angekündigt. Ein Heer wird aufgestellt – aus Truppenkontingenten, die von überall her zusammengezogen werden – und erstmals wird auch eine

Bürgerwehr gebildet. Und bevor die Juthungen noch die Königsbrunner Flur erreicht haben, werden sie... *„am achten und siebten Tag vor den Kalendern des Mai niedergemacht und in die Flucht geschlagen von den Soldaten der Provinz Raetia, ebenso von in Germanien stationierten Soldaten und gleichwohl durch Landsleute. Dabei* werden *viele tausende gefangene Italer herausgerissen"* – und somit befreit.[113] Zur gleichen Zeit werden auch bei Straßburg die Alamannen geschlagen. Dennoch kann ein Teil der Eindringlinge mit großer Beute über den Rhein entkommen. Und diese Beute motiviert zu neuen Angriffen auf die römischen Nordprovinzen. In der Folgezeit durchbrechen immer wieder alamannische Stämme den Limes und überziehen Raetien mit Plünderungen.

Das Jahr 357 wird zum Schicksalsjahr für die Bewohner der Königsbrunner Flur. Wieder stehen die Juthungen vor Augusta Vindelicum. Doch die Stadt präsentiert sich – nachdem sie 259/260 und 275 bereits großflächig zerstört worden war – inzwischen gut befestigt. Die Juthungen sind nur auf schnelle Beute aus. Zur Belagerung einer Stadt sind sie nicht in der Lage. Die für sie unüberwindliche Stadtbefestigung steigert ihre Wut, die sie in die ungeschützten Siedlungen und Landgüter mitnehmen. Über die Felder und die Via Claudia Augusta erreichen juthungische Verbände die Vorstadt-Landgüter auf der heutigen Königsbrunner Flur. Ihr Vorstoß kommt so überraschend, dass den Bewohnern keine Zeit zur Flucht bleibt. Sie wehren sich mit aller Verzweiflung, während die Brandfackeln der Angreifer die Dächer der Gebäude entzünden. Auch das Wirtschaftsgebäude brennt, in das sich Landarbeiter geflüchtet haben. Das Feuer auf dem Dach greift rasch um sich. Ein Juthunge reitet durch das Scheunentor. Mit aller Kraft werfen die Eingeschlossenen mit Speeren nach dem Feind. Pferd und Reiter werden getroffen. Den Landarbeitern steht der Fluchtweg offen. Augenscheinlich gelingt es ihnen zu fliehen.

Zwei Jahrtausende später wird der im Kampf gefallene Juthunge zusammen mit seinem Pferd unter der eingestürzten Wand des Wirtschaftsgebäudes aufgefunden.[114] Münzverstecke, die aus den Jahren 357, 378 und 383 stammen, lassen vermuten, dass die Besitzer dieses Landgutes nach dem Juthungeneinfall im Jahre 357 ihrem Besitz den Rücken gekehrt haben und wie viele andere wohlhabende Römer nach Italien abgewandert sind. Denn die versteckten Münzen bleiben zurück. Wie die beiden anderen Münzverstecke zeigen, ist das Landgut zumindest bis zum Jahr 383 weiter bewirtschaftet worden. Hat der Besitzer gewechselt? Haben die Bewohner des Gutes später, im Jahre 383, wohlmöglich ein ähnliches Schicksal erlitten, wie 357 die Menschen einer ‚villa rustica' nahe dem römischen Militärstandort Castra Regina (Regensburg)? Dort entdeckten Archäologen alle Bewohner des Gutshofes ermordet und skalpiert im Brunnen.

Als die ‚Barbaren' 383 Raetien verlassen, haben sie die restliche Infrastruktur der Provinz zerstört. Die Gehöfte sind niedergebrannt, die Bewohner erschlagen oder vertrieben, die Ernten und das Saatgut vernichtet, das Vieh mitgenommen. Die düster in den Himmel ragenden Ruinen der Herrenhäuser, die Brandhügel der Wirtschaftsgebäude ebenso wie das verwildernde Kulturland sind noch Jahrzehnte später sichtbar. Es ist niemand mehr da, der das Zerstörte aufbaut und das Land wieder unter den Pflug nimmt. Die Via Claudia Augusta ist nun zu einer Durchgangstraße der Eroberer geworden, die nach Italien ziehen.

Zwei Jahrhunderte später befinden sich die römischen Garnisonen in Auflösung. Die Soldzahlungen sind eingestellt. Zwar ist das Leben in der befestigten Provinzhauptstadt Augusta Vindelicum noch sicher – aber wie lange noch? Erstaunlich ist, dass immer noch Handel stattfindet: Transporte mit Bronzelampen aus dem östlichen Mittelmeerraum und sogar Keramik aus Nordafrika erreichen über die Via Claudia die römische Stadt am Lech.[115] Doch man investiert nicht mehr – weder in Schutzbauten noch in Lebensqualität. Überall in der Stadt zeigt sich der Verfall. Die römische Oberschicht hat die untergehende Stadt am Lech verlassen. Bei den Zurückgebliebenen, deren Häuser mehr Ruinen als Wohnquartieren gleichen, ist die anfängliche Untergangsstimmung nach dem Abzug der Elite einer Gleichgültigkeit gewichen. Wenig ist überliefert aus dieser Zeit. Und so versinkt für uns das römische Augsburg im Dunkel der Geschichte und wird schließlich in der ersten Hälfte des fünften Jahrhunderts von seinen letzten Bewohnern verlassen.

Über die Römerstraße erreichen neue Zuwanderer das Lechfeld und lassen sich hier nieder. Zögerlich entsteht wieder ein kleiner befestigter Siedlungskern neben den Ruinen von Augusta Vindelicum – und auf dem Lechfeld bilden sich neue Dörfer. Wo vereinzelt Höfe noch bewohnt sind, werden die Besitzer daraus vertrieben. Die raetisch-römisch-keltische Restbevölkerung wandert nach Osten ab. Eine ganze Epoche scheint ausgelöscht. Und doch lebt die ‚Via Claudia Augusta' forthin als ‚Römerstraße' im Bewußtsein der neuen Siedler auf dem Lechfeld fort – wie die nächsten tausend Jahre noch der Name der einstigen römischen Provinz ‚Raetia'.

In den nächsten Jahrhunderten ziehen immer wieder Völkerschaften, deren bekannteste die Vandalen, Alanen und die Sueben sind, über die alte Römerstraße nach Süden. Zuletzt sind es Magyaren (Ungarn), die in der ersten Hälfte des zehnten Jahrhunderts wieder und wieder das Lechfeld heimsuchen. Alles in allem sind es zehntausende Krieger, die in den wenigen auf dem Lechfeld entstandenen alamannischen Siedlungen mitnehmen, was sie bekommen können: Nahrung, Kleidung, Vieh und Sklaven und „*hie zu Landt alles verheergten und zerstörten*". Im Frühsommer des Jahres 955 stehen die Ungarn, diesmal unter ihrem Anführer Horka Bulcsú, wieder vor den Toren Augsburgs. Die etwa 12.000 bis 15.000 Soldaten lagern südlich der Stadt am Gunzenlee. Ein Entsatzheer unter der Führung von König Otto I ist im Anmarsch. Auf dem Lechfeld und beiderseits des Lechs kommt es dann am 10. August 955 zur Entscheidungsschlacht. Darin gewinnen die etwa 8.000 bis 10.000 Soldaten unter der Führung von König Otto I die Oberhand, um dann – ein Novum in der bisherigen

Kriegsführung – die fliehenden Magyaren zu verfolgen, um eines jeden Mannes habhaft zu werden. Zeitzeugen berichten, dass der Lech voller Erschlagener und rot von Blut an Augsburg vorbei geflossen sei. Alle ungarischen Gefangenen werden hingerichtet und in Massengräbern verscharrt. Die Geschichte erzählt, dass nur fünf Überlebende in ihre Heimat zurückgekehrt seien.

Auch in den nächsten fünf Jahrhunderten wird das Lechfeld immer wieder zum Schlachtfeld – allein fünf Mal im elften Jahrhundert – wie die Welserchronik berichtet:
1013: *„ein feindliches rauben und brennen in dieser ganzen Landschaft"*
1077: *„nicht allein in der Statt Augspurg, sonder auch durch derselbe gantze Provintz lange Jar viel grewlcher Krieg entstanden"*.
1080: *„die Statt Augspurg lenger dann drey Wochen gewaltig belagert…, dieselbige"gar eingenommen"*.
1083: *„Augspurg unversehens angefallen, …eingenommen, und nicht ohne vieler unschuldiger Todt geplündert"*.
1088: *„Augspurg eben am Fronleichnams Tage… geschlagen… drey Tage lang, so unmenschlich und erbärmlich geplündert, dass neben vielen ermordeten Innwohnern und beraubung ihrer Güter … die Statt so zuvorn genugsam verwüstet, auff den Ostermontag mit allen Mauren nider gerissen, zerschleppt und dem Boden gleich gemacht…"*

Und auch in den nächsten Jahrhunderten wird das Lechfeld immer wieder verheert: 1132 verwüstet der spätere Kaiser Lothar III, der sich im Krieg mit dem Staufer Konrad befindet, die Stadt Augsburg, weil sie auf der

Seite Konrads steht. Dann zieht er über die „Alte Straße" nach Rom. 1388 sind ‚die Bayerischen' *„über den Lech gezogen / und haben auff beyden seitten der* ***Reichßstrassen*** *alles verheeret / geplündert / und im Rauch gen Himmel geschickt.* 1462 brennt Herzog Ludwig *„viel Dörfer und Einoden umb Augspurg grewlicher weiß ab"*. 1545 trifft der Schmalkaldische Krieg die Dörfer und Weiler auf dem Lechfeld. Plündernd ziehen die Soldaten unter Schertlin von Burtenbach über das Lechfeld nach Augsburg. 1524 und 1525 bringen Bauernaufstände zwischen Erfurt und der Alpensüdseite immer wieder den Fernhandel auf der „Straße nach Italien" zum Erliegen. Insbesondere im Dreieck zwischen Donau, Lech und Bodensee kommt es zu Scharmützeln, die sich auch gegen die großen süddeutschen Handelsgesellschaften, allen voran gegen die Fugger, richten. Die Unruhen treffen das Augsburger Handelshaus vor allem im Montanhandel. Die bewaffneten ‚Bauernhaufen', die auch auf der transeuropäischen Fernhandelsstraße zuschlagen, zwingen die großen Handelshäuser, militärisch zu reagieren, um nicht höhere Verluste im Fernhandel hinnehmen zu müssen. Das Handelshaus Fugger – und wohl auch andere große Handelsfirmen – finanzieren deshalb ein Heer, das unter Georg von Waldburg-Zeil im Frühjahr 1525 schließlich auch über das Lechfeld nach Süden zieht und den letzten Bauernaufstand im Allgäu niederschlägt.

Ein Jahrhundert später erlebt die „Straße nach Italien" während des Dreißigjährigen Krieges wieder den Durchmarsch großer Truppenkontingente. 1632 ziehen

**Fernstraßen und Übernachtungsorte zwischen Augsburg und Landsberg im Jahre 1745.**

Von Süden läuft die Fernhandelsstraße über „Spötingen“ (Landsberg-Spötting) nach Hurlach. Dort teilt sie sich nach Haunstetten und Augsburg in einen östlichen und einen westlichen Zweig. Die östlich verlaufende Straßentrasse führt über Klosterlechfeld, Schwabstadl und „Neuwirtshaus“ (Königsbrunn), das im Jahre 1688 als Zollhaus mitten über die Straße gebaut worden ist. Der westliche Zweig läuft über Meitingen, Untermeitingen, Kleinaitingen, Oberottmarshausen und stößt in der Mitte der heutigen Königsbrunner Flur auf die Osttrasse. Nördlich dieses Knotenpunktes, unweit der heutigen Stadtgrenze zu Augsburg, haben am „17. April 1745“ österreichische Truppen ihr Feldlager errichtet und den Verkehr blockiert.

Banäcker
Wertach
Bobingen
17. Apr. 45
Weringen
Otmarshausen
Neuwirtshaus
Strasberg
S V E V I Æ
Gr. Aytingen
Kl. Aytingen
Mittelstetten
Graben
Scheyringen
Putriching
Schwab Riching
Unt. Meiting
Erlingen
Stadel
Lech
Leichtenberg
Meyling
Gallor: transitus
Unser Frauen Hulf
Peurbach
Kaltenberg
Adelshausen
Winckel
Mulhausen
Hurlach
Gerezhausen
Epfenhausen
Kaufe ringen
Pergen
Unt. Milhausen
Penzingen
Kizenhofen
Unt.
Ob.
Iglingen
Sandau
Kreut
Holzhausen
LANDSBERG
Spötingen od. Spötingen
St. Jacob
Reisch

schwedische Truppen über das Lechfeld – plündern und brandschatzen in den nächsten Jahren – zuletzt zusammen mit einem französischen Heer im Jahre 1648. Nach einer relativen Zeit der Ruhe marschieren neue Heere raubender und brandschatzender Soldaten über die „Alte Straße“: 1703, als der Spanische Erbfolgekrieg im Gange ist, und im Jahr 1743 während des Österreichischen Erbfolgekrieges. Als am 15. April 1745, nach der Schlacht bei Pfaffenhofen, österreichische Truppen auf das Lechfeld vorrücken und am 17. April im Norden der heutigen Königsbrunner Flur an der „Alten Straße“ ihr Militärlager aufschlagen, scheint sich für die Lechfeldbewohner wieder eine neue Leidenszeit anzubahnen. Es ist ein Glück für sie, dass am gleichen Tag der in Augsburg weilende bayerische Kurfürst Maximilian III aus dem Militärbündnis gegen Österreich austritt und eine Woche später über die „Alte Straße“ nach Füssen reist, um den Friedensvertrag zu unterzeichnen. Daraufhin rücken die österreichischen Truppen tags darauf ab. Ein Kupferstich[LII] erzählt aus dieser Zeit.

Ein halbes Jahrhundert später bringen die napoleonischen Feldzüge abermals Leid über das Lechfeld. Allein im Jahre 1796, während der Belagerung von Landsberg, bei der 8.000 Franzosen versorgt werden müssen, rauben Soldaten nicht nur alles an Lebensmitteln und Getreide, sondern selbst den Ärmsten noch ihre Kleider, wie wir aus der Chronik lesen.[116] Erst mit dem Jahre 1809 kehrt an der „Alten Straße“ endlich Frieden ein.

---

LII siehe Seite 127

# Gelegenheitskaufleute und viel fahrendes Volk

Ab dem Jahre 496 wandern Alamannen als Flüchtlinge auf das bevölkerungsarm gewordene Lechfeld ein, wo keltische Vindeliker und eine römische Restbevölkerung leben. Dazu kommen später noch Franken, Ostfranken und Langobarden auf das ehemals römische Kulturland längs der „Alten Straße" und lassen sich dort nieder. Die römisch-keltische Mischbevölkerung wandert, wie wir bereits gehört haben, nach Osten ab.

Auch die Neuankömmlinge hinterlassen auf der Königsbrunner Flur Spuren für die Archäologen. Sie siedeln in der Nachbarschaft zu den noch stehenden brandgeschwärzten von Kletten überwucherten Hausruinen, verfüllten Brunnen, Resten von Bewässerungsanlagen und einer nur noch in Fragmenten vorhandenen ehemaligen Fernwasserleitung nach Augusta Vindelicum, aus der längst die Bleirohre von Metallsammlern herausgerissen worden sind. Ist es die Nähe zu verwilderten Gartenpflanzen, die das Land für Neusiedler attraktiv macht? Haben Rhabarberpflanzen,[117] Erbsen, Gurken, Sellerie, oder gar Obstbäume auf dem einstigem Kulturland überdauert, das sich die Natur inzwischen zurückgeholt hat? Jedenfalls lassen frühmittelalterliche Einzelfunde aus dem sechsten und siebten Jahrhundert[118] vermuten, dass es hier noch das ein oder andere Anwesen gegeben hat.

Doch das Leben dieser Bewohner ist armselig und von Hungersnöten begleitet, wie überall in der einstigen römischen Provinz Raetien. Denn all das über die letzten Jahrhunderte angesammelte Wissen über Pflanzenanbau und Tierzucht, Veredelung und Züchtung ist unwiederbringlich verloren. Erst im achten Jahrhundert knüpft Karl der Große in seiner Landgüterverordnung an das untergegangene Wissen wieder an und fordert, um den Hungersnöten in seinem Reich zu begegnen, von allen Bauern den Anbau von zweiundsiebzig genau bezeichneten Pflanzenarten – darunter auch von vierzehn Essfrüchte-tragenden-Bäumen. Nur ein Jahrhundert zuvor scheint ein staatlich verordneter Anbau noch in weiter Ferne zu liegen. Landwirtschaftliche Überschüsse ergeben sich nach dem Zufallsprinzip und werden sofort an den nächsten Abnehmer weiterverkauft. Der Bauer des kleinen Hofes auf der heutigen Königsbrunner Flur trägt seinen Tagesüberschuss an Feldfrüchten oder Fischen vom nahen Lech über die „Alte Straße“ in die ‚Burg des Augustus‘, jenes Überbleibsel der einstigen Provinzhauptstadt von Raetien, das erst im Jahre 738 wieder als „Civitas“ – als Stadt bezeichnet wird.

Auch andere Bauern sind dorthin unterwegs. Sie begegnen viel „fahrendem Volk“ und Pilgern, die auf dem Weg zu den Heiligen Stätten der Christenheit sind. In Genua, in Pisa oder in Venedig werden sie ein Schiff besteigen, das sie in das Heilige Land mitnimmt. In den nächsten zwei Jahrhunderten entwickelt sich die Lagunenstadt Venedig zum Haupthafen für Pilgerfahrten. So fahren Mitte des elften Jahrhunderts venezianische

Handelsgaleeren bereits nach festen Zeiten. Sie können bis zu dreihundert Passagiere befördern. Im Jahre 1065 reisen unter der Führung des Erzbischofs Siegfried von Mainz 7.000 deutsche Pilger über die „Alte Straße" nach Venedig ins Heilige Land.

Vielerorts tragen Wanderprediger zum Aufbruch der Menschen bei, denen angeblich Gott erschienen ist und seinen Willen kundgetan hat, dass jeder Gläubige in das Heilige Land ziehen solle. Und so wandern wieder und wieder Pilgergruppen auf der „Alten Straße" nach Süden. Vor den Toren Augsburgs werden sie von „fahrenden" Krämern erwartet, die ihnen Wegzehrung, aber auch Heilmittel und schützende Reliquien anpreisen. Spielleute und Gaukler bedrängen die Pilgernden und Dirnen schließen sich ledigen Männern an. Das Straßenbild zeigt Tagelöhner ebenso wie Bauern, die ihre Zugtiere vor den Karren gespannt haben und mit Frau und Kindern aufgebrochen sind. Abenteurer und Handwerker, Mönche, Nonnen und armes Volk wandern mit „geweihtem Pilgerstab" nach Süden. Und auf dem freien Lechfeld hält gesetzloses Gesindel nach Pilgern Ausschau, bei denen etwas zu holen ist.

Für die Kapitäne der Handelsgaleeren ist es ein Geschenk der Kirche, Pilger als zahlende Fracht zu den Häfen an der Ostküste des Mittelmeeres zu befördern. Ist die Menschenfracht abgesetzt, werden in den Hafenstädten Orientwaren geladen. Doch von Kaufen und Verkaufen lässt sich erst später, Anfang des neunten Jahrhunderts sprechen. Denn das Geldwesen ist noch in völliger Unordnung. Güter werden im Naturaltausch gezahlt. Erst mit der Vollendung der Münzreform durch Karl den Großen – einer monometallischen Silberwährung – wird der Grundstein zu einer Belebung des Handels gelegt. Allerdings ist diese Münzreform nur auf regionale Märkte ausgerichtet. Die Bewohner des nördlichen Voralpenlandes, die in geringer Zahl Pferde, Rinder, Honig und auch Sklavinnen über die Via Claudia und den Reschen- oder den Brennerpass nach Süden transportieren, tauschen auf der Südseite der Alpen venezianische Ware in geringer Stückzahl ein. Umgekehrt ziehen ‚Gelegenheitshändler' von Italien über die Alpen. Einem regelmäßigen Fernhandel fehlt dagegen mangels einer überall akzeptierten Edelmetallwährung auch hier noch die Grundlage.

Doch stetig weitet sich die Markt-zu-Markt-Verbindung über die „Alte Straße" aus und so beginnt der ehemaligen Via Claudia Augusta ganz langsam wieder jene Bedeutung zuzuwachsen, die sie in ihrer Blütezeit, im zweiten nachchristlichen Jahrhundert, einmal gehabt hat. Unter den von Augsburg weiterführenden Straßen wird vor allem die einstige römische Verbindungsstraße von Augsburg über Straßburg nach Mainz durch venezianische Handelsgüter wieder belebt. Ein Zeitzeuge, der maurische Gesandte Tartûšî, der im Jahre 973 Mainz besucht, berichtet aus Mainz, dass er auf dem Markt der Stadt Münzen aus Samarkand und Lapislazuli aus Baktrien angeroffen habe.[119] Und er staunt darüber, dass hier in dieser im ‚fernsten Abendland' liegenden Stadt ein reichhaltiges Angebot an Pfeffer, Ingwer, Gewürznelken, Spikanarde, Costus und Galgant LIII zu sehen ist, das aus Regionen des ‚fernsten Morgenlandes' stammt.[120] Erstmals erscheinen hier auch Gewürznelken, hierzulande aufgrund ihrer Form „Näglein" genannt. Der Ursprungsort der Gewürznelken liegt auf Ternate und Tidore – zwei winzigen Inseln an der Küste der Insel Halmahera im Nord-Archipel der Molukken (heute Indonesien). Die Costuswurzel kommt aus Kaschmir und „Rha ponticum", den wir heute Rhabarber[121] nennen, hat seine Heimat in China, dem Land jenseits des Pontus. Arabien ist die Heimat des Balsam-Saftes. Aus dem Himalaya kommt die Wurzel Spicanardi, von der Insel Sokrota das Drachenblut, aus China und Thailand die Galgantwurzel, und aus Turkestan der ‚Wurmsamen'. Das Warenangebot in der Stadt Mainz zeigt deutlich, dass im transkontinentalen Handel zwischen Asien und Europa die Zeit die Wunden des Zusammenbruches der Wirtschaftsstrukturen des Römischen Westreiches zu heilen beginnt.

Doch das Pflänzchen ‚Fernhandel' ist noch sehr klein. Der Kaufmann zieht noch selbst mit seinem Handelszug nach Venedig und zurück. Er ist auch kein Transporteur, sondern Wanderkaufmann, betreibt Hausierhandel und sein Absatzgebiet ist nicht allein seine Heimatstadt, sondern auch die Straße dorthin. Was er auf dem Rückweg verkaufen kann, bringt er nicht bis in seine Heimat zurück.

---

LIII Wurzel eines Ingwergewächses, Gewürz und Arznei

Die Fernhandelswege führen weiterhin über die alten römischen Straßen und Wege. Und so läßt sich die Route dieser Handelswaren unschwer über Augsburg und die „Straße nach Italien" zurückverfolgen bis in das aufblühende Venedig, in das die Orientwaren von Byzanz aus gelangen. Byzanz ist zu diesem Zeitpunkt das europäische Tor zum Orient und da die Stadt Venedig politisch zu Byzanz gehört, ist sie folgerichtig ein wichtiges Glied in der Warenabsatzkette von der Weltstadt am Bosporus bis nach Mittel-, West- und Nordeuropa. Der Zwischenhandel macht Venedig wohlhabend. Unschwer läßt sich der Reichtum an den ersten Prestigebauten erkennen und auch der gerade fertiggestellte Markusdom zeugt davon.

Nach der erfolgten politischen Neuordnung Europas lässt Karl der Große das Reich durch ein Verkehrsnetz erschließen. Römische Handelsstraßen werden im Norden fortgeführt, keltische Wege wieder entdeckt und die wichtigsten Ost-West- und Nord-Süd-Straßenachsen werden als ‚Reichsstraßen' in die neue politische Landkarte eingepasst. So wird auch die Trasse der ehemaligen Via Claudia Augusta nach Norden verlängert, erhält Anschluss an germanisch-keltische Handelswege und führt nun über Erfurt, Hersfeld, Höxter und Minden nach Lüneburg. Lüneburger Salz konserviert den Hering und den Stockfisch – letzterer ist im Mittelalter die vorgeschriebene Fastenspeise. Für vier bis fünf Fässer voller Heringe braucht man ein Fass Salz. Seit dem neunten Jahrhundert produziert die Lüneburger Saline bereits jährlich bis zu 20.000 Tonnen Salz, das weniger

als Rohsalz, denn als Endprodukt ‚gesalzener Fisch' nach Augsburg und weiter nach Süden gelangt.
Von Lüneburg aus erreicht der Reisende das Handelszentrum Haithabu[122] „am äußersten Ende des Weltmeeres" gelegen.[123] Allerdings wird Haithabu im Jahre 1050 zerstört und stattdessen steigt Schleswig zur führenden Handelsstadt im Ostseeraum auf, bis das 1143 gegründete Lübeck im fünfzehnten Jahrhundert Schleswig den Rang abläuft. Von Haithabu aus läuft eine Handelsstraße – größtenteils, wie wir ja wissen, über eine bronzezeitliche Trasse – weiter nach Ribe, der heute ältesten Stadt Dänemarks, die sich nun im neunten Jahrhundert als wichtiges Handels- und Schifffahrtszentrum präsentiert. Der nördlichste Punkt ist der jütländische Handelsort Viborg.[124]

Im zwölften Jahrhundert gelangen Hering und Stockfisch über Lüneburg bis an den Alpenrand, ja sogar bis nach Italien. Andere Handelswaren kommen von Nowgorod über Lübeck nach Süden: Pelze wie „Hermelin und Zobel, Wiesel, Nerz und Biber, Wolf, Fuchs und Luchs"[125] – und in großen Mengen Bienenwachs, das Rohprodukt für Wachskerzen, für das nicht nur Kirchen und Klöster einen ständig steigenden Bedarf haben, sondern vor allem auch Städter, die den bisherigen „Kienspan" mit offener Flamme gegen die wirkungsvollere und sicherere Laterne eintauschen. Wachskerzen, die zu Beginn des elften Jahrhunderts in Europa als Leuchtmittel in Gebrauch kommen, sind im zwölften Jahrhundert bereits weit verbreitet. Jüdische Berufskaufleute und auch der ein oder andere venezianische Händler bringen die

Waren in Saumlasten mit Maultieren über die Alpen. Jüdische Kaufleute sind es auch, die die Handelsbrücke zwischen Okzident und Orient schlagen. Sie halten das Monopol im Spezereienhandel. Sie sind im Sklaven- und Silberhandel, im Wein- und im Salzgeschäft tätig.

Doch noch ist der Fernhandel über die „Straße nach Italien“ nur ein kleiner, der reichen Oberschicht vorbehaltener Wirtschaftszweig. In erster Linie sind es Bauern, die auf ihren zweirädrigen Ochsenkarren den Straßenverkehr über die „Alte Straße“ bestreiten und ihre landwirtschaftlichen Erzeugnisse in die Stadt bringen. Die Nahrungsmittel, die zur täglichen Versorgung der Bevölkerung des urbanen Zentrums benötigt werden, sind Feld- und Gartenfrüchte, darunter „dicke Bohnen“, das wichtigste Nahrungsmittel überhaupt, wilder Honig, der zur Herstellung von Honigwein dient, dem weit verbreiteten Getränk in jener Zeit, daneben Tierprodukte wie Milch, Eier und Lechfisch. Auf Ochsenkarren werden Holzstämme, Schindeln aus Holz oder Rinde, Stroh, das in Säcke gefüllt die Schlafstatt polstert, und vieles mehr über die „Alte Straße“ transportiert; Bergwerksprodukte wie Kupfer, Zinn, Blei, Eisen; Schlacht- und Zuchtvieh; tierische Produkte wie Fleisch, Häute, Leder, Felle, Pelze, Wolle; sowie Agrarprodukte: Wein aus den klösterlichen Besitzungen in Tirol, Flachs in großen Mengen und darüber hinaus Garne, Tuche und Kramwaren.[126]

# Der Handelsplatz ,Venedig'

Im elften und zwölften Jahrhundert steigt in Europa die Bevölkerung sprunghaft an. In Augsburg entstehen um den frühmittelalterlichen Stadtkern kleine Vorstädte, die alsbald in den Bereich der Stadtbefestigung einbezogen werden. Viel einfaches Volk ist dort zu finden, aber auch mehr und mehr Gelernte, die ein selbstständiges Handwerk ausüben, wie Gewandschneider, Hutmacher, Fischer, Floßleute, Lederer, Lodweber, Müller, Rindschuster, Salzleute, Weißgerber und Kaufleute, und solche, die noch unselbstständig in der Abhängigkeit des bischöflichen Burggrafen arbeiten, wie die Bäcker, Metzger, Kleinkrämer und Schankwirte.[127] Ihre wachsenden Gewerbe gehen mit der immer stärker werdenden Nachfrage nach Gütern einher. Zwar wechseln auf den Märkten der Stadt noch vermehrt einfache Waren den Besitzer – landwirtschaftliche Produkte wie Käse, Eier, Honig, Gemüse, Knochen, Felle, Fische, Rinder, Schweine und handwerkliche Erzeugnisse wie Töpferwaren, Seile, Bänder, Körbe, Kerzen und dergleichen mehr. Doch über die „Alte Straße" ziehen auch immer mehr Gespanne mit Fernhandelswaren nach Norden wie nach Süden. Dazu gehört auch die Steinkohle, deren Gebrauch sich ab 1100 nach Chr. in Mitteleuropa verbreitet.

Das starke Anwachsen des regionalen wie auch des überregionalen Handels ist eng verbunden mit einem sprunghaften Anstieg der umlaufenden Geldmenge und entwickelt sich in einem derartigen Umfang, dass manche Autoren gar von einer „Handelsrevolution“ sprechen. Rohstoffe werden gebraucht, Qualität ist gefragt. Neues will erworben werden. Die ansteigende Nachfrage an Handelsgütern verändert die Handelsgewohnheiten entscheidend. Ist zunächst noch der Kaufmann Einkäufer, Transporteur und Verkäufer, der auf den Märkten südlich der Alpen Waren erhandelt, sie auf Maultiere lädt und über die Alpen bringt, so wird bald an Orten mit überproportional wachsendem Warenbedarf das Limit überschritten, das ‚fliegende Kaufleute‘ alleine bewältigen können. Der ‚Kaufmann‘ bleibt nun in seiner Heimatstadt, entsendet Handelsgehilfen zu den Märkten, die dann vor Ort bleiben, die Warenangebote im Auge behalten und die Waren mit Transporteuren über die Alpen schicken. Diese Arbeitsteilung führt zur Geburt von Handelsunternehmen.

Aus den mittelalterlichen Handelsstädten kristallisieren sich zwei Fernhandelsplätze heraus, die sich schon bald zu europäischen Handelzentren entwickeln: Genua und Venedig. Beide Städte sind allen anderen Hafenstädten des europäischen Kontinents in ihren weit nach Osten ausgreifenden Handelsverbindungen überlegen. Sie unterhalten diese Kontakte mit eigenen Flotten und erweitern sie zielstrebig. Die Schiffe transportieren Kupfer, Kupferwaren, Silber und feine Wollstoffe. Aus Byzanz bringen sie nicht nur die in Europa begehrte Seide mit, sondern auch den von Schildläusen produzierten roten Kermesfarbstoff; Alaun, das grobkörnige schwefelhaltige Salz, das zum Fixieren vieler Farbstoffe benötigt wird;

Wachs, den wichtigsten Energieträger für die Beleuchtung der Häuser; Pelze für die kalte Jahreszeit... und über den Kreuzritterstaat Akkon erhandeln die Venezianer auch noch die Spezereien des Orients.

Venedig ist daher bereits im Jahre 1017 in Deutschland als gute Einkaufsquelle für Waren aus dem Mittelmeerraum und aus dem Orient bekannt. Fünf Jahre später nimmt Venedig den Handel mit Köln auf. Ab 1722 sind Handelstransporte zwischen Venedig und Köln auch über Augsburg erfolgt. Belegt sind sie durch Augsburger Kaufleute, die als Vermittler venezianischer Waren in Köln und von Kölner Waren in Venedig auftreten.[128] Und da an den Marktorten an der „Alten Straße" keine überregional akzeptierte Währung existiert, wird in Augsburg, Nürnberg, Frankfurt, Mainz und in anderen Städten die Pfefferwährung geboren. Wir hören im Jahre 1064, dass vor den Toren Nürnbergs fünf Pfund Pfeffer als Fernhandels-Zollabgabe erhoben werden. Im Jahre 1280 wird auch in Augsburg eine pauschale Besteuerung von einem halben Pfund Pfeffer auf venezianische und französische Waren eingeführt. Unter die venezianischen Waren, die mit der Pfefferwährung verzollt werden, fallen Zimt, Galgant, Johannisbrot und Kalmus, die alle von der Insel Ceylon, dem heutigen Sri Lanka, stammen. Und wir hören von der Stadt Malakka, aus der Tamarinden sowie Rhabarberwurzeln und Gewürznelken kommen sollen. Malakka ist, wie wir heute wissen, ein Umschlagplatz für die Waren, die aus Hinterindien, China und von den Molukken kommen. Von den Banda-Inseln im südlichen Molukkenarchipel erreichen im zehnten Jahrhundert über Byzanz und Venedig Muskatnüsse den mitteleuropäischen Raum, um hier als Heilmittel Verwendung zu finden. Venezianische Kaufleute holen diese Ware aus den Hafenstädten der Kreuzritterstaaten, vor allem aus Tyrus und Akkon. Dorthin gelangen Gewürze sowie die in der Medizin verwendeten Drogerien wie das Aloeholz aus Hinterindien.[129] Kamelkarawanen mit bis zu hundert und mehr Tieren beliefern immer noch Antiochia, daneben aber auch die neu entstandenen Märkte an der östlichen Mittelmeerküste mit Sennesblättern, Kampfer, Myrrhe und Weihrauch – aber auch mit Seidenstoffen, Damast und Musselin, dem Färbermittel Indigo, der Appretur Alaun, das die Farben nach der Färbung der Woll- und Seidenstoffe zum Leuchten bringt, und mit der Luxusware Elfenbein.

Im Jahre 1238 schließt der Stadtstaat Venedig mit Ägypten einen weitreichenden Handelsvertrag ab und entsendet einen Konsul nach Alexandria. Denn Ägypten entwickelt sich zur Drehscheibe des Handels zwischen Ostasien und Europa und hat dabei die Hafenstädte an der östlichen Mittelmeerküste bereits weit hinter sich gelassen. Der Grund dafür liegt in der außerordentlich strategischen Lage der Stadt mit ihrem Zugang zum Indischen Ozean. Kaum mehr als zwanzig Jahre später, ab dem Jahr 1260, läuft dann der gesamte Handel zwischen Europa und Indien mit Ostasien durch das Rote Meer über Alexandria. Im Rhythmus der Monsunwinde erreichen große Schiffskonvois die nördlichen Häfen am Roten Meer und entladen Handelswaren, die im Transit von Alexandria aus nach Europa gehen. Neben Gewürzen und den bekannten Handelswaren werden immer mehr neue Produkte eingeführt: beispielsweise das Färbeholz Sappan, das aus Java und von der malaiischen Halbinsel kommt, oder das Balsamöl und Kastanien aus China. Aus Ägypten werden Mumienteile exportiert, die in Europa in zerriebener Form in der Schmerztherapie, als „ Mumia Vera Aegyptica" sehr gefragt sind. Im Gegenzug liefern venezianische Kaufleute Sklaven, Metalle, Holz, Pech und Mastix, das Harz der Pistazienbäume, und Pistaziennüsse, Pelze, Leder, Wollstoffe, Bernstein, Jagdvögel, Safran, und Wein nach Alexandria. Bezahlt wird mit venezianischen Gold- und Silberdukaten oder mit florentinischen Goldgulden.

Von Alexandria aus transportieren Galeerenkonvois nach Fahrplan die orientalische Warenpalette in die Lagunenstadt. Bereits im Jahre 1400 unterhält Venedig eine Flotte von über 300 Handelsgaleeren, die zwischen Alexandria, der Ostküste des Mittelmeeres und Venedig hin- und herpendeln. Doch Venedig ist nicht nur auf den Ausbau seiner Handelsbeziehungen bedacht, sondern geht auch noch einen nachhaltigen handelspolitischen Schritt weiter. Es bindet seine aus ganz Europa kommenden Einkäufer, vor allem die größte ausländische Gruppe, die der deutschen Kaufleute, an die Stadt. Venedig lässt für sie zwischen 1222 und 1225 direkt am Rialto einen in Europa einmaligen Handelshof bauen – den Fondaco dei Tedeschi.[130] Nach dem Vorbild des arabischen Lagerhauses für Handelsware, wie es das Wort ‚Fondaco' auch ausdrückt, wird der deutsch-venezianische Handel nun ausschließlich in diesem burgartigen Gebäude an der Rialtobrücke abgewickelt. Es ist ein Doppelhaus mit zwei Innenhöfen, wo die Waren aus- und eingepackt werden. Im Erdgeschoß liegen die Magazine und in den Stockwerken darüber sechsundfünfzig Zimmer für deutsche Kaufleute. Manche Räumlichkeiten sind ständig von denselben Kaufmannsfamilien belegt. Beispielsweise erhalten im Jahre 1337 der deutsche Kaufmann Marcus Mendel und seine Brüder eine Kammer und ein dazugehöriges Gewölbe für ihre Waren – auf Lebenszeit. Auch Städte mieten jährlich für zehn Dukaten Zimmer plus ein Gewölbe für die Waren, das sechs Dukaten kostet.

Die Stadt Köln ist im Fondaco dei Tedeschi ebenfalls Dauermieter. Die Kölner Kaufleute sitzen an einer gemeinsamen Tischrunde – einer Tafel – zusammen mit Kaufleuten aus Basel, Frankfurt, Lübeck, Mainz, Straßburg, Speyer, Worms und Nürnberg. Die Nürnberger haben den Vorsitz an der Tafel. An einer zweiten Tafel, an der zunächst die Regensburger den Vorsitz führen, sitzen die Kaufleute aus Ulm, Biberach, Lindau, Ravensburg, Konstanz, Kempten, St. Gallen, Wien, Enns, Linz, Gmunden, Salzburg, Laibach – und die Augsburger, die seit 1228 in Venedig handeln und von den Regensburgern später den Vorsitz übernehmen.[131] An diesen gemeinsamen Tafelrunden werden Warentransporte nach Mittel- und Norddeutschland zusammengestellt und von Venedig auf der „Alten Straße“ nach Norden befördert. Der Umsatz, den die deutschen Kaufleute im Fondaco dei Tedeschi machen, liegt bei „einer Million Dukaten jährlich.“[132]

Verständlich, dass Venedig nicht auf seine Zolleinnahmen von jährlich zwanzigtausend Dukaten verzichten will, als im Jahre 1505 ein Brand den Fondaco dei Tedeschi vernichtet. In der gleichen Woche noch wird der Wiederaufbau beschlossen und unter dem Baumeister ‚Hieronymus der Deutsche' in dreijähriger Arbeit durchgeführt. Der Architekt ist möglicherweise ein Augsburger[133] und über die „Straße nach Italien" gereist – die im fünfzehnten Jahrhundert übrigens „Weg nach Augsburg" – „Caminum Usburgi" heißt. Dieselbe Straße zwischen Venedig und Augsburg in der Weiterführung nach Nürnberg wird auch „Straße nach Nürnberg" – „vie Nurembergi" genannt. Das zeigt, dass die „Alte Straße" für beide Städte die wichtigste Straßenverbindung von und nach Venedig ist.

Die „Straße nach Italien" trägt nicht nur Handelsgüter, sondern auch Innovationen in die Lagunenstadt.[134] Das erste Buch, auf dem Titel und Name des Autors steht, wird hier von dem Augsburger Erhard Ratdolt gedruckt. Die schwäbischen Buchdrucker oder Buchhändler Bernard Maler (Pictor), Johann Oswald und Konrads Sohn stammen aus Augsburg. Sie sind ebenso wie Johann aus Nördlingen und die Nürnberger Raynaldus de Novimago und Anton Kolb, der den großen Venedigplan von Barbari herausgegeben hat, über die „Straße nach Italien" gezogen. Mit Recht bezeichnet Karl Ipser die Straße zwischen Augsburg und Venedig als „Europabrücke",[135] weil in der Folgezeit Menschen aus fast allen Teilen Europas über sie hinweggezogen sind.

Augsburg und Venedig sind über diese Straße bereits vom sechsten bis zum achten Jahrhundert kirchlich verbunden, da Augsburg in dieser Zeit zum Patriarchat Aquileia gehört. Nürnberg ist vom vierzehnten bis zum sechzehnten Jahrhundert der engste deutsche Handelspartner Venedigs. Über die „vie Nurembergi" gelangen über die heutige Königsbrunner Flur auch eine größere Zahl Venezianer nach Nürnberg, darunter Bartholomäus Viatis, der in seinem Todesjahr 1624 als reichster Bürger der Stadt Nürnberg genannt wird.[136]

# Der Handel über die Reichsstraße

Im achten Jahrhundert entwickelt sich in Mitteleuropa ein Netz von Fernstraßen. Doch es ist kein durch neue Trassen geschaffenes Straßennetz wie das Fernstraßennetz des Römischen Reiches, sondern lediglich eine Fortführung und Verbindung der bereits existierenden Trassen, die teils römischen, teils keltischen und zum Teil auch noch bronzezeitlichen Ursprungs sind. Sie alle sind mehr oder weniger bis in die Zeit der Völkerwanderung im Gebrauch.

Die politische Neuordnung West- und Mitteleuropas läßt nach dem Zusammenbruch des Weströmischen Reiches dann neue Fernverbindungen entstehen, die nun „Reichsstraßen" genannt werden. Sie entwickeln sich aus verschiedenen Gründen: als ‚Königsstraßen', als ‚Heerstraßen' und als neue Wirtschaftsadern, wie der Name ‚Geleitstraße' verrät. Allesamt sind sie Reichsstraßen, so auch die „Alte Straße".

Doch diese einstige römische Staatsstraße ist zwischenzeitlich in einem äußerst maroden Zustand. Schon in römischer Zeit hatten die Hochwasser des Lech von der Via Claudia Augusta ihren Tribut gefordert und die Trasse an mehreren Stellen weggerissen. Doch während es zu römischer Zeit Straßenreparaturtrupps gab, die die Via Claudia Augusta wiederherstellten, bleibt angefangen vom Niedergang des Römischen Reiches bis zur Mitte des neunzehnten Jahrhunderts die Fernverbindung zwischen der Donau und Norditalien sich selbst überlassen. Dazu dehnen seit dem frühen Mittelalter Bauern ihre an die einstige Via Claudia Augusta angrenzenden Felder immer wieder über den Fahrdamm der Reichsstraße aus. Wo diese unterbrochen wird, treten die Tragtiere der Handelszüge neue Pfade und Ochsen- und Pferdegespanne drücken ihre Fahrspuren tief in unbefestigten Untergrund. Zusätzliche Viehtriebwege und lokale Karrenwege lassen die verwilderte Weidelandschaft der heutigen Königsbrunner Flur mit der Zeit wie eine überdimensionale Straße erscheinen, auf der jeder seinen eigenen Weg zieht.

Die Klagen der Fernhändler über die schlechten Straßenverhältnisse nimmt der Augsburger Rat im Jahre 1274 zum Anlass, Verkehrsvorschriften zu erlassen, die zwar in erster Linie den Stadt- und Vorstadtbereich betreffen, sich aber auch auf die Reichsstraße nach Italien erstrecken: Die Fahrtrassen müssen nun in einer Breite von sechzehn Fuß – das sind etwas mehr als vier Meter – freigehalten werden und empfindliche Strafen erwarten von nun an jeden, der die Trasse der Reichsstraße weiterhin einengt oder gar überpflügt.

Mit der Zunahme des Handelsverkehrs zwischen Venedig und Augsburg ändert sich auch die Transportart. Wurden im frühen Mittelalter Fernhandelswaren oft mit Tragtieren befördert, die die Waren beidseitig als Saumlasten[LIV] (insgesamt etwa 195 Kilogramm schwer)

LIV ‚Saumlasten tragende Pferde, siehe Seite 168-169

transportierten – so werden nun zunehmend Einachsgespanne im Fernverkehr eingesetzt, die 600 bis 800 Kilogramm tragen. Diesen folgen, nachdem der Brennerpass für ‚Frachtwagen' befahrbar gemacht wird, zweiachsige Wagen, die 1.300 bis 1.500 Kilogramm Warengewicht transportieren können. Und so rollen von Ochsen gezogene Gespanne von Nürnberg über die Reichsstraße in Richtung Italien – beladen mit Roheisen, mit Eisenwaren und mit Kupfer, Blei und Zinn.[137] Andere Fuhrwerke befördern ‚farbige Tuche' aus Flandern, gesalzene Heringe von Märkten des unteren Rheintales, Lederwaren, Felle und Pelzwerk aus dem Norden, Wolltücher, Handschuhe, Fußkleidung und Leinwand aus heimischer Produktion.

Im Jahre 1242 transportiert der Augsburger Kaufmann Heinrich Lang farbige Tuche nach Bozen, die aus Flandern nach Augsburg gekommen sind.[138] Ab dem Ende des dreizehnten Jahrhunderts fahren nun regelmäßig auch Nürnberger Kaufleute mit Nürnberger Produkten über die „Reichsstraße" und kehren mit venezianischer Ware zurück: mit Aalen und Stören; mit Südfrüchten, insbesondere Feigen; mit Gewürzen, vor allem Safran, Zimt, Ingwer und Pfeffer, mit Olivenöl, italienischen Stoffen, chinesischen Seidentüchern, Messern aus der Lombardei und „welschen" – italienischen Weinen.

Das Ziel ‚Italien' bedeutet nicht immer Venedig. Nicht wenige Fahrten gehen in dieser Zeit nur bis zum Marktort Bozen an der ‚Unteren Passstraße', die über Füssen, den Fern- und den Reschenpass führt. Der Grund sind

Dreiecksgeschäfte zwischen den dortigen zu Augsburg gehörenden Kirchengütern, die gegen Ladungen „welscher“ Weine größere Mengen Nordsee-Heringe, Leder und Pelze erhalten. Die Nürnberger und Augsburger Kramwaren, Gürtel und Leinwand können auch in Bozen bereits gut weiterverkauft werden, weshalb im Jahre 1237 der Augsburger Kaufmann Hermann Rossarectus auf diesen Markt liefert. Viele Handelsfahrten werden ausschließlich nach Bozen unternommen, um dort den „Welschwein“ einzukaufen, der damit die Rückfracht für die nach Bozen gelieferten Handelswaren garantiert. So bringt auch der Augsburger Kaufmann Heinrich Lang, vierzehn Wagenladungen Wein aus dem Trentino mit. Für die Augsburger Kaufleute Minner und Rembot liefert er im Jahre 1314 ganze sechsundsiebzig Wagenladungen Wein über die „Reichsstraße“ nach Augsburg. [139] Die Rückfuhren werden auf dem Bozener Markt mit platzsparenden hochwertigen Orientgütern aufgefüllt.

Die hier erwähnten Fragmente des Handelsverkehrs über die „Alte Straße“ lassen uns bereits das Ausmaß der erst zweieinhalb Jahrhunderte später beginnenden Blütezeit des Fernhandels erahnen.

# Die Rottstraße
## Augsburg-Venedig-Augsburg

In der zweiten Hälfte des dreizehnten Jahrhunderts haben die Warenlieferungen über die Königsbrunner Flur nach und von Venedig einen solchen Umfang angenommen, dass es an guten Fuhrwerken und qualifizierten Fuhrleuten mangelt. Die mittelalterlichen Warentransporteure benötigen neben kundigen Führern auf den Gebirgsstrecken Helfer, die steckengebliebene Fuhren wieder flott machen, darüberhinaus Begleitschutz und einen sicheren Übernachtungsplatz. Die Entlohnung für einen Warentransport wird zu einer gleichwertigen, und mancherorts sogar höheren Einnahmequelle als die Landwirtschaft. Und so entsteht entlang der „Straße nach Italien" ein neuer Berufsstand: die Frachtfahrer.

Es sind Bauern, die ihre Höfe an der „Straße nach Italien" haben, und die von nun an die Waren auf ihrem festgelegten Straßenabschnitt mit eigenen Fuhrwerken transportieren. Da sich der Wert der auf einem Gespann verzurrten Waren gegenüber den Saumlasten vervielfacht hat, was auch das Transportrisiko für ein einzelnes Fahrzeug heraufschraubt, „rotten" sich die Fuhrknechte zu Handelszügen zusammen. Das Rottfuhrwesen ist geboren.[LV] Gemeinsam legen sie die Tagesstrecke bis zum nächsten Rastplatz zurück. Weil die Zugtiere alle vier bis

LV entlang der „Alten Straße" ‚Rott' (älterer Begriff), sonst in der Literatur ‚Rod' genannt

**Die ‚Obere Straße' und die ‚Untere Straße' der „Straße nach Italien" zwischen Augsburg und Venedig.**

Die „Straße nach Italien" hat ihre große wirtschaftliche Bedeutung durch den alpenüberschreitenden Fernverkehr erhalten.

Schon in der Antike ist Raetien über die ‚Obere Straße' und die ‚Untere Straße' an das Fernhandelsnetz des Römischen Reiches angeschlossen. Im Mittelalter werden Rom und Venedig zum Ziel hunderttausender Pilger aus ganz Europa, die über diese beiden Straßen ziehen.

Auch der Fernhandel tauscht sich darüber aus: vor allem zwischen Regensburg, Nürnberg, Augsburg und Venedig. Regensburg und Nürnberg entwickeln sich noch vor Augsburg zu Städten des Fernhandels. Zwischenzeitlich steigt Venedig zum bedeutendsten Umschlagplatz für Orientwaren und bald darauf auch zum wichtigsten Handelspartner der Augsburger Kaufleute auf. Die beiden Passstraßen werden zur Hauptverkehrsader zwischen dem mediterranen Raum sowie dem mittleren und nördlichen Europa.

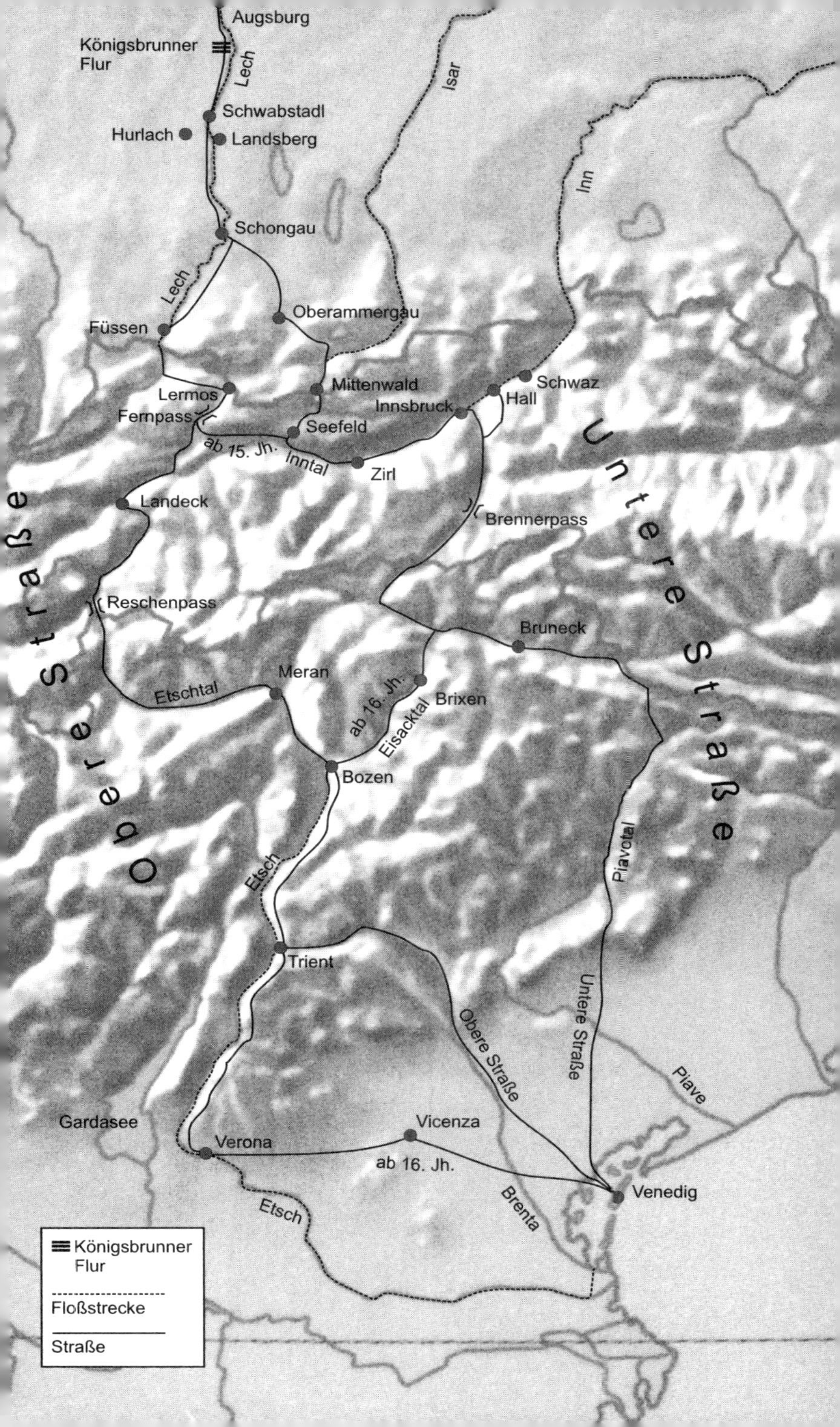
Augsburg
Königsbrunner Flur
Lech
Isar
Schwabstadl
Hurlach
Landsberg
Inn
Schongau
Lech
Oberammergau
Füssen
Mittenwald
Schwaz
Lermos
Hall
Innsbruck
Fernpass
Seefeld
ab 15. Jh.
Inntal
Zirl
Untere Straße
Landeck
Brennerpass
Obere Straße
Reschenpass
Bruneck
Meran
ab 16. Jh.
Brixen
Etschtal
Eisacktal
Bozen
Piavotal
Etsch
Trient
Obere Straße
Untere Straße
Piave
Gardasee
Vicenza
Verona
ab 16. Jh.
Venedig
Brenta
Etsch
Königsbrunner Flur
Floßstrecke
Straße

fünf Stunden einer längeren Rast bedürfen, entstehen zwischen Augsburg und Venedig in Abständen von dreißig bis vierzig Kilometern Raststätten mit Ställen und Lagerhäusern für die Handelszüge. Die Tagesleistung eines Handelstransportes liegt im ausgehenden Mittelalter bei etwa dreißig Kilometern. In sehr guten Straßenabschnitten lassen sich bis zu vierzig Kilometer erreichen. Eiltransporte, die leichtes Gut mit sich führen, bewältigen sogar bis zu fünfzig Kilometer.[140] Auf der ‚Unteren Straße' über Oberammergau, Mittenwald, Innsbruck und den Brennerpass gibt es vierundzwanzig und auf der ‚Oberen Straße' über Reutte, Meran, Bozen und Trient sind es sechsundzwanzig Raststationen.[141] Ein Handelszug über die Brennerroute benötigt von Venedig nach Nürnberg vierzehn bis sechzehn Tage.

Einen großen Zeitverlust haben die Gespannfahrer an den Zoll- und Rottstätten. Zwischen Venedig und Augsburg liegen auf der ‚Unteren Straße' über den Brenner neun und auf der ‚Oberen Straße' sogar dreizehn Zollstellen. Hier wird die Ladung genauestens untersucht, da jede Ware ihren Zolltarif hat. Und auf jeder Rottstation muss das Fahrzeug ausgeladen, die Waren müssen im Ballenhaus gelagert und am nächsten Tag auf ein neues Gespann verladen werden, weil das Beförderungsrecht des bisherigen Gespannführers an der Umladestation endet. Zwischen zwei Rottstationen fahren bereits zu Beginn des fünfzehnten Jahrhunderts etwa dreihundert Fuhrknechte und so auch auf dem Abschnitt zwischen Schongau und Augsburg, wo Schongauer Transporteure das Rottrecht besitzen. Alle Kaufleute, die Waren nach und von Venedig über die ‚Untere Straße' und die ‚Obere Straße' fahren, sind zur Benutzung der Rottstraße verpflichtet und haben die Fuhrleute auch zu einem festgesetzten Entgelt zu entlohnen.[142] Das führt dazu, dass sich aufgrund des wachsenden Handelsaufkommens der Warenverkehr über beide Straßen immer mehr verlangsamt, bis am Ende des sechzehnten Jahrhunderts ein Transport zwischen Augsburg und Venedig die dreifache Zeit braucht als noch ein Jahrhundert zuvor. Deshalb wird in der zweiten Hälfte des sechzehnten Jahrhunderts, möglicherweise auf Druck der großen Handelshäuser, Transportunternehmen, die sich auf Eilgewerbe spezialisiert haben, die Benutzung der Rottstrecken mit eigenen Fuhrwerken gestattet. Diese sparen vor allem dadurch Zeit, dass sie die Waren ohne 24-faches bzw. 26-faches Umladen direkt an den Zielort bringen. In den Gespannen werden von den Handelshäusern oft auch große Bargeldsendungen zwischen anderen Gütern versteckt, da Bargeld zum Einkauf in Venedig benötigt wird. Dies berichten die Augsburger Kaufleute Höchstetter und Grander, die Gelder des Handelshauses Fugger zwischen den Waren versteckt nach Venedig transportiert haben.[143]

In diesem und im nächsten Jahrhundert fahren vom Frühjahr bis Spätherbst monatlich 160 bis 175 solche Einfrachtwagen über die „Straße nach Italien" und befördern jeweils acht bis zehn Zentner.[144] Sie kommen auch aus anderen Städten Mitteleuropas. Allein von Köln aus fahren fünf Firmen „in der Hauptsache" über den Brennerpass. Schon um 1430 werden über die ‚Obere

Straße‘ jährlich 400 Tonnen Fracht transportiert, wobei im Durchschnitt ein Gespann etwas mehr als eine halbe Tonne zieht. Das entspricht etwa 714 Frachtwagen. Auf der ‚Unteren Straße‘ wird im gleichen Zeitraum das Fünffache, etwa 3600 Tonnen Frachtgut, über den Pass gebracht, das entspricht bereits 6.475 Gespannen pro Jahr.

Die wachsende Beliebtheit, den Brennerpass als Übergang über den Hauptkamm der Alpen zu nutzen, führt auf dieser Passstrecke zu Ausbauarbeiten, die im Jahre 1480 abgeschlossen sind. Von da ab kann der Brennerpass durchgehend auch mit großen Fuhrwerken befahren werden. Zehn Jahre später ist er „der meistbenutzte Pass über die Alpen“.[145]

# Baumwolle, Zucker und die Pest

Die „Straße nach Italien“ ist in der ersten Hälfte des vierzehnten Jahrhunderts bereits die verkehrsreichste der vier europäischen Nord-Süd-Fernrouten.[LVI] Sie führt nun von Jütland über Erfurt, Nürnberg, Augsburg, Venedig und Rom nach Kalabrien. In Erfurt kreuzt die „Hohe Straße“ von Brügge bzw. Paris kommend nach Kiew und in Nürnberg die „Via Publica“, die noch bis zum Jahre 1453 Byzanz erreicht.[146] Ein Westzweig der Nord-Süd-Achse hat sich ab Augsburg über Frankfurt bis in das Rheinland herausgebildet. Dies ist auch die Handelsachse der Kölner Kaufleute. Sie führt teils über Nürnberg und Augsburg, teils über Frankfurt und Augsburg und teils über Ulm. Davon profitieren beispielsweise die Rothenburger, denen König Ludwig der Bayer im Jahre 1340 erlaubt, die Fernstraße „Frankfurt – Würzburg – Augsburg – Italien“ [147] direkt durch ihre Stadt zu leiten.

Auch die Frankfurter Kaufleute handeln seit 1410 mit Venedig[148]– und dies mit großem Erfolg. Denn Frankfurt entwickelt sich durch die Frankfurter Messen zu einer weiteren überregionalen Drehscheibe des Handels zwischen dem Rheinland und Nürnberg. Und so wachsen auch in Rothenburg Stapellager aus dem Boden, finden

---

LVI Die anderen drei Fernstraßen sind: Brügge – Pavia – Rom; Bremen – Mailand – Rom; Riga – Danzig – Wien – Venedig.

sich Händler, die den regionalen Absatz übernehmen, verästelt sich der Warenverkehr wie die Zweige eines Baumes, dessen Stamm von Venedig bis nach Augsburg und Nürnberg reicht. Im Jahre 1331 hören wir von dem Nürnberger Kaufmann Marquard Tockler und 1344 von „Henricus aus Norimberga", die beide Waren nach Venedig und von dort nach Nürnberg gebracht haben. Die Nürnberger Kaufleute handeln seit Beginn des vierzehnten Jahrhunderts mit ‚venezianischen Waren' – mit *„orientalischen Teppichen, Gewürzen, Seide und Brokaten, Lederwaren aus Florenz mit goldenen Ornamenten verziert, Zitronen, Nüssen, Feigen und Käse aus Oberitalien, kostbaren venezianischen Gläsern…"*[149] und liefern diese nach Norden bis an die Ostseeküste und in den Osten – wie beispielsweise nach Prag über die „Goldene Straße", die im vierzehnten Jahrhundert zum wichtigsten Handelsweg nach Osten aufsteigt. Leider sind uns aus dieser Zeit nur wenige Namen von Kaufleuten überliefert, die im Handel zwischen Venedig und den Handelsstädten im Osten und Norden Mitteleuropas tätig sind. Dagegen sind Handelsobjekte aus dieser Zeit in den Museen der einstigen östlichen und nördlichen Handelszentren noch erhalten.

Der Warenhandel auf der „Alten Straße" ‚Venedig – Augsburg' erhält Auftrieb durch das bis dato unbekannte Rohprodukt ‚Baumwolle'. Die Baumwolle hat ihren Ursprung in Indien, wo sie seit drei Jahrtausenden angebaut wird. Später ist sie in Ägypten heimisch geworden. Dort wird sie von venezianischen Händlern entdeckt und nach Venedig gebracht. Von hier aus gelangt die Baumwolle – und mit ihr das Verarbeitungsinstrument, das Spinnrad[150] sowie die damit verbundene Handhabung, auch nach Schwaben in das Zentrum der Textilproduktion, nach Augsburg. Ob der Augsburger Kaufmann Johannes Apothecarius, der 1328 über die „Alte Straße“ nach Venedig gereist ist, bereits im venezianischen Warenangebot Baumwolle vorgefunden hat und neben Seidenstoffen, Brokaten und Gewürzen[151] auch diese und ihre Verarbeitungstechnik im Gepäck hatte, wissen wir nicht. Doch 1357 bringt ein weiterer Augsburger, Hans Rem, ‚Baumwolle‘ von Venedig mit, von der schon Herodot schwärmte, dass sie weit besser sei als Schafwolle, das bisherige Konkurrenzprodukt der Augsburger Leinenweber. Die Hauptproduzenten von Schafwolle, England und Flandern, exportieren ihre Ware über Augsburg nach Venedig.

Das neuartige Produkt ‚Baumwolle‘ wird von den schwäbischen Leinenwebern einer kritischen Prüfung unterzogen. Zunächst befürchten sie, dass durch das neue Produkt die Marktanteile in ihrem Gewerbe zurückgehen. Doch nachdem sie anderenorts von der Weiterentwicklung der orientalischen Spinntechnik zum mehrschäftigen Webstuhl erfahren haben, gelingt es ihnen und ihrem heimischem Erfindungsgeist, das hiesige Leinen für die nächsten Jahrhunderte zu einem neuen Qualitätsprodukt zu entwickeln. Und nicht nur das: die Leinenweber verbinden ihre ‚Leinwand mit blauem Lein‘ mit der ägyptischen Importware so gekonnt, dass das neu entstandene Mischgewebe „Barchent“ in den kommenden Jahrhunderten den europäischen Textilmarkt erobert und beherrscht. Bereits in den siebziger Jahren des vierzehnten Jahrhunderts wird Barchent aus Augsburg exportiert. Ende des vierzehnten Jahrhunderts sind Augsburger Kaufleute mit Barchent auf den Messen in Frankfurt, Köln und via Nürnberg in Prag, Breslau, Krakau und Wien vertreten.[152] Ende des fünfzehnten Jahrhunderts arbeiten tausend Meister und Gesellen an der Herstellung des Barchent. Ende des sechzehnten Jahrhunderts sind es 2.800 – und um 1612 über 3.000 Personen, die zuletzt jährlich mehr als 430.000 Bahnen Baumwolle fertigen. Allein 11.500 Augsburger leben von der Weberei. [153] Immer zahlreicher rollen die Baumwolltransporte über die „Alte Straße“ und potenzieren den Verkehr durch Beförderung von Färberpflanzen. Hauptsächlich sind es Lieferungen der Labkrautwurzel für die vorherrschende Farbe ‚rot‘, Transporte von Blättern der „Bärentraube, „Rausch“ genannt, sowie Fuhren von Waidpflanzen, aus denen die Farbe ‚blau‘ hergestellt wird, die später Indigo weichen muss. Barchent wird zum Motor der Augsburger Exportwirtschaft und bleibt es bis in das siebzehnte Jahrhundert hinein mit einer von da an jährlichen Tuchproduktion von rund einer Million Meter Barchent, des weiteren Loden und Leinentuchen.[154] Und so dominieren in den kommenden zwei Jahrhunderten – insbesondere in der zweiten Hälfte des sechzehnten Jahrhunderts und im ersten Drittel des siebzehnten Jahrhunderts – tausende von Gespannen, beladen mit Baumwolle und anderen Importen aus Venedig sowie Barchent-Exporten aus Augsburg die „Straße nach Italien“.

Im gleichen Zeitraum hält eine weitere unbekannte Ware über Venedig und die „Alte Straße“ Einzug in Mittel- und Westeuropa: es ist der Zucker. Er stammt aus Ägypten und Syrien und wird in Form von Zuckerhüten transportiert. Der heimische Honigmarkt und auch der Honigimport, der bisher den „Süßstoff“ geliefert hat, bricht zusammen. Die Nachfrage nach Zucker explodiert geradezu, so dass venezianische Kaufleute auf Kreta und Zypern Zuckerrohrplantagen anlegen, um der Nachfrage zu begegnen und das Handelsgut krisensicher zu machen – natürlich in erster Linie für den eigenen Geldbeutel. Das größte traditionelle Handelsprodukt bleibt jedoch nach wie vor der Salztransport, für den Augsburg sogar einen Salzstadel mit Stapelrecht besitzt.

Der Regionalverkehr hat im vierzehnten Jahrhundert noch einen sichtbar großen Anteil am Verkehrsaufkommen über die „Alte Straße“, zumal die Waren in Venedig noch nicht von Handelsgesellschaften en gros eingekauft werden können und die Weiterveräußerung hier vor Ort mangels organisierter Absatzmärkte noch stockend läuft. So wird das Verkehrsaufkommen von der Primärversorgung der Augsburger Bevölkerung bestimmt – der Lieferung von Agrarprodukten und von Schlachtviehtransporten. Entlang der „Alten Straße“ bis auf die Höhe von Landsberg werden in Aufmasthöfen immer wieder große Herden aus Rindern, Schweinen und Schafen zusammengestellt und nach Augsburg getrieben. Auch dieser kontinuierlich benutzte Viehtriebweg hat auf der heutigen Königsbrunner Flur ‚Straßenspuren‘ im Gelände hinterlassen.

Zum Verkehrsaufkommen auf der „Alten Straße" tragen bald auch Verordnungen des Augsburger Rates bei. So verlangen neue Brandvorsorge-Richtlinien nun von jedem Augsburger Hausbesitzer, dass er in einem gewissen Zeitraum sein Dach mit Ziegeln eindeckt. Zahlreiche Fuhrwerke sind in der Folgezeit mit Hohlpfannen aus dem Umland in die Stadt unterwegs.

Der Fernhandel beeindruckt mit seiner hochwertigen Güterpalette aus Asien – insbesondere aus Indien: 1355 handeln Nürnberger Kaufleute über Venedig mit indischen Gewürzen und chinesischer Seide. 1370 handelt die Nürnberger Kreß Gesellschaft über Venedig mit Pfeffer, Kubebenpfeffer und Zimtstangen – ebenfalls von der indischen Westküste. 1392 erhalten wir einen detaillierten Einblick in einen Warentransport, den der Nürnberger Faktor Hilpolt Kreß von Venedig nach Nürnberg über die erst knapp vier Jahrzehnte zuvor wieder mit Fuhrwerken befahrbar gemachte Brennerstraße schickt.[155] Sein Handelszug transportiert 101 Rollen Brokat aus Damaskus und Bagdad, Taft aus Samarkand, hauptsächlich Pfeffer von der Malabarküste und eine Reihe anderer indischer Gewürze; desweiteren Perlen von der Südspitze Indiens, Zucker aus Sizilien und Kreta, Ballen roher Baumwolle aus Syrien und Seife aus Venedig. Bezahlt hat Hilpolt Kreß die übernommene Ware zu Zweidrittel des Wertes mit großen Rohsilbertalern, dem damaligen Barren, sowie ein Drittel mit Silberschmiedearbeiten, Gold und Bernstein von der Ostsee.

Alle Waren, die nicht feucht werden und ebenso alle Waren, die nicht auslaufen dürfen, werden in Fässern verpackt transportiert. Handelt es sich um eilbedürftige Waren, die mit einem Saumtier – einem beidseitig bepackten Pferd – befördert werden müssen, dann werden diese in wasserdichte Ledertaschen gepackt. Kostbare und empfindliche Güter werden in Kisten, Antiquitäten in Truhen befördert, die wiederum in Kisten verpackt sind. Massengüter wie Reis, werden in Säcken transportiert und Handelsgüter wie Tuche und Wolle in Ballen. Ballen werden extra gebunden, wenn sie vom Saumtier getragen werden. Man bezeichnet sie dann als „Säume in Stricken".

Immer wieder begegnen uns auf Bildern und Zeichnungen des fünfzehnten und sechzehnten Jahrhunderts hochbeladene Fuhrwerke. Die maximale Höhe einer solchen Ladung wird bei der Ausfahrt aus Venedig an einem Tor kontrolliert. Passt die Ladung nicht hindurch, muss der Fuhrmann umkehren. Zerbrechliches Gut und sehr wertvolle Ware ist nach einer Notiz der Fuggerschen Korrespondenz direkt in der Baumwolle verpackt.

Dadurch ist die Ladung gegen Stöße gesichert, die während des Überlandtransportes unvermeidlich sind. Eine solche Ladung wird als „beschlagenes Gut" bezeichnet – im Gegensatz zum „unbeschlagenen Gut". Denn alle Waren, die die Baumwolle beschädigen könnten, wie Farbwaren, oder die gegen Restfeuchtigkeit der Baumwolle empfindlich sind, wie Papier oder Reis, müssen unbeschlagen – also offen gepackt – transportiert werden.

Die Stadt Erfurt, die mit ca. 18.000 Einwohnern zu den Großstädten zählt, entwickelt sich im frühen dreizehnten Jahrhundert zu einem Zentrum des Waidpflanzenanbaues. Aus der Waidpflanze wird, wie bereits erwähnt, das begehrte Blaufärbemittel für Textilien gewonnen. Es wird im vierzehnten Jahrhundert überall dort zur beliebten Handelsware, wo es Textilproduktion gibt. Das „Waidpulver" wird in Tannenholzfässern verpackt und bereits Mitte des dreizehnten Jahrhunderts von Erfurt aus auch nach Nürnberg transportiert. Dort wird es von den Nürnberger Händlern weiterverkauft.[156] Zwischen 1426 und 1486 erreichen jährlich 369 Wagen mit Waidpulver Nürnberg, das seit dem vierzehnten Jahrhundert der Hauptabnehmer in Deutschland ist. Hier wird der Weiterverkauf dann über eine Augsburger Handelsgesellschaft abgewickelt,[157] die aber nur bis Augsburg handelt – nicht bis nach Venedig. Das Waidpulver findet in Italien keinen Absatzmarkt, da es über die „Straße nach Italien" aufgrund der zahlreichen Transportzuschläge und Zölle zu teuer wird. Dagegen gewinnt die in Augsburg und anderswo mit Waidpulver gefärbte Ware an Wert und führt in Italien zu einem höheren Absatz der Stoffe. Der Handel mit ungefärbten Importen und gefärbten Exporten wird über das ganze fünfzehnte Jahrhundert als „sehr lebhaft" überliefert.

Auch Schwerlastgüter kommen von Norden über die „Straße nach Italien". Aus dem Mansfelder Kupferrevier führt die „Nürnberger Kupferstraße" über Eisleben, Blankenhain, Rudolstadt und Saalfeld nach Coburg und dann über die „Nürnberger Geleitstrasse" nach Nürnberg. In der Blütezeit des Kupferhandels, im sechzehnten Jahrhundert, rollt zweimal in der Woche ein Großtransport mit Garkupfer und ein weiterer mit Blei über die Straße. Bereits im vierzehnten Jahrhundert werden Kupferlieferungen über Nürnberg hinaus weiter auf der „Straße nach Italien“ bis nach Venedig durchgeführt.

Doch die transeuropäische Handelsstraße mit ihren Verzweigungen schafft für viele Menschen nicht nur wirtschaftliche Prosperität, sondern bringt im Jahre 1348 auch erstmals den Tod. Mit den Kaufleuten und anderen Reisenden dringt der infizierte Rattenfloh, der das Pestbakterium in sich trägt, von Venedig aus über die „Alte Straße“ nach Süddeutschland vor und dann weiter nach Mitteldeutschland, wo die Pest im Juli 1350 Erfurt erreicht und dort bis Februar 1351 wütet.[158]

Wie sieht in dieser Zeit der Alltag auf der „Alten Straße“ aus? Krank, von Fieberschüben gezeichnet, schleppt sich eine kleine Gruppe Reisender mit ihren Tragtieren über die Königsbrunner Flur. Mit Tüchern versuchen die Menschen ihre Beulen am Hals zu verbergen. Sie wissen, dass sie weder in Augsburg noch im kleinsten Dorf Aufnahme finden werden – denn sie tragen den „Schwarzen Tod“ in sich. Einer der Reisenden, der bereits unter hohem Blutverlust leidet, bricht zusammen. Die anderen setzen ihren Weg fort. Keiner kümmert sich um ihn. Mit dem Sterbenden hat die Seuche das Lechfeld erreicht. Wildtiere werden seine Leiche anfressen und den Erreger weiter verbreiten. Der Fernhandel über die „Straße nach Italien“ ist schlagartig zum Erliegen gekommen. Um der

Seuche auszuweichen, begehen und befahren die Menschen nun Wege, die abseits der Pestroute liegen. Dazu gehört möglicherweise auch eine im Naturpark ,Westliche Wälder' am Rande des Lechtals nach Süden verlaufende mittelalterliche Straße. Auf ihrer überwachsenen Trasse haben sich an einer Stelle noch Geleisespuren auf steinigem Untergrund erhalten. [LVII] Doch selbst auf dieser Straße schlägt bald darauf die Pest zu. Kleine Orte, die an dieser Straße liegen, verschwinden für immer von der Landkarte. Städte werden in ihrer Einwohnerzahl halbiert. Dörfer bleiben verlassen. Keiner kümmert sich mehr um das Vieh, das endweder stirbt oder in den Forsten verwildert. Die Felder bleiben unbestellt und damit fällt die Versorgung der Augsburger Stadtbevölkerung mit Grundnahrungsmitteln aus. Die Pestepidemie endet 1353. Doch in den nächsten drei Jahrhunderten bricht sie regional immer wieder aufs Neue aus. Im Jahre 1626 wütet die Pest wiederum in der gesamten Region. Auch diesmal wird sie über die „Alte Straße" aus Italien eingeschleppt. Die Bevölkerung schrumpft um über vierzig Prozent. Auf Jahre hinaus bleiben große Feldflächen unbestellt. Obwohl diese letzte Epidemie der Überlieferung nach 1629 erlischt, flackert sie zwei Jahre später noch einmal auf. 1631 gibt es den letzten Pesttoten in der Gemeinde Obermeitingen.

---

LVII Der Naturpark „Westliche Wälder", westlich der „Strasse nach Italien" zählt zu den flächengrößten Naturreservaten in Deutschland. Im Rahmen eines Projektes zur Altstraßenforschung der Bayerischen Akademie der Wissenschaften ist der Autor auf diese Altstraßentrasse gestoßen.

# Ein Tag auf Königsbrunner Flur

Wir zählen das Jahr 1452. Die Sonne überzieht bereits das Lechfeld mit ihrem warmen Licht, als der Kaufmannszug durch das Augsburger Stadttor zieht – vorbei an wartenden Gespannen mit Heu, Getreide und Feldfrüchten – vorbei an Bauersfrauen, die mit Körben in die Stadt unterwegs sind, in denen sie Eier, Gemüse, Honig und Fische transportieren – oder in Käfigen Hühner und Vögel in die Stadt bringen.

An dem der Stadt zuströmenden Lechkanal entlang ziehen die Kaufleute mit ihren Tragtieren und Gespannen nach Süden. Nach einer knappen Stunde passieren sie links des Weges ein größeres Wirtshaus, das zum Dorf Husteten[LVIII 159] gehört. Neugierig tauchen einige Kinder am Palisadenzaun auf, der das Dorf umschließt, und beobachten den vorbeiziehenden Handelszug. Dann führt der Weg auf die heutige Königsbrunner Flur – vorbei an einem rechts der Straße stehenden Steindenkmal über eine baumlose, kaum von Buschwerk geprägte Ebene. Von Augsburg aus nähert sich auf einem parallel laufenden Reitweg ein Depeschenreiter und hinter dem Handelszug hat eine Reisegruppe zu Pferd aufgeschlossen. Es sind wohlhabende Pilger, die auf dem Weg nach Venedig sind. Zwei Frachtfuhren aus einem südlich gelegenen Dorf kommen entgegen. Sie sind beladen mit

LVIII heute Haunstetten, südlicher Stadtteil von Augsburg

Heu und Getreide. Plötzlich kann man warnende Rufe hinter einem der Frachtwagen vernehmen, die zu der Rott der Kaufleute gehören. Es folgt ein brechendes und schleifendes Geräusch. Ein Gespann ist mit schräg liegendem Karren zum Stehen gekommen. Ein Rad ist gebrochen. Der Kaufmannszug hält an. Während sich die Fuhrknechte des Unglücksgespanns an den Austausch des Rades machen, legen alle anderen eine unfreiwillige Rast ein und beobachten das Verkehrsgeschehen um sie herum.

Der erste Fracht-Eilwagen nach Venedig fährt vorbei. Von Süden kommen von Ochsen gezogene Einachser, die von einigen Reisewagen überholt werden, unter anderem vom Wagen einer Gesandtschaft, die mit begleitender Eskorte unterwegs ist. Im Norden sind Fuhrwerke eines weiteren Rottzuges zu erkennen, die auf der zweiten parallel verlaufenden Straße vorbeiziehen werden. Ihnen folgt eine große Gruppe Wanderer, darunter ein Krämer mit seinem Handkarren, ein Kesselflicker mit Werkzeug und Blasebalg auf dem Rücken, zwei wandernde Handwerksburschen, einige Pilger und eine kleine Gruppe von Mönchen, die auf einen Weg abbiegt, der zum nächsten Übernachtungsort Stadel (Schwabstadl) führt.

Weitere Rottfuhren in Richtung Süden passieren die Königsbrunner Flur: Wagen, beladen mit Barchentrollen und Leinenballen, Reisegesellschaften zu Pferde, die heute noch Landsberg erreichen wollen, und Bauern, die mit ihren leeren Karren vom Markt in Augsburg zurückkehren. In der Woche zuvor waren vom frühen Vormittag an mehrere Stunden lang beide Straßen und dazu noch die Wege über Königsbrunner Flur gleichermaßen mit Fahrzeugen und Fußgängern verstopft. Kein Handelszug, kein Bauer kam mit seinem Gespann mehr nach Augsburg durch. Der Grund war die Durchreise von Kaiser Friedrich III und seiner Eskorte. Er wurde von seinem Hofstaat begleitet – alles in allem an die sechshundert Personen sowie einem Gefolge aus Fürsten und hochgestellten Klerikern zu Pferd – von zahlreichen Reisegespannen und einer Kolonne an Gepäckwagen.

Inzwischen steht die Sonne im Zenit. Zwischenzeitlich hat sich Unruhe unter den Kaufleuten des rastenden Rottzuges breit gemacht. Sie haben Sorge, das Tagesziel nicht mehr zu erreichen. Denn das verunglückte Gespann hat entladen werden müssen, um auch die Achse auszutauschen. Nun endlich ist die Reparatur erfolgreich beendet und der Handelszug setzt sich wieder in Bewegung.

Die ersten Vorboten des nach Norden, nach Augsburg, fahrenden Verkehrs kommen entgegen: Depeschenreiter, mehrere Zweiachser mit Bauholz beladen, eine Kolonne von Spezialwagen, die behauene Steine nach Augsburg transportieren, wieder zwei Eilwagen und die ersten Rottzüge, die mit venezianischen Waren voll beladen heute noch Augsburg erreichen wollen. Eine Staubwolke in der Ferne kündigt einen Viehtrieb an. Eine große Herde Schlachtvieh ist – begleitet von einigen Reitern – nach Augsburg unterwegs. Und während unser Han-

Fernhandelsverkehr im Mittelalter über die heutige Königsbrunner Flur.

delszug bereits die heutige Königsbrunner Flur verlassen hat und dem Übernachtungsort ‚Stadel' zustrebt, erreicht der nach Augsburg fahrende Verkehr seinen Höhepunkt: eine Rott aus Gespannen, die Rohkupfer geladen haben, und zwei weitere Fuhrwerke, die Wolle transportieren, fahren vorbei – sowie eine Kolonne, die Kohle nach Augsburg bringt. So geht es mit dem nachmittäglichen Verkehr auf der „Alten Straße" weiter. Und selbst, als die Sonne nur noch zwei Handbreit über dem westlichen Horizont steht, ist die heutige Königsbrunner Flur noch voller Leben. Jetzt sind es Fuhrwerke, die es nur noch bis zur Tafernwirtschaft in Haunstetten schaffen werden. Dort müssen die Fuhrknechte Nachtquartier nehmen, da die Augsburger Stadttore bei Sonnenuntergang geschlossen werden.

# Die Pilgerstraße

Venedig ist in Europa zur ersten Adresse für Pilgerfahrten ins Heilige Land geworden. Denn die Lagunenstadt übt inzwischen die unumschränkte Seeherrschaft in der nördlichen Adria aus. Zweimal im Jahr nehmen die venezianischen Handelsflotten mit an Bord dichtgedrängter Pilgerschar Kurs auf das Heilige Land: zu Beginn des Frühjahrs und am Ende des Sommers.

Die meisten Pilger wählen für ihre Abwesenheit von daheim die unwirtlichen Wintermonate, um sie in der Wärme des südlichen Klimas im Heiligen Land zu verbringen. Rechtzeitig zu Sommerende treffen sie in Venedig ein. Dort liegen bereits die Galeeren abfahrbereit und legen in Verbänden ab, sobald alle Plätze an Bord belegt sind. Die „Straße nach Italien" erhält dadurch eine weitere Bedeutung: sie wird zu einer europäischen Pilgerstraße – und zwar nicht nur für solche, die zum Mittelmeerhafen Venedig und weiter ins Heilige Land wollen, sondern auch für die Pilger, die Jahr für Jahr nach Rom unterwegs sind. Und diese stellen das Gros der Pilger über die ‚Straße nach Italien'.

Von den hunderttausenden von Pilgern, die allein im fünfzehnten und sechzehnten Jahrhundert über die „Alte Straße" zogen, sind uns einige Zeitzeugen überliefert. Im Jahre 1418/1419 treffen wir auf eine Pilgergruppe, die in Braunschweig aufgebrochen und über Magdeburg, Erfurt, Nürnberg und Augsburg weitergereist ist: es sind Hans und Arndt Porner sowie Lippold Fabri. Sie sind auf dem Weg nach Venedig und wollen von dort mit einer Schiffspassage ins Heilige Land.[160] Aus dem Heiligen Land kehrt im Jahre 1433 Graf Philipp von Katzenellenbogen über Innsbruck und Mittenwald zurück und reist weiter über die „Alte Straße" nach Nürnberg und dann heimwärts zu seiner Burg Rheinfels.[161]

Im Jahre 1436 hören wir von den Nürnberger Pilgern Jörg Pfizing, Seybolt Rieter und Hans Tucher. 1461 zieht Herzog Wilhelm der Tapfere von Thüringen mit seinem Gefolge als Pilger über die „Alte Straße". Im März 1495 beginnt der Augsburger Domherr Wolf von Zülnhart eine Pilgerreise. Er berichtet von seinem ersten sechs Meilen langen Reiseabschnitt, den er von Augsburg nach Landsberg hinter sich gebracht hat, mit den folgenden Worten: *„der 26.tag des monats Martij, bin ich wolff von Zülnhart, und mit im Jörg von Augspurg aus gezogen, auff den weg gen Jerusalem… und ritten hin weg den selben tag bis gen Landsperg ist VI mül* ( 6 Meilen). "[162]

Fünf Jahre später reist der Hildesheimer Ratsherr Henning Brandis über Erfurt und Augsburg nach Rom.[163] Er hat wohl die druckfrische erste Pilgerkarte des Nürnberger Kartenmachers Erhard Etzlaub im Gepäck, die dieser zur Weg-Orientierung rechtzeitig für die in diesem Jahr besonders große Zahl von Rompilgern herausgegeben hat. Denn der Papst hat das runde Jahr 1500 zum „Heiligen Jahr" ausgerufen und es einem jeden Gläubigen anempfohlen, sich auf eine Pilgerfahrt nach Rom zu begeben. Und so machen sich hunderttausende fromme Christen in ganz Europa nach Rom auf – geleitet von der ersten mitteleuropäischen Pilgerkarte und den Worten des Kartenmachers Etzlaub: „*Das ist das Rom Weg von meylen zu meylen mit puncten verzeychnet von eyner stat zu der andern durch deutsche lantt...*"

Die in dieser Karte verzeichneten Wege leiten die Pilger aus ganz Europa nach Rom. Die aus dem Norden kommenden Pilgerwege beginnen in Krakau, Danzig, Rostock und im Handelszentrum Ribe. Und von Westen her kommen Pilgerwege aus Bremen, Marburg, Utrecht und aus Nieuwpoort, dem Kontinentalhafen Englands. Während die von England und Utrecht kommenden Pilgergruppen über Chur und den Septimerpass Norditalien erreichen – und die Pilger aus Richtung Danzig und Krakau über Rosenheim zum Brennerpass unterwegs sind – führen alle anderen Pilgerwege auf und über die „Straße nach Italien". Jedes Frühjahr und jeden Herbst brechen Pilgergruppen auf und addieren sich zu einem nach Süden ziehenden Pilgerzug. Von Flensburg aus wandern Rom-Pilger über Lübeck, Goslar, Zellerfeld, Clausthal und Nordheim nach Erfurt.[164] In Erfurt erreichen Pilger aus Bremen und Rostock die „Straße nach Italien". In Donauwörth kommen die Pilgerstraßen aus Marburg und Gießen hinzu. Und von Donauwörth aus erreichen die Pilger nach einer weiteren Tagesreise ihre nächste Unterkunft innerhalb der Mauern von Augsburg.

Am nächsten Tag brechen die Pilger wieder beim ersten Tageslicht auf, passieren das Stadttor, das seit 1429 in rotem Farbton erstrahlt und nun im Volksmund „Rotes

Roma
Tiboli
Aquino
Termele
pene
ortona
pescara
Aquila
S. benedicto
Rieti
Assisi
Racanati
Ancon
Fossombron
Arimino
Rauena
lysna
S. palatro
Sybenicho
Das venedisch mer
pago
Albi
Querso
zara
nona
parenzo
pola
venezi
padua
Trieste
Agaram
cili
labach
Clagenfurt
betta
marburg
Rackelspurck
graetz
Judenburg
pruck
hocburg
Raeb
presspurg
heynburg
Schadwyen
weydhofen
neustat
Steyr
wels
lyntz
wien
krems
Freystat
Salzpurg
Scherding
passau
landau
Straubing
znam
newhaus
bruen
olmuntz
Teschen
mulbau fl.
zum kutten perg
Elbe fl.
prag
pylsen
neisse
oppell
briga
presla
ligniz
görlitz
pruge
dresen
meyssen
torga
zwickau
Aldenburg
grossen glogau
kotwitz
peterkau
Syratz
Schadek

**Die transeuropäische Pilgerstraße im Jahr 1500 Südlicher Teil**

Die Karte ist nach Süden ausgerichtet. Die eingezeichnete Nord-Süd-Route wurde zur besseren Verdeutlichung hinzugefügt.

Die transeuropäische Pilgerstraße im Jahr 1500
Nördlicher Teil

reynfelden
pasell
bisontz
Salin
Sequana fl
bray
wympelgart
Schatalon
Rafelspurg
Tonau fl
friburg
preysach
Schletstat
paris
ulm
esling
Strosspurg
Nansee
verdun
hagna
weysenburg
keyserslutter
heydelberg
wormß
bergcastel
masyers
mas fl
Cambray
maintz
bingen
Cobelentz
Lutzelburg
Dynant
namür
Franckfurt
Fridburg
Andernach
hellesthem
nyvelle
giesen
Coln
Martpurg
Gand
mastrich
mechel
Antwerp
Bruges
Cassell
berge
palborn
leue
bosch
wesel
munster
emerich
osenbruck
gotting
Tordrecht
Zeeland
deueter
vtrecht
Amsterda
leyde
almaer
Myndin
groningen
verden
bremen
Emde
wesser fl
Stade
Saxen
hamborg
Das groß deutsch mer
Schotlant

Tor“ genannt wird,[165] und ziehen auf den Ort Husteten (Haunstetten) zu. Das Dorf ist in den letzten fünfzig Jahren gewachsen und besteht nun schon aus einem Dutzend Höfen, mehr als drei Dutzend Wirtschaftseinheiten, einer Mühle, der Badestube mit einem Bader, der auch als Arzt und Zahnarzt praktiziert,[166] und der bereits bekannten Tafernwirtschaft – dem Wirtshaus und Hotel.[167] Für manchen Pilger, der hier vorbeizieht, mag der Bader im Ort von Nutzen sein, wenn ein Leiden behoben werden muss, das den Fortgang der Pilgerfahrt erschwert. Dann wandert die Pilgergruppe über das öde Lechfeld. Die Sonne brennt auf sie herab. Der aus Süden kommende Föhnwind treibt Staubwolken vor sich her. Es ist kein Vergnügen, diese Landschaft zu durchqueren, und alle wünschen, schon bald im nächsten Übernachtungsort ‚Stadeln‘ einzutreffen.

Es ist schon später Nachmittag, als die Pilgergruppe das große und daher weithin sichtbare Scheunengebäude ansteuert, das einst dem Dorf seinen Namen gegeben hat. Bald darauf haben sie die acht Höfe erreicht. [168] Im Zentrum steht eine kleine vor fünfzig Jahren errichtete Kapelle, die für die Steingadener Mönche erbaut worden ist, damit sie hier – auf dem Weg von oder nach Augsburg – ihre Andacht halten können. Seit 1154 ist ‚Stadel‘ Klosterbesitz des Klosters Steingaden mit einer Wirtschaft und eigenem Braurecht. Die Höfe betreiben eine große Käserei und produzieren somit eine für Pilger unentbehrliche Wegzehrung. Die Möglichkeit der Verproviantierung hat das Dorf für Rompilger bekannt gemacht. Auch der Bischof von Augsburg kehrt hier ein, wenn er nach Süden unterwegs ist. Ständig hat hier für ihn ein frisches Reitpferd bereitzustehen.

Von hunderttausenden von Menschen, die im Verlauf mehrerer Jahrhunderte über die „Straße nach Italien" Richtung Rom pilgerten, sind uns einige Personen namentlich überliefert. Im Jahre 1578 reist Lupold von Wedell über Berlin, Leipzig, Augsburg, Partenkirchen, Innsbruck und den Brennerpass nach Venedig.[169] 1587 brechen in Ellingen der Deutschherr Ernst von Buesäckh und Junker Ferdinandt Zulfleisch zu einer Pilgerreise über Venedig und Jaffa ins Heilige Land auf. Am 14. April treffen die beiden in Augsburg ein. Dort schließen sie sich einem ‚Venedigerboten' an, der am 16. April mit wichtiger Post in die Lagunenstadt aufbricht. Von Augsburg aus überqueren sie das Lechfeld bis zur Zollstelle Spötting[LIX] bei Landsberg, wo auch ein Gasthof steht, in dem man übernachten kann: „*Donnerstag den 16. Monatstag Aprillis zog Ich Alhier zue Augspurg auß mit einem Venedischen Botten mit Namen Jonas Duringer genandt. Reisten denselbigen tag Hinnen sechs klainere Teutsch meil bis gehen Spöttingen bey Landtsperg. Ligen baide nahe bey einander.*"[170]

Im Jahre 1595 begegnen wir dem Engländer Fynes Moryson, der von Stade über Venedig nach Jerusalem reist. Auch von ihm ist ein Reisebericht überliefert. Darin heißt es: „*Wir traten am Nachmittag* (von Augsburg aus mit dem Augsburger Kaufmannsbotendienst) *die Reise*

LIX Spötting, heute Stadtteil von Landsberg

*an. Wir ritten… über Heideland im Gebiet des bayerischen Herzogs gleich vor den Toren Augsburgs sechs Meilen bis zu einer Wirtschaft nahe bei Landsberg.“* [171] Auch der Rückweg im Jahre 1597 führt Moryson und seinen Knecht von Venedig „geradewegs“ wieder über die „Alte Straße“ nach Augsburg. Und im Jahre 1584 hören wir, dass fast alle Jerusalemfahrer aus Mittel- und Nordeuropa über die „Alte Strasse“ nach Venedig ziehen.

# Waren aus noch nicht entdeckten Ländern Asiens

Die in Europa begehrten Handelswaren aus dem Orient, Drogerien[LX] genannt, lassen sich in Arznei-, Gewürz-, Parfüm-, Farb- und mineralische Drogen sowie Chemikalien aufschlüsseln. Über den Handelsplatz Venedig erreichen sie Abnehmer in West-, Nord- und Osteuropa.

Im 15. Jahrhundert liefern Nürnberger Firmen wie das Handelshaus Gruber, die Kaufleute Kreß, Munter, Mulich, Mollhuser und andere von Venedig bis nach Lübeck, Danzig und Lemberg. 1492 exportiert der Nürnberg-Lübeck Händler Diderich Tottelsteden aus Nürnberg bis nach Stockholm *„2 drogvate mit Anis und Pfefferkümmel, 1 drogevat mit Spezereien,"* dazu noch ein Faß mit Blech – wahrscheinlich gerollt – und eine Tonne Lorbeerblätter. 1494 hören wir von ihm, dass er einen Zentner Pfefferkümmel nach Riga verschickt.[172]

Mit venezianischen Waren werden auch die Messen in Frankfurt bestückt, beispielsweise von Kölner Kaufleuten, die hier Rohseide aus dem östlichen Mittelmeer und Seidenstoffe aus China anbieten. Auch Frankfurt liegt an der Transportroute, die die Kölner Kaufleute von Italien nach Köln bevorzugen – ebenso Mainz. Von Köln aus bedienen die Handelshäuser feste Handelspartner in Brügge und Antwerpen.

---

LX Pflanzen, Mineralien und deren Produkte

Die Handelspartner der deutschen Handelshäuser – von Antwerpen über Lübeck bis nach Danzig – werden rechtzeitig von den in Venedig sitzenden Agenten aus Augsburg, Nürnberg, Köln und anderswo über das Eintreffen neuer Orientwaren in Venedig informiert. Da die venezianischen Handelsflotten nach Fahrplan zwischen der Lagunenstadt, der Handelsmetropole Alexandria und den Orienthäfen an der östlichen Mittelmeerküste verkehren, werden jeweils mit der einen Flotte die Ladepapiere der folgenden mitgeschickt und so fort. So haben die deutschen Agenten in Venedig genug Zeit, ihre Patrone von der kommenden Lieferung in Kenntnis zu setzen und deren Bestellungen aufzunehmen. Dieses Verfahren setzt einen gut funktionierenden Botendienst voraus – doch davon später.

Auch heute sollen zwei Flotten mit Orientwaren die Lagunenstadt erreichen... Ein starker Wind, der von Regenschauern begleitet wird, fegt in Böen über die Lagune. Im deutschen Handelszentrum, dem Fondaco dei Tedeschi an der Rialtobrücke, wartet der Faktor des Nürnberger Handelshauses Imhoff noch auf den Brief aus seiner Nürnberger Zentrale. Elf Tage ist es nun her, dass er die Ladelisten von acht Galeeren zum Stammhaus nach Nürnberg geschickt hat, und bald werden auch die beiden Flotten eingetroffen sein, die zu dieser Zeit noch auf dem Weg von Beirut und Alexandria nach Venedig sind. Schnelles Handeln ist unabdinglich, denn auch die Nürnberger und Augsburger Konkurrenz wie auch die anderen Kaufleute im Fondaco sind an den orientalischen Waren brennend interessiert. So warnt der Kaufmann Bartholomäus Hirschvogel am 15. November 1442 seinen Schwager, den Kaufmann Behaim: „*…wenn du deinen Pfeffer nicht mehr dieses Jahr verkaufst, wird er bald weniger wert sein. Denn in vierzig Tagen sollen die Galeeren von Alexandria und Beirut* (in Venedig) *ankommen. Sie werden vielen neuen* (Pfeffer) *bringen. Darum verkauf jetzt deinen Pfeffer, so schnell du kannst. Er liegt derzeit bei vierzig Dukaten, aber er wird* (im Preis) *sinken.*" [173] Tatsächlich sinkt der Pfefferpreis nach Ankunft der Galeeren um zwei Dukaten. Da heißt es also vorsichtig sein, sonst ist der Verlust groß.

Wieviel Pfeffer bringen die Galeeren diesmal mit? Und welche anderen Orientwaren sind noch an Bord der Schiffe? Der Nürnberger Kaufmann zieht die Abschriften zweier Ladelisten zu sich heran. Sie stammen von vier Galeeren, die aus Beirut kommend Zwischenstation auf Kreta gemacht haben und nun auf dem Weg in die Adria sind. Die Galeeren haben Waren geladen, die zuvor von großen Karawanen über die Levantinische Straße vom Industal durch die Wüsten Belutschistans, die Große Sandwüste Persiens[LXI] und über Palmyra in die Hafenstadt Beirut transportiert worden sind. Alternativ haben die Handelswaren Beirut auch über die Seiden-

---

LXI Der Autor hat mit einem Geländewagen auf drei Forschungsexpeditionen die ‚Levantinische Handelsstraße' ab Shiraz bereist sowie die ‚Seidenstraße' durch den Norden Afghanistans, die antike Karawanenroute, die von Isphahan nach Meshed und weiter nach Baktra (Balch) führt, und er ist den Spuren des Fernhandels durch die ‚Große Salzwüste' und die ‚Große Sandwüste' gefolgt.

straße erreicht. Von dort sind die Orientwaren nun auf dem Wasserweg nach Venedig unterwegs. Der Nürnberger Kaufmann blickt aus dem Fenster auf den vom Wind gepeitschten Rialto. Vor dem Eingang liegen Frachtgondeln vertäut, die in Wind und Wellen schaukeln. Die Windrichtung steht gut und Kapitän Soranzo wird mit seiner Flotte wahrscheinlich eher eintreffen als Kapitän Nicolo Marxini aus Alexandria.

Wie sieht es mit der Ladung der Soranzo-Flotte aus? Die Hälfte der gesamten Fracht ist wieder Pfeffer, ein Sechstel Ingwer. Pfeffer, Ingwer und Zimt kommen über die Levantinische Straße ebenso wie der begehrte Siegellack, Schellack genannt, der in Indien aus den Ausscheidungen der Schildläuse (Coccus lacca) gewonnen wird. Die Gewürznelken (Garofali) stammen bekannterweise von den nördlichen- und die Muskatblüten (Macis) sowie die Muskatnüsse kommen von den südlichen Molukken. Dieses Mal transportieren die Schiffe auch noch „Neue Spezereien" – wahrscheinlich ätherische Öle oder Salben, die unter die Kategorie „Arzneidrogen" fallen und noch keinen Namen tragen. Sie können vom Hochland des Iran stammen, also über die mittelalterliche Seidenstraße gekommen sein oder von den großen Städten und Oasen entlang des Levantinischen Karawanenweges. Ein Fünftel der Ladung besteht aus solchen „Spezereien". Auch hier sind also neue Dinge aus Ländern zu erwarten, die auf dem Weg nach China liegen – Länder, die im Mittelalter einzig und allein der Venezianer Marco Polo gesehen hat.

Auf der Ladeliste stehen noch weitere Waren, wie beispielsweise „Olibanum“ (Weihrauch). Er gehört ebenfalls zu den Arzneidrogen und wird schon seit dem Altertum hauptsächlich in der Region Dhofar gewonnen. Langer Pfeffer, Brasilholz[LXII] (wegen seines roten Farbstoffes begehrt) und Nelkenstengel[LXIII] haben über die Rotholzroute[LXIV] von Java zur indischen Westküste bereits eine Seereise von einem Monat hinter sich. Von Indien werden die Waren bis Hormus gesegelt – mit Zwischenhalt auf der Insel Anjediva, an der alle Handelsschiffe entlang der Küste Wasser und Holz aufnehmen.[LXV] [174] An der Malabarküste haben die Schiffe auch noch Borax zugeladen, das aus China stammt. In Venedig wird es raffiniert und findet dann in der Glasurtechnologie Verwendung. Aloe hepatico, Schierwitz, Karmesin, Wurmsamen, Kurkumawurzel und wildwachsende Spinatarten kommen vom indischen Zwischenmarkt. Letztere sollen gegen Magen- und Nierenbeschwerden helfen.

Dann wird auf der Ladeliste noch Galgant erwähnt, desweiteren eine Stoffware mit Namen Sinoboffi sowie Anis, Mandel-Konfekt und Wachs. Vom Beiruter Markt

---

LXII eigentlich dem Ursprung nach ‚Sappanholz‘

LXIII Stengel der Gewürznelken

LXIV Mittelalterliche Schiffsroute zwischen Java und der Malabarküste, über die auch das begehrte Farbholz nach Indien gebracht wurde.

LXV Der Autor hat mit dem Forschungsschiff Mercator 1992 die gesamte indische Westküste auf den Spuren des europäischen Handels der Antike und der frühen Neuzeit befahren.

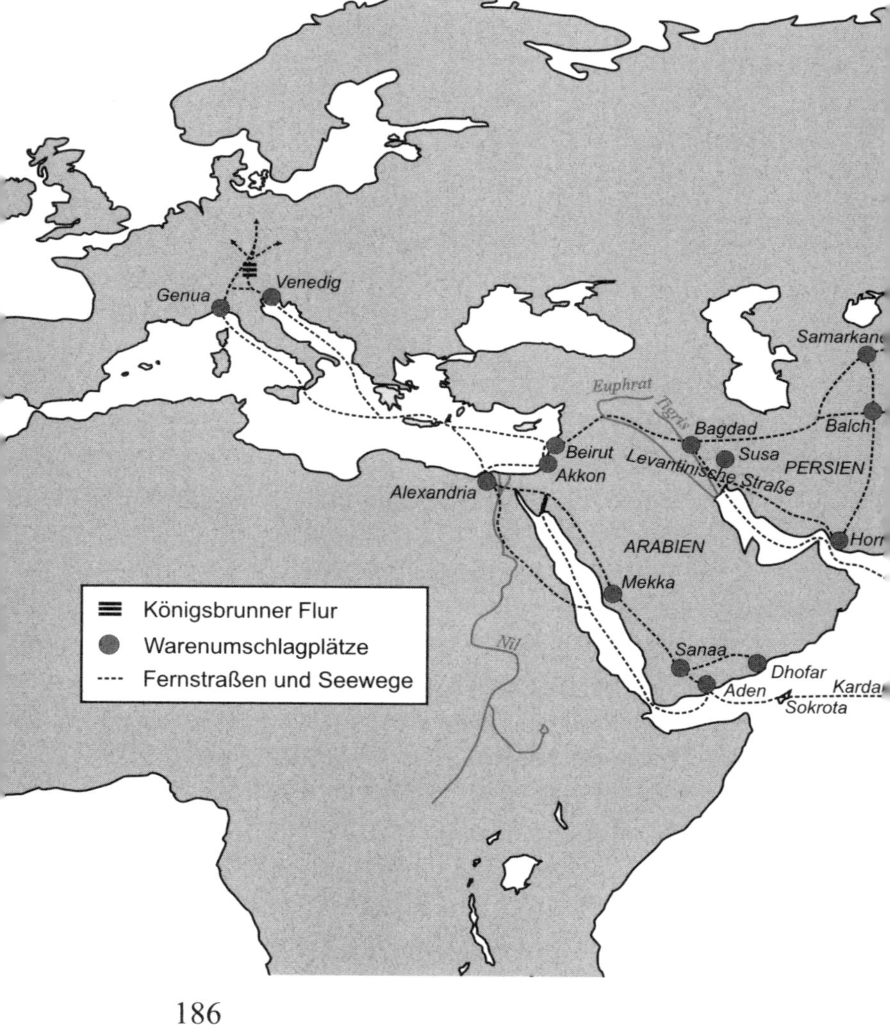

Genua
Venedig
Euphrat
Tigris
Bagdad
Susa
Beirut
Akkon
Levantinische Straße
PERSIEN
Alexandria
ARABIEN
Mekka
Samarkand
Balch
Horm
Sanaa
Dhofar
Aden
Karda
Sokrota
Nil
Königsbrunner Flur
Warenumschlagplätze
Fernstraßen und Seewege

**Die transasiatischen Fernhandelsstraßen im vierzehnten und fünfzehnten Jahrhundert...**

...haben nun im Seeverkehr auch die Ostküste Chinas und den Malayischen Archipel erschlossen. Der Fernhandel benutzt nach wie vor die jahrtausendealten Handelsstraßen. Er sucht sich dann neue Wege, wenn durch politische Umbrüche oder verheerende Kriege die Infrastruktur einer größeren Region komplett zerstört worden ist. – Die Zerstörung des Fernhandelsweges zwischen der Oase Balch und dem Industal während des Mongolensturmes führt im vierzehnten Jahrhundert zur Entstehung der ‚Levantinischen Handelsstraße'.

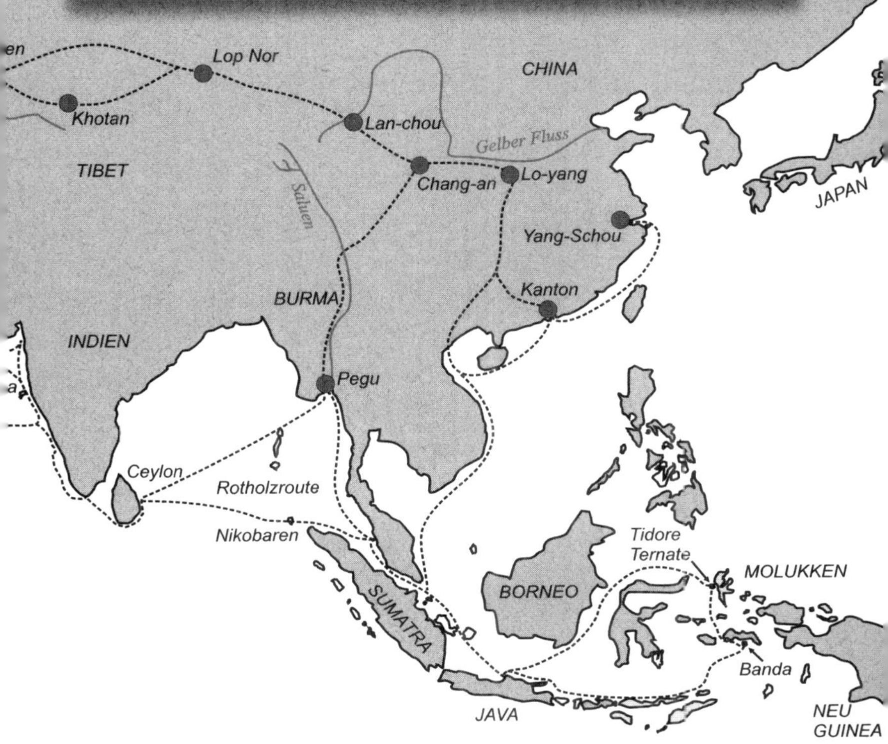

stammt das „leinene Zeug“, Bocassini genannt, das aus Ägypten und Syrien kommt. Und auf dem Rückweg nach Venedig hat Kapitän Soranzo auf Kreta noch Kandiszucker laden lassen.

Der Nürnberger Kaufmann zieht die zweite Ladeliste zu sich heran. Sie gibt Auskunft über die Ladung der Flotte aus Alexandria. Kapitän Nicolo Marxini befehligt ebenfalls vier Galeeren. Die Ladung seiner Flotte besteht auch zur Hälfte aus Pfeffer; ein Fünftel der Ladung ist Zimt. Marxini transportiert desweiteren Gewürznelken, Brasilholz, Muskat, Muskatblüten (Macis), Indigo, Langen Pfeffer, indisches Elfenbein, Weihrauch, Aloe hepatico – und ebenfalls „Neue Spezereien“.

Wenn man die Ladeliste von Marxini unter geographischen, klimatischen und jahreszeitlichen Gesichtspunkten liest, dann stammen seine Waren aus Schiffstransporten, die im September die Malabarküste angesteuert haben, um dort ihre Frachträume mit Gewürzen und Brasilholz aufzufüllen. Dann nehmen die Schiffe Kurs auf die Häfen am Roten Meer, von wo die Waren direkt nach Alexandria gebracht werden. Und von dort führt die am stärksten frequentierte Seehandelsroute des Mittelmeeres direkt nach Venedig.

Der venezianische Markt ist für Arzneidrogen die erste Adresse in Europa. Zwar gibt es keinen Arzneimittelgroßhandel oder auf den Handel mit Heilmitteln spezialisierte Firmen, doch haben sich auf diesem undurchsichtigen aber höchst gewinnträchtigen Sektor auch

Augsburger und Nürnberger Kaufleute Kenntnisse angeeignet. Die Vertreter dieser Handelshäuser kaufen in der Lagunenstadt auf, was ihre venezianischen Kollegen auf fremden Märkten an Arzneidrogen gefunden oder aufgeschwatzt bekommen haben. In der Regel heilt besonders gut, was sich mit einer Legende aus dem Orient verbinden lässt und auch dementsprechend teuer ist.

So finden wir in einer Nürnberger Apotheke des fünfzehnten Jahrhunderts eine Fülle von Arzneien vor, deren Herkunft vom Mittelmeerraum bis Ostasien reicht. Dem Kranken werden je nach ‚ärztlicher Verordnung' pulverisierte Bestandteile von Smaragden, grünen Beryllen, Rubinen, Granaten, Saphiren, Hyazinthen, blauen Lasursteinen, Lapis Judaicus oder weißen Korallen, von versteinerten Seeigelstacheln, gezahnten Seemuscheln, Perlen, von indischem Elfenbein, von Marmorstücken oder von Alabastergips gereicht. Eine besonders große Heilkraft wird pulverisierten Mumienteilen nachgesagt.

Und mit den täglich ankommenden Galeeren erreichen die Lagunenstadt weitere Arzneidrogen vom entferntesten Osten über den entferntesten Süden zum entferntesten Westen: Aloe hepatico stammt aus Ostindien und aus China; Paradieskörner kommen aus Westafrika und Tamarindenmus stammt aus Zentralafrika. Aus letzterem wird in Alexandria ein Zinksalz hergestellt, das in Venedig zu Zinkoxyd-Paste verarbeitet wird. Unter den weiteren Arzneien, Parfümen, Farben, Mineralien und Chemikalien, die alle zusammen mit den ‚Gewürzdrogen' als ‚Spezereien' bezeichnet werden, sind unter anderem auch Elefantenläuse aus Hinterindien, Benzoe von der Malakkastraße, Rubine aus Pegu (nahe Rangun) und Rhabarber aus China, der *„gen Alexandrien und Venedig gebracht, von wannen er in alle anderen Länder verführet wird.“* Die Wurzeln der Ipomoea-Pflanze sind in Ostindien heimisch. Gummi Elami (Elamiharz), ein blutstillender Harzsaft, der auch Salbengrundlage zur Behandlung von Geschwüren ist, kommt von den Philippinen und von den Molukken. Vom indischen Markt stammen die Bezoar-Steine: (Kugeln aus verfilzten Haaren und Pflanzenfasern im Magen vieler Pflanzenfresser), Drachenblut (Gummiharz des Drachenbaumes) für rote Beizen und Lacke, Koriander, auch „Indische Petersilie“ genannt, Rizinussamen und Sennesblätter. Und Ceylon liefert blaue Saphire. Aus Turkestan kommen, wie bereits erwähnt, die Wurmsamen, die fälschlicherweise in der Handelskorrespondenz immer wieder auch als Zitwarsamen oder Zitwarblüten bezeichnet werden. Aloe Socotrina kommt von der Insel Sokrotra; Ammoniacum, das Mineral Salmiak, stammt aus Ägypten. Die Heimat der Koloquinten ist Vorderasien und die Arabische Halbinsel liefert ‚Gummi Arabicum‘ sowie Weihrauch und Myrrhe.

Auch der Mittelmeerraum liefert begehrte Handelsware nach Venedig: die Alkanawurzel, die zum einen eine Arznei, zum anderen auch ein kosmetisches Färbemittel ist; Labdanum, das Gummiharz der Cistus-Arten, das von Zypern und Kreta kommt; Galläpfel erreichen Venedig aus Syrien, Istrien und Apulien; Storax – ein Harz in Stangenform – stammt ebenfalls aus Syrien und die

Sumachblätter, eine gerbstoffhaltige Farbdroge, kommen aus Sizilien.

Auch unter den Gewürzdrogen ist die Handelsvielfalt nicht geringer. Gewürze, die aus Venedig in Nürnberg eingetroffen sind, geben uns eine ungefähre Vorstellung davon, was im vierzehnten und fünfzehnten Jahrhundert von Venedig über die „Alte Straße" nach Mitteleuropa gehandelt worden ist. Es wird von Anis und Kapern aus dem Mittelmeerraum berichtet. Die Aromapflanze Estragon erreicht Venedig aus China, wird allerdings auch schon auf der arabischen Halbinsel angebaut. Ingwer kommt aus Südindien und wird auch in grüner, weißer, roter und gefärbter Variante auf den Märkten in Damaskus angeboten. Gemahlener Zimt kommt aus Ceylon und Zimtrinde und Kubebenpfeffer (als Konfekt gegessen) aus China. Die Costuswurzel, ein wertvolles bitteres Gewürz, erreicht das Mittelmeer aus Kaschmir. Die Galgantwurzel stammt aus Ostindien und der Colombino-Ingwer kommt aus der Stadt Colam an der Malabarküste. Kümmel ist spanischen Ursprungs, die Kurkumawurzel (auch als Gelbfärbemittel bei Stoffen verwandt) wie auch Kardamom und Pfeffer in all seinen Variationen haben das Mittelmeer wiederum aus Indien erreicht. Liebstöckel wird aus Persien eingeführt. Zuckerhüte und Zuckermelasse stammen aus Babylon, Damaskus, Alexandria und von den Inseln Zypern, Kreta und Malta. Aus dem venezianischen Anbau auf den östlichen Mittelmeerinseln kommen dazu noch Feigen, Johannisbrot, Mandeln, Pistazien, Sesamöl sowie Oliven und Olivenöl – auch als „venedisch Öl" bezeichnet.

Parfümdrogen sind als Luxuswaren schon im Römischen Reich begehrt. Spätestens im fünfzehnten Jahrhundert werden ‚Wohlschmeckende Wasser' (z.B. Rosenwasser) und ‚Wohlriechende Öle' von Venedig aus über die „Alte Straße" transportiert. Sie kommen aus den Wüstengebieten Vorderasiens. Moschus wird über die Seidenstraße gehandelt und Ambra stammt, wie erwähnt, von den Nikkobaren.

Auch die Farbdrogen werden im Mittelalter immer gefragter. Das Rotholz, das über die Märkte des Zweistromlandes auf den venezianischen Markt kommt, ist ab der Mitte des fünfzehnten Jahrhunderts aufgrund der Handelsblockade der Türken nicht mehr erhältlich. Es wird erst nach 1500 durch das heutige Brasilholz aus der neuen portugiesischen Provinz Pernambuco ersetzt. Später gibt das Holz dem Land seinen Namen: Brasilien. Eine sehr teure Handelsware ist Grana. Dabei handelt es sich um getrocknete Kermesschildläuse, aus denen die Scharlachfarbe hergestellt wird. Sie kommen aus Indien, ebenso Indigo und Schellack.

Faß um Faß und Sack um Sack wird die Ladung der Galeere in bereitliegende Barken gelöscht. Unter den wachsamen Augen eines Heeres von Aufsehern pendeln die Barken mit den Orientwaren zwischen den eingetroffenen Galeeren und den Anlegestellen an den Lagerhäusern hin und her. Auch am Fondaco dei Tedeschi legt eine Barke nach der anderen an. Der Faktor des Nürnberger Handelshauses Imhoff steht im ersten Hof und beaufsichtigt das Einlagern der eingetroffenen Waren. In der Hand hält er die Einkaufsorder aus Nürnberg. Einen großen Posten machen diesmal Bergwerksprodukte und Chemikalien aus, die über die eingetroffenen Orientwaren hinaus nach Nürnberg zu liefern sind. Heute ist es unter anderem Alaun, das aus den venezianischen Gruben bei Smyrna und anderen Orten an der Schwarzmeerküste und dem kleinasiatischen Hochland kommt. Es wird in der Stofffärbung zum Fixieren der Farben auf den Stoffen verwandt. Darüberhinaus wird es aber auch zur Entfettung von Wollgeweben benötigt. Gerade werden Fässer mit Azurit abgeladen, einer Kupferlasur, die auch blaue Farbe genannt wird. Dann wird ein Faß Quecksilber in den Hof gerollt, das aus Idria bei Trient kommt. Fässer mit Salpeter, Schwefel, römischem Eisenvitriol, geriebenem Zinnober und Borax, das für Glasuren ebenso wie für die Seifenherstellung gebraucht wird, kommen geradewegs aus China. Die Waren werden mit Barken von den eingetroffenen Galeeren abgeholt und in die Lager gebracht. Soeben hat am Fondaco wieder eine Barke festgemacht – diesmal mit einer Stoffladung, ebenfalls in Fässern. Diese werden in das Gewölbe gerollt und dort sofort geöffnet, um sie auf Transportschäden hin zu kontrollieren: billige Seidengewebe aus Bengalen sind darunter und Pellickin, ein Seidenstoff, der aus Bagdad kommt.

An einen Gewölbepfeiler gelehnt begutachtet ein Augsburger Kaufmann die venezianische Ware, die nach Augsburg soll. Es ist „Balikin“, ein Material, das in Venedig gefertigt wird und zur Herstellung von Baldachinen benötigt wird. Es ist eine Mischung aus teuersten

Samten und Damasten „mit Gold durchschossen" und in „bunten Blumenbildern" ausgeführt. Unser Kaufmann lässt auch Bocassini, welches in Italien nun als Italienisches Tuch bezeichnet wird, verpacken und zu den bereits transportbereit stehenden Südfrüchten und Weinfässern stellen.

Der Agent der Nürnberger Firma Hirschvogel hat für die Stadt Breslau eine Flasche Indigo eingekauft und auch die Qualitätsprüfung einer Baumwollprobe abgeschlossen. Nun winkt er seinen Handlungsdiener zu sich, der die Aufgabe erhält, die Handelswaren in zwei Fuhrwerken mit Baumwolle ‚auszupolstern'. Die Baumwolle kommt aus Ägypten, von Zypern und von Kreta. Dann wendet er sich noch einigen italienischen Produkten zu, die er für seine Auftraggeber zum Zwischenhandelsmarkt nach Nürnberg schicken soll. Drei Kisten mit kunstvoll geschliffenen Kristallgläsern aus venezianischer Produktion sind darunter. Venedig ist, seitdem Murano-Glasbläser das Kristallglas entwickelt haben, zum führenden europäischen Glasproduzenten aufgestiegen. Der Glashandel boomt und ein großer Teil dieses italienischen Exportgutes von Flaschen und Trinkgläsern über Fensterscheiben bis hin zu kunstvollen Glasfiguren geht über die „Alte Straße" nach Mitteleuropa.

Täglich wird im Fondaco geordert, treffen neue Ladelisten von Handelsgaleeren ein, wird ein zahlloses Aufgebot an Boten beschäftigt, um Ankunft und Abfahrt der Handelschiffe bei den Handelshäusern nördlich der Alpen bekannt zu machen und mit Warenordern zurückzukehren. „*Item von Venetia gen Nürnberg eyllend bottschaft zu senden: so der bott von Venetia in 4 tagn 6 stundn zu Nürnberg sein sollt, wär ain gemainer lon 50 duc. In gold… Von Venetia gen Augspurg: in 4 tagn wär gemainer lon 30 in 33 fl.rh…* [LXVI] berichtet uns ein Zeitzeuge über die Zeit, die ein Bote nach Nürnberg und Augsburg braucht.

Auch heute treffen bei den Nürnberger Agenten in Venedig wieder Bestellungen ein.[175] So ordert die Nürnberger Firma Starck 5 Säcke Pfeffer, die insgesamt 8 Zentner 56 Pfund[LXVII] wiegen, 41 Pfund und 6 Lot Gewürznelken, 82 Pfund Safran, 20 Pfund 11 Lot[LXVIII] Muskatnuss, 27 Pfund Ingwer und 87 ½ Pfund Safran aus Ancona. Der Nürnberger Kaufmann Topler erwirbt 86 Pfund Safran. Der Faktor der ‚Zweiten-Imhoff-Gesellschaft' kauft neben Safran, Pfeffer, Muskatblüten, Zimt, Ingwer und Gewürznelken auch noch Fusti ein, das sind die Stiele der Gewürznelken. Insgesamt erwirbt er etwa 40 Zentner Gewürze. Der Faktor der Behaims in Venedig, Lienhard Hirschvogel, kauft 10 Schachteln Konfekt und einen Zuckerhut, sowie 1 lib[LXIX] Zimt, 1 lib Kar-

---

LXVI fl: Gulden, ursprünglich ‚Florentinischer Gulden', später Gulden, fl.rh: ‚Rheinischer Gulden'

LXVII ein venezianisches Pfund entspricht 560 Gramm.

LXVIII ein Lot sind 17,5 Gramm oder vier Quintlein (qz) à 4,4 Gramm. Die Kleinstmengenangaben weisen auf den großen Wert der Ware hin.

LXIX lib: Lispfund. Das Schiffsfrachtmaß entspricht etwa 150 Kilogramm.

damom und 5 lib Datteln, um diese umgehend nach Nürnberg zu schicken. Und der Nürnberger Arnoldus de Zelandia, der seinen Namen wohl dem Handel seiner Familie mit ceylonesischen Waren zu verdanken hat, soll von Venedig aus Safran in Aquila kaufen. Aquila ist das Zentrum des Safranhandels in Mittelitalien. Zusammen mit den anderen italienischen Märkten trägt es bis hin nach Rom und Neapel zum wachsenden Gütertransport auf der „Alten Straße" zwischen Venedig und Augsburg bei. Neben Olivenöltransporten rollen täglich Fuhren mit Südfrüchten – Pomeranzen, Zitronen, Granatäpfeln – und Nüssen über die Alpenpässe.

In umgekehrter Richtung ist der Warenverkehr auch nicht geringer. Unter den Handelswaren aus heimischer Produktion, die nach Venedig und von dort in das östliche Mittelmeer und nach Vorderasien ausgeführt werden, hat ab den siebziger Jahren des fünfzehnten Jahrhunderts auch Augsburger Barchent seinen Platz. Einen bedeutenden Anteil am Barchent-Export hat hierbei der schwarze Augsburger Barchent, „Pokassin" genannt. In der zweiten Hälfte des fünfzehnten Jahrhunderts liefern die Imhoff aus Nürnberg Bettfedern und Silber nach Venedig, darüberhinaus Nürnberger Handwerkserzeugnisse wie Eisenspeere, Eisenstangen und Eisendraht sowie Kupfer, Eisenerz, Nickel und Zinn. Die Bergwerksprodukte kommen aus Sachsen und Thüringen.
Augsburger und Nürnberger Kaufleute exportieren Holz- wie Lederwaren in den Süden, darunter Schuhe, die bereits in Tirol auf die örtlichen Märkte kommen. Sie werden verkauft von „*Bergfahrern, die in das Gebirg*

*mit Schuhwerk fahren und handeln.*"[176] Anderes findet auf den Märkten in Florenz, Rom, Neapel und den umliegenden Städten seine Käufer. So werden in die Stadt Aquila Faust- und Stichwaffen, Kupfer und Pferde gebracht, um sie dort gegen Safran zu verrechnen. Und nicht zuletzt gehören im fünfzehnten Jahrhundert auch Getreidefuhren zu den Augsburger Exporterzeugnissen. Von der Mitte bis zum Ende des Jahrhunderts exportieren Augsburger Kaufleute immer wieder Getreide über die „Straße nach Italien" bis nach Rom.

Im Jahre 1498 tritt von Rom aus der Giessener Balthasar Schrautenbach seine Rückreise über Augsburg an.[LXX] Am 11. November ißt er zu Mittag im Gasthaus am Kloster Rottenbuch und zu Abend in Leeder, nördlich von Schongau, wo er auch übernachtet. Am Dienstag reist er weiter über die „Alte Straße", nimmt in einem Gasthaus zwischen Hurlach und Neuhaus sein Mittagessen ein und erreicht am Abend seine Herberge in Augsburg.[177]

LXX Originalzitat: *„Nov.12 Item 19 cr. zu Rottenbuch verzert uf Montag nach Martini zu Mittag – Item 32 cr. zu Leeder* (nördlich Schongau) *verzert uf monntag nach Martini übernacht. Nov.13. Item 17 cr. In der herberig uf dem Leychfelde verzert uf dinstag nach Martini zu Mittag. – Item 1 ½ gulden zu Augspurg verzert uf dinstag uber nacht unnd mittwochen den ganzen tag nach Martini.*"

# Überfälle und Raubzüge

Wir zählen das Jahr 1426. Starker Frost hat die Fahrwege über das Lechfeld seit Tagen konserviert und ein eiskalter Ostwind fegt über die kahle Ebene. Die klirrende Kälte hat auch den Straßenverkehr zum Erliegen gebracht. Nur ein Kaufmannszug kommt von Süden her auf die Königsbrunner Flur zu. Neun schwere Handelswagen sind es an der Zahl und einige Bewaffnete begleiten die wertvolle Fracht.

Aus westlicher Richtung tauchen Reiter auf. Ein ganzer Pulk galoppiert über die Hochterrasse direkt auf den Kaufmannszug zu. Zwei Ritter führen den Haufen an, Hans von Villibach und Conrad von Magenbuch, die nun dem ersten Rottwagen den Weg versperren und mit ihren Mannen die Kolonne einschließen. Die Ritter sind mit Kaperbriefen von König Sigismund ausgestattet, der ihnen das Recht zum Straßenraub verliehen hat. Die königlich autorisierten Wegelagerer wissen, dass nur schnelles Handeln den Erfolg bringt – bevor eventuelle Augenzeugen des Überfalls Hilfe aus der Reichsstadt Augsburg herbeiholen können. So werden die Fuhrknechte kurzerhand vom Kutschbock geworfen und ihre Stelle nehmen nun Männer aus dem bewaffneten Haufen ein, die die hohen mit Baumwolle beladenen Handelswagen wenden und mit ihnen in westlicher Richtung das Weite suchen. Der Spuk hat kaum eine Viertelstunde gedauert.

Zurück auf der vereisten Ebene bleiben die Fuhrknechte

und mit ihnen auch die Kaufleute aus Nürnberg, die verstört ihre Handelswaren entschwinden sehen. Ihr Verlust ist immens, denn, wie wir inzwischen wissen, verdeckt die Baumwolle die noch weit wertvolleren Waren.[178]

Im ersten Wagen erbeuten die Diebe zunächst einen großen und einen kleinen Ballen Baumwolle. Der große Ballen gepflückter Baumwolle aus Ägypten oder von den venezianischen Plantagen auf Zypern oder Kreta nimmt fast den ganzen Wagen ein. Doch darin verstecken sich acht Säcke Pfeffer, ein „Lagel"[LXXI] Kandiszucker aus Kreta, ein Sack Zitwarwurzeln aus dem heutigen Thailand, zwei Schachteln mit Zimtstangen aus Bengalen und ein Säcklein mit „Johannisbrot" aus Indien.

Auch der zweite Wagen transportiert Roh-Baumwolle. Darin verpackt ist eine Schachtel mit Muskatblüten, wobei das Wort Schachtel für ein großes Behältnis stehen muß, da die Ladung des fünften Wagens „nur" aus dreizehn „Säckchen" und achtzehn „Schachteln" besteht. Und da Safran eine sehr wertvolle Ware ist, die oft nur in kleinen Säckchen gehandelt wird, haben die achtzehn Schachteln hier eine gesamte Wagenladung ausgemacht. Auch der zweite Wagen transportiert ein Säckchen mit Safran, dazu noch einen Sack mit Mischgewürzen und Fastenspeise. Letztere setzt sich zusammen aus einem Mix von Feigen, Rosinen, Reis und Mandeln.[179]

Im dritten Wagen, dessen Ladung ebenfalls aus einem

LXXI Ein Lagel entspricht 70 Kilogramm

Sack Rohbaumwolle besteht, ist *„ein sack negellein“* versteckt. Es sind die Gewürznelken, die bekanntlich das Aussehen von Nägeln haben. Der Text des Kinderliedes „Guten Abend, gute Nacht“ von Johannes Brahms, in dem es heißt: *„mit Näglein besteckt“*, weist auch auf den Gebrauch der Gewürznelken als Arzneidroge bei Atemwegserkrankungen von Kindern hin. Im Wagen befinden sich noch drei Säcke Ingwer, ein weiterer Sack Gewürznelken, ein Sack und ein Säckchen Safran und ein Säckchen mit Zibetsteinen aus Indien, dann ein ‚Puschel‘(Bund?) mit neun Trüffeln, Tafatta genannt, Joppenseide, zwei Gefäße mit Gewürznelken und zwei große Packen Schreibpapier.

Die Ladung auf dem vierten Wagen, die den Nürnberger Kaufleuten Hans und Ludwig Gruber und ihrer Handelsgesellschaft gehört, besteht aus...

*„einen pallen und ein pellein mit wollen beslagen, darynn sind zwen seck ynngber, 4 seck pfeffers, in dem einen sack ist ein puschel, helt 12 taffata; und mer ein puschel mit seyden; eyn sack saffrans; ein sack negellein; ein lagel weyrach, ein lagel muschatplumen; ein secklein muschat; ein secklein zytwar; ein puschel golt taffeln, funf puschel halten 60 stuck pachaschin swarcz und weiss und ein puschell in losch gepunden mit tockelseyden allerley varb“.*

Die Handelsware ist also wiederum in einem großen und einem kleinen Ballen Baumwolle versteckt. Darin sind zwei Säcke Ingwer, vier Säcke Pfeffer, in dem einen Sack ist ein gepackter Bund mit zwölf Trüffeln und ein weiterer Bund mit Seidentüchern, ein Sack Safran, ein Sack Gewürznelken, ein Lagel Weihrauch, ein Lagel

Muskatblüten, ein Säckchen Muskat, ein Säckchen Zitwarwurzeln, ein Bund „gold taffel“,[180] sowie fünf Bunde, die sechzig Stück schwarze und weiße Pachaschin enthalten, und ein Bund Seide verschiedenster Farben.

Der fünfte Wagen enthält, wie bereits erwähnt, keine Baumwolle, sondern je ein Säckchen mit Gewürznelken, Pfeffer und Safran, acht Säckchen mit Senfkörnern, siebzehn Schachteln mit Konfekt, ein Säckchen mit Ingwer, ein Säckchen Muskat und eine Schachtel mit Muskatblüten. Der sechste Wagen transportiert sechs Säkke Ingwer und der siebente Wagen hat drei Schachteln Weihrauch, sechs Halbsäcke Ingwer, zwei Säckchen Zitwarwurzel, drei Säcke Pfeffer, zwei Kisten Zimtstangen, ein Säckchen mit Zibetsteinen und einen Sack Pfeffer geladen. Mit dem achten Wagen werden drei Säcke Pfeffer und eine Kiste Zimtstangen transportiert.

Auf dem neunten Wagen, der ‚im Ganzen‘ dem Handelshaus Imhoff gehört, sind in dem großen Ballen Baumwolle folgende Waren versteckt: Fünf Säcke Pfeffer, ein Sack Ingwer, ein Sack Gewürznelken und ein Ballen, in dem sich sich elf Stück Trüffel (taffata) befinden, desweiteren 65 Schachteln mit Konfekt, ein Krug mit „Sabania“, eine Schachtel mit Zitronat, d.h. mit kandierter Zitrone für Süßspeisen, 2 pacz[181] Olivenöl, acht Helme und zwei Säcke Pfeffer.

Nicht nur vor den Toren Augsburgs, sondern auf der gesamten „Straße nach Italien“ mit ihren weiterführenden Strecken gehen Handelswaren von oder nach Venedig

Der Überfall auf einen Nürnberger Handelszug im Jahre 1426 zwischen Landsberg und Augsburg

durch Raubüberfälle bereits verloren, bevor sie die heutige Königsbrunner Flur erreichen. Deshalb schließen sich die deutschen Kaufleute in Venedig zu großen Handelszügen zusammen mit einer entsprechend größeren Zahl bewaffneter Begleiter. Im Jahre 1428 brechen in Venedig 128 deutsche Kaufleute auf, um gemeinsam nach Frankfurt zu ziehen. Doch bei Sinsheim werden auch sie Opfer eines Überfalls von Konrad von Weinsberg.[182]

Und im Jahre 1455 – drei Meilen von Magdeburg entfernt – erbeuten sogar Räuber aus dem Hochadel, die Herzöge Friedrich und Otto von Lüneburg, drei Wagen mit wertvollen Waren, die für Venedig bestimmt sind. Dies geschieht in so rüder Weise, dass Augenzeugen berichten, die Kaufleute seien *„in roffliker wyse upgehauwen“* worden. Danach wird das erbeutete Handelsgut auf das bei Wittislingen gelegene Fürstenschloss Knesebeck und weiter in das Lüneburger Land gebracht.[183]

Doch nicht nur Totalverluste im Warenverkehr müssen die Kaufleute fürchten, sondern auch Diebstähle, die in jener Zeit an der Tagesordnung sind. Sie führen ebenfalls zu großen Verlusten im Handelsgeschäft. So treibt sich im Jahre 1753 der berüchtigte Straßen- und Posträuber Caspar Bischner auf dem Land um Augsburg herum. Er wird auch auf der „Alten Straße“ nach Beute Ausschau gehalten haben. Der Steckbrief beschreibt Bischner als ungefähr 30 Jahre alt, von kleinerer etwas gesetzter Statur, braunem Haar, von rundem rotbleichem glatten vollkommenem Angesicht. Er hat graue

Augen, eine spitze Nase, ein *„etwas aufgeloffenen Maul*" und ist *„mittleren besetzten graden Fußes*". Er trägt meist einen kleinen, manchmal auch etwas größeren blonden Schnauzbart und spricht eine Soldatensprache. Er gibt sich meist mittels Dokumenten, die er bei sich trägt, als Pilger aus und hält sich überwiegend um Augsburg herum auf.[184]

‚Fahndungsplakate' solcher Art warnen in den Gasthöfen entlang der „Alten Straße" die Kaufleute vor allzu großer Leichtsinnigkeit.

## Die Wasserstraße

Glitzernde Wasserbänder durchziehen im Endneolithikum die dicht bewaldete Lechfeldebene. Kiesinseln, zum Teil mit lichtem Unterholz bewachsen, teilen den Hauptstrang immer wieder in mehrere Arme auf und führen diese wieder zusammen. Abgetrennte Wasserarme, die noch die Reste des Schmelzwassers in sich tragen, überdauern bis zu den nächsten Hochwassern als tierreiche Refugien. Die Schmelzwasser, die vom Alpengürtel über den Lech entwässern, lassen den Fluss im Frühjahr zu einem schäumenden Strom anschwellen, der Flussinseln mitreist, Uferböschungen weit ins Land hinein abträgt und neue Flussarme bildet. Diese bis in die frühe Neuzeit immer wieder überlieferte Unbändigkeit des Lechs in seinem durch wechselnde Mäander stetig nach Osten wandernden Tal bietet sich für den Menschen als nützliches Transportband an. Der Einbaum ist wohl auch auf dem Lech das erste Wasserfahrzeug gewesen – dort, wo keine Furt die Überquerung des Flusses erleichtert hat. Im fünften Jahrhundert vor Christus geben keltische Siedler dem Fluss seinen heutigen Namen: „der rasch Fließende" – „Licca" – der Lech.

Im Jahre fünfzehn nach Chr. stehen römische Straßenbaueinheiten im Lechtal. Sie schlagen eine Straßenschneise entlang des Flusses und bauen Militärposten und Militärlager zur Sicherung des Nachschubs über Straße und Fluss.[185]. Die Sicherung des Flussufers ist Voraussetzung für die Aufnahme des Gütertransportes auf dem Lech. Nach der Überquerung von Reschen- und Fernpass wird der Lech für den Gütertransport unverzüglich ‚in Betrieb' genommen. Später werden zunächst der Inn und dann auch die Isar zu unverzichtbaren Arterien der römischen Logistik für die Verteidigung des raetischen Gebietes der römischen Reichsgrenze.[186]

Die Straßenführung der neuen römischen Trasse am Lech entlang berührt immer wieder das Lechufer, wo kleine Militärposten wie in Epfach oder am Steilhang des „Römerkessels" den Fluss- und den Landverkehr überwachen. Die Nähe des Lechufers in römischer Zeit im Süden des heutigen Königsbrunn lässt vermuten, dass in der Frühzeit des Transportverkehrs über Straße und Fluss auch auf dem Boden des heutigen „Neuhaus" und im heutigen Ortskern von Haunstetten solche Militärposten Straße und Lech kontrolliert haben.

Der Gütertransport auf dem Wasserweg wird nicht nur unter dem Gesichtspunkt des militärischen Nachschubs durchgeführt. Vieles lässt sich auf dem Fluss zügiger bewerkstelligen als auf der noch nicht ausgebauten römischen Straße. Dafür werden auf dem floßbaren Lech ab dem späteren Foetes (Füssen) bis zum römischen Hafen von Augusta Vindelicum Flöße eingesetzt, die dort nach der Talfahrt als Nutzholz oder Brennholz Verwendung finden. Ab Augusta Vindelicum (Augsburg) kann man davon ausgehen, dass auch andere Bootstypen zum Einsatz gekommen sind, da das Treideln[187] aufgrund der dort geringeren Fließgeschwindigkeit und der größeren Wassertiefe im Lech-Unterlauf möglich war. Besonders haben sich dazu römische Plattbodenschiffe[188] geeignet.

Der Lech von Füssen bis Schongau

Dies sind Vorläufer unseres bekannten Prahm, die flussabwärts wie ein Floß gefahren werden. Sie sind mit einem Treidelmast versehen, der auch als Segelmast dient, und können bis zu 30 Tonnen tragen. Aufgrund der expandierenden Gütertransporte wächst die Nachfrage an Flussschiffen. Es liegt daher im Bereich des Möglichen, dass von Füssen, das in römischer Zeit durch seine umliegenden dichten Primärwälder reich an Bauholz war, Flachbodenschiffe auf die ‚Flussreise' geschickt worden sind, um sie dann mit den Waren flussabwärts weiterzuverkaufen – eine Methode, die auch im Mittelalter praktiziert worden ist. Ist dem so, dann sind nicht nur Flöße, sondern auch römische Plattbodenschiffe den Lech flussabwärts in die Donau geschwommen.

Aus Reliefabbildungen von Ladetätigkeiten in Donau-

häfen, von Schiffstypen und Funden[189] kennen wir auch die etwa sechs Meter langen Flussboote, die Tannenholzfässer in zwei Lagen transportieren und von zwei Männern gesteuert werden. Die Faßherstellung und -nutzung haben die Römer bei der keltischen Bevölkerung kennen gelernt. Schon bald sind sie auf diese – im Gegensatz zur Beförderung in Amphoren – viel praktischere Art des Flüssigkeitstransportes umgestiegen – auch bei der Verpackung von beispielsweise feuchtigkeitsempfindlichen Handelswaren. Die schweren Amphoren wiegen leer achtzehn Kilogramm und haben ein Fassungsvermögen von nur fünfundzwanzig Litern. Zwei Männer sind nötig, um sie zu transportieren. Und es sind Wegwerfprodukte. Tannenholzfässer hingegen fassen das Vielfache und sind durch einen einzigen Mann zu bewegen.[190] Die zuvor erwähnten Flussboote können halb beladen auch

noch getreidelt werden. Drei Personen reichen aus, sie durch knietiefes Wasser zu ziehen, selbst wenn sie mit zwei Fässern und einem Steuermann beladen sind.

Da die Kosten bei einem Landtransport mit einem Ochsengespann um das Fünf- bis Sechsfache höher sind als bei einem Flusstransport[191]– und das auch noch bei doppeltem Zeitaufwand – könnte das ein Grund dafür sein, dass die spätere Via Claudia Augusta erst dreißig Jahre danach ausgebaut worden ist. Später werden in der Nachschubbasis Foetes (Füssen) die über die Alpen kommenden Güter zunächst in den Magazinen eingelagert. Sobald das nächste Floß gezimmert ist, werden die Waren dann talwärts befördert. Das wird auch durch Funde von Floßteilen wie zugeschnittenen Balken, Flößerstacheln und Schleppketten untermauert.

Der Lechfluss von Schongau bis Landsberg

Der Warentransport per Floß hat auch nach dem Ausbau der Via Claudia „mengenmäßig an der Spitze aller Transportmöglichkeiten gestanden.“ [192] Vorrang vor allen in Füssen – oder nach Ausbau des Brennerpasses in Epfach – ankommenden Gütern haben all jene, deren Lagerung aufgrund der Verderblichkeit einem Zeitlimit unterliegen wie Muscheln, Seefisch und anderes mehr.

Manche der Waren, die über den Lech geflößt werden, finden die ersten Abnehmer bereits in den Siedlungen und Militärposten entlang des Lechs. So macht ein Transport unterhalb der römischen Siedlung auf dem Auerberg bei Schongau fest, ein anderer unterhalb des Militärpostens auf dem Lorenzberg bei Epfach. Von beiden Flößen werden Kontingente italienischer Glasgefäße ausgeladen,[193] aber auch Gefäße, die aus Syrien

Der Lechfluss von Landsberg bis Haunstetten mit den beiden Haupttrassen der „Straße nach Italien" – über die heutige Königsbrunner Flur – in der Blütezeit des Fernhandels

und Palästina kommen. In Abodiacum (Epfach), wo in römischer Zeit das Salz weiterhin über die bronzezeitliche Salzstraße (Via Salina) von Juvavum (Salzburg) kommend den Lech erreicht, wird das kostbare Konservierungsmittel auf Lechflöße umgeladen – ebenso wie Bergbauprodukte. Aus der Gegenrichtung, aus Cambodunum (Kempten) und Brigantium (Bregenz), kommen Handelswaren hinzu.

Große Kontingente an Bauholz und gewaltige Mengen an Brennmaterial – Energielieferungen für die Handwerksbetriebe – lasten die Transportkapazität des Lechs, wie später auch im sechzehnten Jahrhundert, völlig aus. Alle zehn bis fünfzehn Minuten passiert ein Floß den Lech auf der Höhe des heutigen Königsbrunn. Dieser

hat aufgrund der Korrioliskraft sein Hauptbett in den letzten zweitausend Jahren über eineinhalb Kilometer weiter nach Osten verlegt.

Kinder aus den Gutshöfen, die am Flussufer spielen, winken den vorbeifahrenden Flößern zu, die sich bereits freuen, eine Stunde später im römischen Hafen der Provinzhauptstadt Augusta Vindelicum anzulegen. Die hölzerne Kaianlage etwa dreihundertfünfzig Meter östlich der römischen Stadt wird vom ersten bis ins dritte Jahrhundert als Warenumschlagsplatz genutzt.[194] Während ein Teil der Flöße weiter stromab in die Donau schwimmt, löschen andere Flöße ihre Ferngüter und Zuladungen aus Epfach hier im Hafen. Am Kai stapelt sich das Brennholz für die öffentlichen Thermen und

Heizungen der Privathäuser, Bauholz für öffentliche und private Bauten… Massenware, die über den Reschen- und den Brennerpass kommt, wie zum Beispiel Lieferungen von Rippenschalen, Tellern und Krügen aus Oberitalien.[195] Sind diese, wie sich beim Empfänger in Augsburg herausstellen wird, auf dem Transport zerbrochen, so werden sie im Hof des Händlers zerkleinert und in Gruben entsorgt.

Im Augsburger Hafen herrscht täglich eine nicht endenwollende Betriebsamkeit. Eine Ladung Öllämpchen aus Modena wird gerade auf ein römisches Flussschiff umgeladen. Die Ware ist für einen Händler in Castra Regina (Regensburg) bestimmt. Ein Karren mit Töpferware, die in Rapis (Schwabmünchen) hergestellt und zu einem

Der Lech von Haunstetten bis Waltershofen mit den Straßen, die von Antwerpen und Brüssel, von Köln, Frankfurt und Nürnberg kommen

Großhändler nach Augusta Vindelicum geliefert worden ist, steht am Kai. Sie soll mit dem Flussschiff die Donau abwärts transportiert werden. Auf dem Kai stapeln sich Weinfässer neben einem Kran, der das Entladen von schweren Gütern, wie zum Beispiel von behauenen Steinen, übernimmt. Die Entladung muss schnell vonstatten gehen, denn schon erreicht der nächste Warentransport den Ladeplatz. Er befördert traditionell in Amphoren verpackte Flüssigkeiten: Olivenöl und die unverzichtbare Fischsauce Garum. Augusta Vindelicum ist selbst Sitz einer Fischfabrik, die im übrigen einen ausgezeichneten Ruf genießt. Fässerweise erreichen Makrelenlieferungen die Firma des Valerius Maxumus, der hier eine hervorragende Makrelensauce, die „liquamen Scombri excellens", herstellt. Auch Austern werden in großen Mengen am

Der Lech von Waltershofen bis zu seiner Mündung in die Donau

Kai ausgeladen. Wegen ihrer Verderblichkeit werden sie allerdings unverzüglich mit Einachsern in die Stadt und auch ins Umland weitertransportiert. In vielen Haushalten gehören sie zum abwechslungsreichen Speisezettel, wie Archäologen durch Muschelfunde in Augsburg und auf den ländlichen Gutshöfen, wie zum Beispiel in Friedberg, haben nachweisen können.[196]

Ein Teil der Waren, die von der Donaumündung die Donau aufwärts getreidelt werden, wird hier in Plattbodenschiffe umgeladen. Diese haben den Hafen von der Donau lechaufwärts erreicht. Insbesondere in der ersten Hälfte des zweiten Jahrhunderts werden große Mengen an Baumaterial – Steine und Kalk – für den großflächigen Ausbau der römischen Stadt Augsburg be-

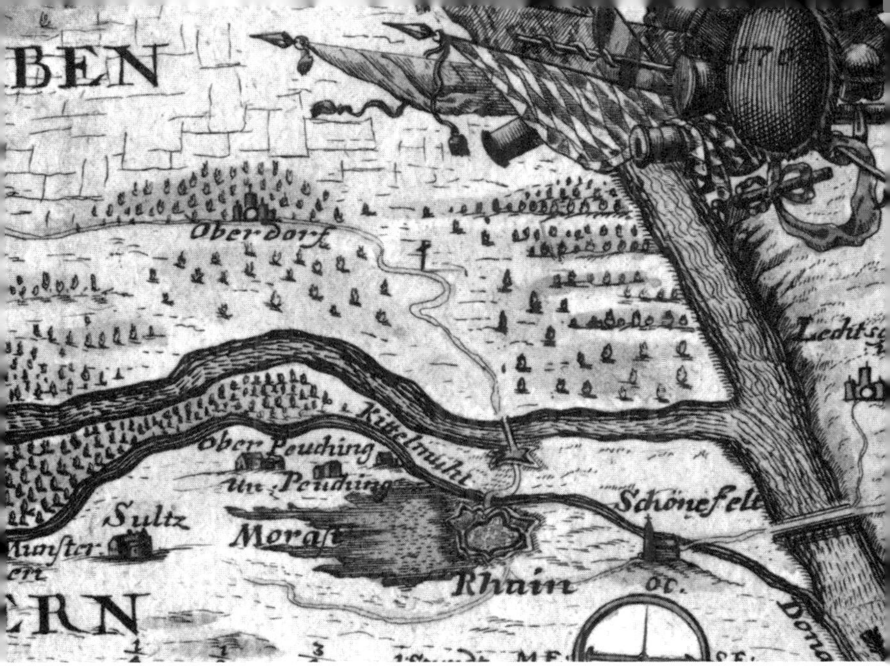


nötigt. Diese Materialien werden hier mit Frachtschiffen angelandet. Als Rückfracht – die Donau abwärts – befördern diese Schiffe große Mengen an Vierkantkrügen aus der Augsburger Filiale einer oberitalienischen Glaswerkstatt.

Wie wir aus der Dendrochronologie des römischen Hafens in Augsburg (am heutigen Vincentinum-Krankenhaus) wissen, ist dieser nach der Mitte des dritten Jahrhunderts verschwunden. Grund dafür sind wohl die in den Jahren 259/260, 268, 270, 270/71 und nach 272 nach Chr. erfolgten juthungischen und alamannischen Einfälle.[197] Bei ihrem Zug über das Lechfeld haben die plündernden Horden – wie bereits beschrieben – den Landstrich verwüstet und ungeschützte Bauten sowie einen großen Teil der Infrastruktur zerstört. Auch das Leben in den Vorstadt-Landgütern auf der Flur des heutigen Königsbrunn leidet darunter.

Fünf Jahrhunderte später, lange bevor wir den ersten gesicherten historischen Nachweis von der Lech-Flößerei haben, werden wahrscheinlich wieder Floßfahrten durchgeführt. Das Steinmaterial, das die Augsburger benötigen, um ihre Stadt mit einer Steinmauer vor den Magyaren zu schützen, muß herangeschafft werden. Ziegelbrand ist zu langwierig, Transportkapazitäten sind nicht genügend vorhanden. Und so entdecken die Augsburger aus der Notlage heraus den Lech als Transportband. Steinmonumente aus der Römerzeit, die im Lechbett konserviert wieder entdeckt worden sind, geben Zeugnis von diesen Steinstransporten auf dem Lech.

Im dreizehnten Jahrhundert wird die Lechflößerei – wiederum aus einer Notlage – erneut aufgenommen. Der aufkommende Fernhandel wird aus der Nachfrage nach Gütern geboren, die in immer zahlreicheren Handelszügen mit Maultieren über den Brenner- und den Reschenpass geschafft werden. Und da im Voralpenland Transportkapazitäten fehlen und die römischen Straßen teilweise zerstört sind, werden die Waren aus Italien in Füssen bzw. in Schongau auf Flöße verladen. Die Flößer bedienen Augsburg, fahren aber auch schon bis in die Donau hinein. Im Jahre 1388 berichtet die Welserchronik, dass: „*im folgenden Herbst …etliche Kauffleuth von Augspurg allerley Venedische köstliche Wahren und Etschwein* – Wein aus dem Etschtal –… *auff der Achßt und Flössen nach hier geladen hatten / … und also 24 grosse Ballen und 60 Faß Wein biß gen Fuessen gebracht…*[198] Bestimmte Waren, die wasserempfindlich sind, dürfen nicht geflößt, sondern müssen weiter auf dem Landweg transportiert werden, wie zum Beispiel Taft, Atlas-Seide, Samt und auch Möbel und Kunstwerke.

In der ersten Hälfte des fünfzehnten Jahrhunderts verändert ein ‚Jahrhunderthochwasser' den Lauf des Lechflusses wieder einmal grundlegend. Wahrscheinlich im Jahre 1433 nimmt – nahe dem heutigen Königsbrunn – die wohl verheerendste Flut seit Menschengedenken große zusammenhängende Streifen des Ostufers mit. In der Augsburger Überlieferung wird das Hochwasser als Gunzenleeflut bezeichnet, weil es auf der Ostseite des Lechs einen am Ufer aufragenden altgermanischen Grabhügel mit sich reißt, der einst ein Ort war, der als ‚Königsstuhl' Reichstage und Heerlager erlebt hat und an dem Gesetzesversammmlungen stattfanden.[199]

Bei dieser Flut wird auch ein Floßkanal zerstört, der auf der Höhe der heutigen Königsbrunner Flur abgezweigt ist und die Flöße mit den Waren durch einen Floßgraben nach Augsburg geführt hat. Noch heute existiert der „Floßgraben" als Geländeformation. Nördlich davon entsteht ein neuer Floßkanal. Seine Breite setzt den Maßstab für die maximale Größe der Versorgungsflöße. Und deshalb bleiben die Frachtfuhren klein, wobei der Fernhandel sich, wann immer es möglich war, auch des Flusstransportes über den Lech bedient hat.[200] ‚Kleine Frachten' bedeutet in logischer Konsequenz ‚viele Flöße'. Und da der Frachtbetrieb auf dem Lech stark ansteigt, bildet sich im fünfzehnten Jahrhundert als Konkurrenz zur Straßenrott auch eine Wasserrott heraus. Denn der stetig anwachsene Flussverkehr verlangt nach Schiffern, die ihr Handwerk in größter Verantwortung ausüben. Dies bedarf einer jahre-, vielleicht sogar jahrzehntelangen Kenntnis vom Strömungsverhalten, von den Wasserständen, den Veränderungen oder Verlagerungen von Untiefen – und das Ganze Flussabschnitt für Flussabschnitt, denn nach jeder Biegung zeigt ein Gebirgsfluss ein anderes Strömungsverhalten. Und wie die Straße, so wird nun auch der Lech in Transportabschnitte eingeteilt. Die Füssener Flößer fahren von Füssen bis Schongau. Hier kaufen die Schongauer Flößer den Füssenern das Floß ab und transportieren die Waren weiter bis nach Landsberg. Und von dort befördern die Landsberger nach Abkauf des Floßes die Handelsgüter weiter nach Augsburg, wo sie der Augsburger Flößerstand übernimmt und in die Donau fährt.

Im fünfzehnten und sechzehnten Jahrhundert schwimmen jährlich an Werktagen zwischen März und Ende November dreitausend bis viertausend Flöße den Lech abwärts.[201] Berücksichtigt man die Sonntage, die Feiertage, den ruhenden Verkehr zwischen Ende November und März, die jahreszeitlichen Hochwasser und die Zeiten des Tageslichts, dann passiert in der Blütezeit des Fernhandels über die „Straße nach Italien" alle zwanzig Minuten ein Floß die damals existierende Lechinsel auf der Höhe der heutigen Königsbrunner Flur. Damit ist der Flussverkehr voll gesättigt. Denn zeitliche Mindestabstände von 15-20 Minuten müssen bei dieser Fließgeschwindigkeit eingehalten werden, um Auffahrunfälle zu vermeiden. Flößer, die ein Floß vor sich haben, das auf Grund gelaufen und quer geschlagen ist, können ihr Gefährt nur stoppen, wenn vor der blockierten Fahrrinne zufällig eine Kiesbank liegt, an der das Floß stranden kann. Da das kaum vorkommt, ist der Verlust der Transportware letztendlich unvermeidlich.

Zwei Floßtypen sind über den Lech geschwommen: das Fernhandelsfloß und das Versorgungsfloß. Zum Bau eines Fernhandelsfloßes ist etwa dreimal soviel Holz nötig wie zum Bau eines Versorgungsfloßes. Das Fernhandelsfloß ist etwa sechs Meter breit, elf bis fünfzehn Meter lang und benötigt drei bis vier Flößer. Ein reichsstädtisches Versorgungsfloß, das vor Augsburg in den Floßgraben einfährt, darf dagegen nur vier Meter breit sein und ist auch nur etwa sechs Meter lang – zwanzig bayerische Fuß – wie uns Aufzeichnungen überliefern.

Der Rottflößerei ist von höchster Stelle ein Regelkatalog vorgeschrieben, an den sich jeder Flößer zu halten hat, um einen sicheren Frachttransport zu gewährleisten – ähnlich wie bereits ab dem dreizehnten Jahrhundert auf der „Straße nach Italien". Wir erfahren Einzelheiten darüber, wann und wo es Regelwidrigkeiten gegeben hat. So wird im Jahre 1585 beklagt, dass der Alkoholkonsum vor und während der Floßfahrten zu groß wäre. Es wird ein Gesetz erlassen, dass vor dem Ablegen in Füssen das Trinken von Alkohol verboten ist. Auch müssen die Flößer einen größeren Sicherheitsabstand zum vorausfahrenden Floß einhalten, um nicht aufzufahren, wenn dieses hängen bleibt. Kalkflöße dürfen nur an den Tagen fahren, an denen keine Kaufmannsgüter geflößt werden, da der Kalk ungelöscht ist. Es dürfen auch keine Passagiere mehr mitgenommen werden, damit die Flößer sich ausschließlich auf ihre schwierige Steuerarbeit konzentrieren können.

Die Flöße werden an der Füssener Lechlende auch mit Bergbauprodukten beladen – mit Kupfererz, Blei, Zinn und Kieselzinkerz, das als Galmei bekannt ist. Leichtwaren werden dazu geladen, mit denen die Füssener Ballenhäuser gut gefüllt sind, Säcke, die die getrockneten Blätter der „Bärentraube" enthalten. Aus diesen Blättern werden die Färbesubstanzen ‚Grau' und ‚Schwarz' für die Leinen- und Barchentstoffe gewonnen.[202] Daneben warten Säcke voller getrockneter Trauben auf den Weitertransport, kistenweise Seife und fässerweise Wein und Olivenöl. Vom Oberlauf des Lechs kommen große Lieferungen von Scheitholz, Schnittholz, Schindelholz und Bauholz, ebenso wie das Scheffelholz für die Fassmacher.[203] Kalk, Marmor und tonnenweise Gips in Fässern aus den Füssener Gipsmühlen sind für die Augsburger Floßlende bestimmt. Der Gips wird für Stuckarbeiten der Augsburger Bürgerhäuser und Kirchen verwendet. Auch alle anderen Waren, die den Lech abwärts transportiert werden, haben bereits ein ‚Reiseziel'. Selbst Brot wird 1573 auf Flößen lechabwärts „zur Weiterführung nach Wien und Österreich" versandt.[204]

Zur Beförderung der Waren über den Brennerpass wie

den Reschen- und Fernpass wird nicht nur auf der Alpennordseite, sondern auch auf der Alpensüdseite der Flusstransport genutzt. Während der Lech die Handelswaren zur Donau und damit weit in das südosteuropäische Hinterland transportiert, bringen die Flößer die für Venedig bestimmten Handelswaren auf der Etsch – vorbei an Trient und Verona – direkt in die venezianische Lagune. Bereits 1107 legen Verona und Venedig auf der Etsch die Zollfreiheit für wertvolles Gut fest, für Tuch wie für Gold und Silber. Letztere beiden sind, wie bereits bekannt, ein Hauptzahlungsmittel im venezianischen Orienthandel. Kupfer ist sowohl Zahlungsmittel als auch Handelsgut.

Transitgut auf der Etsch sind Ladungen aus Fellen, Häuten und Lederwaren. Die Etsch dient wie der Lech dem Holztransport, hier aber in erster Linie als Holzlieferant für den Schiffsbau. Das Holz geht auch als Exportgut nach Ägypten. Die Straße von und nach Italien ist für Venedig von erster Handelspriorität, so dass die Stadt alles unternimmt, um den sicheren Handel über die Land- und Wasserstraße zu gewährleisten. Venedig garantiert mit einer Entschädigungsklausel den Schutz der Kaufleute und hat auch Verona hierin in die Pflicht genommen. Ab dem dreizehnten Jahrhundert wird sogar eine venezianische Wachflotte auf der Wasserstraße eingesetzt, um den Warentransporten zwischen Verona und Venedig ‚Geleit' zu geben.[205] Diese Vorteile lassen die „Straße nach Italien" zur meistbenutzten Verkehrsverbindung über die Alpen werden.

Zur Mitte des sechzehnten Jahrhunderts lässt Augsburg in seinem Waldbesitz bei Füssen enorme Mengen Holz schlagen – rund 250.000 Bäume. Nach dem Fällen werden sie entzweigt und ungebundenen in den Lech geworfen. Anfang Juni des Jahres 1549 passieren die ersten Baumstämme die Lechinsel auf der Höhe der Königsbrunner Flur. Was zunächst nach späten Relikten des Winters und der Schneeschmelze aussieht, wird zu einem nicht enden wollenden Strom an geschlagenem „Treibholz“. Immer wieder stranden Holzstämme an Kiesinseln, werden von nachfolgenden hochgeschoben und bilden Sperrriegel, die den Verkehr auf dem Fluss zum Erliegen bringen. Die Lechflößerei geht, nachdem sogar Güterflöße unterwegs hängen bleiben oder gar Schaden nehmen, schlagartig zurück. Dazu kommen Schäden an Wehren und Brücken und vor allem in der Fischerei. Augsburg stellt das Triftflößen, wie das ungebundene Herunterschwimmen von geschlagenem Holz bezeichnet wird, notgedrungen zum Jahresende ein. In den kommenden Jahren fahren jährlich wieder zwischen fünftausend und sechstausend Fuhrwerke mit Holztransporten über die „Alte Straße“. Denn die Stadt benötigt jährlich etwa 120.000 bis 130.0000 Baumstämme – das entspricht etwa zwanzigtausend Holzfuhren im Jahr.

Im Jahre 1563 ist man offensichtlich der Meinung, die Transportkosten für die kommenden Jahre wieder auf die oberhalb Augsburgs lebenden Lechanwohner abwälzen zu können. Und so werden in den Jahren 1563 und 1565 wieder jeweils 250.000 bis 260.000 Baumstämme heruntergetriftet. Als drei Jahre später eine weitere Trift von sogar 350.000 Stämmen den Lechverkehr komplett blockiert, ist das Maß für alle Betroffenen voll und die Stadt Augsburg wird gezwungen, sofort und unwiderruflich die ungebundene Flößerei einzustellen.

Wie auf der Straße, so sind uns auch Zeitzeugen bekannt, die den Wasserweg nutzen und darüber berichten. Im Jahre 1606 hören wir von zwei Kapuziner-Patres, die mit dem Lechfloß von Schongau nach Genderkingen, einer Ortschaft flussabwärts gegenüber von Rain am Lech, unterwegs sind.[206] Und im Jahre 1628 zeigt uns ein Kunsttransport beispielhaft die Frequentierung der beiden Lechtal-Verkehrswege. Am 11. April 1628 lässt der Augsburger Kunsthändler Philipp Hainhofer einen Kunstschrank auf der Straße nach Innsbruck transportieren. Der Schrank wird auf ein sänftenartiges Tragegestell verladen, das zwei Maultiere befördern, die von Treibern begleitet werden. Der Aufseher Dominikus Passim reist mit dem Transport in einer sechsspännigen Kutsche mit. Der Schrank erreicht unbeschadet sein Ziel und steht heute im Palazzo Pitti in Florenz. Hergestellt wurde er von Meister Ulrich Baumgartner, der am Tag darauf mit dem Kunsthändler Philipp Hainhofer dem Transport nachreist. Später berichtet Hainhofer darüber: *„Adi. 12. Apr. Bin Ich mit M. Ulrich Paumgartneren … und mit Hans Jakob Lassmann, dieneren, und Jerg Reuttern, gutschern, im glait Gottes den gütteren gefolgt, das Mittagsmahl auf dem Lechfeld* [LXXII] *zu unser l. Frauen Hülff, 4 meil von Augspurg eingenommen… Von hinnen*

LXXII Klosterlechfeld

Triftgut – ungebundene Baumstämme – ist am Ufer gestrandet.

Das Ausweichmanöver der Flößer hat das nachfolgende Floß gefährlich nahe auffahren lassen.

*sein wir gefahren auff Landsperg, stättlein 2 mail…*“[207]
Die Rückreise von Innsbruck nimmt der Kunsthändler Hainhofer ab Schongau – aus Sicherheitsgründen – über den Lechfluss: „*weil alhie und underwegen so vil sagens gewesen, das die Mansfeldische soldaten … umb Landsperg und auf dem Lechfeld biß aufs kirchlin herunderstraiffen und die leuth blündern, so habe Ich das sicherer wöllen spilen, den Handen Pfanzelt und sein Dochtermann Hanß Ott*[LXXIII] *ainen Floss lassen zurichten…*
*Adj. 6. May: Sein wir deß morgens umb 3 Uhrn auff den Floss gesessen und biß nach Landsperg auf den wochenmarckt etliche Schongawische mezger und becken* [LXXIV] *gratis mit auf dem Floss gehabt…Zum Raamenkessel* [LXXV] *ist 2 meil. – Landsberg 2 meil, stättlin… Stadel* [LXXVI] *2 meil nur ain würthshaus. – Horn ist ain stain am weg. – Haustetten* [LXXVII]*, 3 meil. Nachmittag um 2 Uhrn sein wir … widerum glückhlich und wol bey den unsern zue Augspurg ankommen…*[208]
Nach dem Einschnitt des Dreißigjährigen Krieges und dem Rückgang des Fernhandels wird die Lechflößerei verstärkt zu Energielieferungen für die Stadt Augsburg eingesetzt. Jetzt sind hauptsächlich kleinere Versorgungsflöße unterwegs, die nun oberhalb des Augsburger Wehres – des Hochablasses – in den Stadtbach einfah-

---

LXXIII die Lechbrucker Flößer, Hans Ott und sein Schwiegervater Hans Pfanzelt

LXXIV Metzger und Bäcker aus Schongau

LXXV Römerkessel

LXXVI Schwabstadl

LXXVII Haunstetten

ren. Sie transportieren auch Grundnahrungsmittel in die Stadt, was bislang verboten war: vor allem Butter, Schmalz, Käse, Getreide und Bier.[209] Andere Flöße nehmen Schlachtvieh nach Augsburg mit: Kälber, Schweine, Kühe, Ochsen und Pferde. Im Schnitt kann ein Floß zehn bis vierzehn Tiere befördern. Im Jahre 1865 werden auf sechzehn Flößen 192 Rinder von Füssen nach Augsburg gebracht. Fernhandelswaren dagegen werden immer seltener. Aber es gibt sie noch. Um 1785 werden Kisten mit Obst aus Italien und Tirol sowie wertvolle Gold- und Silberwaren geflößt.

Ein neuer „Floßkunde" ist das Militär. Im Jahre 1683 werden während der Türkenkriege Geschütze, Munition und ganze sechs Regimenter vom Lechfeld nach Wien geschwommen. Und im Jahr 1737 lesen wir, dass 2.500 Steinplatten aus Lechbruck in einem großen Floßverband nach Wien geschafft worden sind, um sie dort als Fußboden für ein Wiener Krankenhaus zu verlegen.
Auch Ruderboote sind nach dem dreißigjährigen Krieg auf dem Lech zu finden.[210] Eine zeitgenössische Darstellung von 1626 zeigt Boote, in denen bis zu fünf Personen sitzen, und ein mit einem Ballen beladenes Floß, das mit zwei Personen besetzt ist. Auf einer anderen Darstellung, die Augsburg um 1700 zeigt, wird im Vordergrund des Bildes ein Floß von zwei Personen gesteuert. Es befördert eine Holzladung, die vom Gewicht her mehreren Weinfässern entspricht.[211]

Mitte des neunzehnten Jahrhunderts blüht die Lechflößerei ein letztes Mal auf und erreicht im Jahre 1868 sogar noch ein Aufkommen wie in der Blütezeit um 1600.[212] Von 4.300 Flößen, die die Lechinsel auf der Höhe der heutigen Königsbrunner Flur passiert haben, wird die eine Hälfte in Augsburg angelandet, die andere Hälfte schwimmt die Donau abwärts bis nach Budapest. 144 Flöße, die von der Füssener Floßlende abgelegt haben, transportieren insgesamt 864 Tonnen Holz in Stämmen, 470 Tonnen Gipssteine und Gips, fünfzig Tonnen Bretter, zwanzig Tonnen Zink, 200 Stück Mastochsen, 7,5 Tonnen Käse, sechs Tonnen Pech und fünf Tonnen Wetzsteine.

Doch die Tage des ungebunden fließenden Gebirgsflusses sind gezählt. Seine Wassermassen werden mit Dämmen kanalisiert und durch Wasserbauwerke und Staustufen kontrollierbar gemacht. Am 9. Juni 1917 fährt das letzte Frachtfloß den Lech hinunter. Heute erinnert in Königsbrunn unbeabsichtigt die Nepomuk-Kapelle, da sie dem Schutzpatron der Flößer und Schiffer gewidmet ist, an die zweitausendjährige Geschichte der Lechflößerei.

# Die Straße nach Italien

Die „Straße nach Italien" ist längst eine transeuropäische Nord-Süd-Verbindung, als sie im Jahre 1501 auf einer mitteleuropäischen Landstraßenkarte erstmals kartografisch wiedergegeben wird. Der Autor dieser Straßenkarte ist, wie schon erwähnt, der Nürnberger Kartograph, Astronom, Schreib- und Rechenmeister Erhard Etzlaub. Er vermerkt darauf alle Fernstraßen, die zu Beginn des sechzehnten Jahrhunderts durch das deutschsprachige Mitteleuropa führen, und beschreibt seine Karte mit den Worten: *„Das sind die Landstraßen durch das Römische Reich* (deutscher Nation) *von einem Königreich, das an das deutsche Land grenzt, bis zu dem anderen, von Meile zu Meile in Punkten gezeichnet."*[LXXVIII]

Im Zentrum des Kartenbildes zieht sich die transeuropäische Straßenverbindung von Nordjütland bis nach Mittelitalien. Sie beginnt in Viborg und läuft über Flensburg, Schleswig, Lübeck, Lüneburg, Braunschweig, Erfurt und Nürnberg nach Augsburg. Vor dort führt sie weiter über die heutige Königsbrunner Flur, über Landsberg, Schongau, Mittenwald, Innsbruck, den Brennerpass, Trient, Verona, Bologna, Florenz und Siena nach Rom. Lübeck, Schleswig und Danzig sind die bedeutenden Handelsstädte an der Ostsee und die nördlichsten Han-

LXXVIII „Das seyn dy lantstraßen durch das Romisch reych von einem Kunigreych zw dem andern dy an Tewtsche land stoßen von meilen zw meilen mit puncten verzaichnet". Eine deutsche Meile sind hier 7 Kilometer.

delsplätze, an denen venezianische Waren im direkten Landverkehr umgeschlagen werden. Bereits Mitte des 14. Jahrhunderts wissen wir von venezianischen Waren, die von Venedig nach Lübeck transportiert worden sind. Korrespondenzen von Nürnberger, Augsburger und Lübecker Kaufleuten berichten von einem regelmäßigen Handelsverkehr dorthin. Bei den Nürnbergern ist es die ‚Erste Imhoff-Gesellschaft', die mit Lübeck und Venedig im Gewürzgeschäft tätig ist.[213]

Im fünfzehnten Jahrhundert nimmt der Venedigverkehr stetig zu. Anfang des sechzehnten Jahrhunderts läßt der Lübecker Kaufmann Godert Wiggering große Mengen an „Reis, Hutzucker, Safran, Pfeffer und Pfefferkümmel", darüberhinaus weitere Gewürze sowie Südfrüchte, Glaswaren, Brasilholz und anderes aus Venedig über Nürnberg nach Lübeck transportieren.[214] Zahllose Gespanne mit dem Massengut Seefisch – getrocknet oder gesalzen – gehen von Lübeck aus auf der transeuropäischen Fernstraße nach Süden und passieren die Handelsstädte Lüneburg und Braunschweig. Auch dort findet man venezianische Waren in den Ballenhäusern. In Erfurt stoßen drei Fernhandelsstraßen auf die „Straße nach Italien": eine Fernhandelsstraße, die von Rostock kommt und zwei Fernstraßen aus Danzig. Davon verläuft eine über Stettin, Berlin und Braunschweig, die andere über Posen und Leipzig. Hier treffen wir auf den Fuhrmann Weichert, der mit seinem Gespann aus Venedig unterwegs ist. Dort hatte er acht Packen Laken, sechs Säcke Baumwolle, vier Fässer und zwei Packen mit Drogerien aufgeladen. In Augsburg und in Nürnberg war er bereits einen Teil der venezianischen Ware bei den Empfängern losgeworden. Nun ist er nach Leipzig unterwegs, um die restlichen venezianischen „Drogerien" abzuliefern. Einige Tage nach ihm fährt der Fuhrmann Peter Erdmann die gleiche Strecke. Auch er hat in Nürnberg ein Handelshaus beliefert und ist nun nach Leipzig unterwegs.[215]

Bei der Reichsstadt Nürnberg treffen Fernstraßen, die von Danzig sowie von Flandern kommen, auf die „Straße nach Italien". Nürnberg ist seit langem der bedeutendste deutsche Handelspartner Venedigs und dementsprechend ist die Strecke Venedig-Nürnberg bereits in der zweiten Hälfte des vierzehnten Jahrhunderts stark befahren.[216]

Die erhalten gebliebene Geschäftskorrespondenz einiger Nürnberger Handelshäuser führt uns den Nürnberger Fernhandel über die „Alte Straße" bildhaft vor Augen, wenn wir beispielsweise von dem Fuhrmann Georg Wenzel aus Frammersbach hören, der mit drei Gespannen in Richtung Nürnberg zieht. Auf seinen Fuhrwerken transportiert er acht Ballen Pfeffer, vier Ballen und drei Fässer trockene Güter sowie zwei Säcke mit Baumwolle. Am Morgen hat er die Reichsstadt Augsburg hinter sich gelassen und erreicht nun am späten Nachmittag den Donauübergang ‚Worth' (Donauwörth), wo die Fernstraße aus Paris auf die „Straße nach Italien" stößt. Auch an dieser Anbindung zeigt sich deutlich, dass keine andere der vier Fernhandelsstraßen, die auf der ersten mitteleuropäischen Straßenkarte nach Süden verzeich-

**Die transeuropäische Nord-Süd-Straße im Geflecht bedeutender mittelalterlicher Fernstraßen**

Straßen sind Lebensadern, die Siedlungen, Dörfer und Städte entstehen lassen. Am Anfang einer Siedlung steht bis in das achtzehnte Jahrhundert hinein meist eine Straße.

Städte, Burgen und Residenzen entwickeln aus politischen, wirtschaftlichen und militärstrategischen Bedürfnissen neue Straßen und schaffen im Mittelalter neue Fernverbindungen.

Durch den Handel wird einer Straße erst die Seele eingehaucht. Handel allein ist der Garant, dass eine Straße lebt und überlebt. Wo Pest oder Krieg die Infrastruktur einer Straße zerstören, Dörfer von der Landkarte verschwinden, stirbt unweigerlich auch die Straße. Und wo der Handel über sie boomt, wird die Straße zum Straßenbündel wie jahrhundertelang auf dem Lechfeld zwischen Augsburg und Landsberg. Die Verknüpfung mit anderen bedeutenden mittelalterlichen Fernstraßen hat hier dem Fernhandel über Jahrhunderte Kontinuität verliehen.

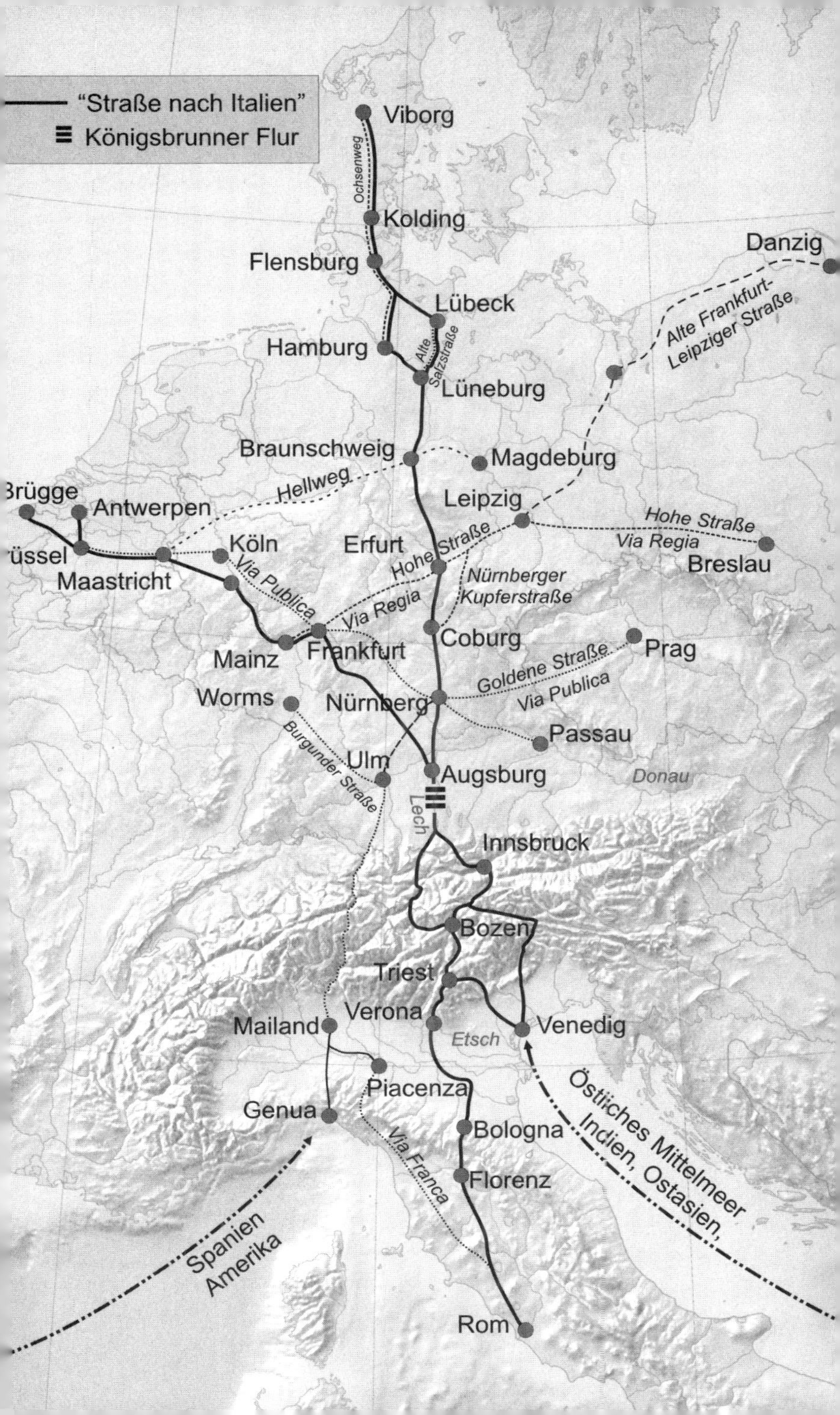

"Straße nach Italien"
Königsbrunner Flur
Viborg
Ochsenweg
Kolding
Flensburg
Lübeck
Hamburg
Alte Salzstraße
Lüneburg
Danzig
Alte Frankfurt-Leipziger Straße
Braunschweig
Magdeburg
Hellweg
Brügge
Antwerpen
üssel
Maastricht
Köln
Via Publica
Leipzig
Hohe Straße
Via Regia
Breslau
Erfurt
Hohe Straße
Nürnberger Kupferstraße
Via Regia
Mainz
Frankfurt
Coburg
Prag
Goldene Straße
Via Publica
Worms
Nürnberg
Passau
Burgunder Straße
Ulm
Augsburg
Donau
Lech
Innsbruck
Bozen
Triest
Verona
Mailand
Venedig
Etsch
Piacenza
Genua
Bologna
Via Franca
Florenz
Östliches Mittelmeer
Indien, Ostasien,
Spanien
Amerika
Rom

net sind, auch nur ein annähernd so großes Verkehrsaufkommen hat,[217] wie die „Straße nach Italien". Aufgrund ihrer geostrategischen Bedeutung bleibt sie bis in das neunzehnte Jahrhundert hinein die wichtigste mitteleuropäische Wirtschaftsachse[218] nach Venedig. Sie muss allerdings über die ersten zwei Jahrzehnte des sechzehnten Jahrhunderts eine Abschwächung im Pfefferhandel hinnehmen, da in dieser Zeit der ab 1503 aufstrebende Gewürzmarkt Antwerpen das Pfeffergeschäft an sich bindet. Doch hohe Transportverluste im indisch-portugiesischen Seeverkehr und eine stark wachsende europaweite Nachfrage nach den in Lissabon und Antwerpen angelandeten ‚Indischen Spezereien' machen schon bald den Absatzeinbruch bei den über den venezianischen Markt laufenden indischen Gewürzen wieder wett. Doch für Muskatblüten, Muskatnüsse und Gewürznelken bleibt durchgängig Venedig der führende europäische Umschlagplatz.

Die „Straße nach Italien", wie sie sich erstmals im Jahre 1501 präsentiert, hat vor allem durch die Vernetzung wichtiger mittelalterlicher West-Ost-Fernstraßen an Bedeutung gewonnen. Von Jütland ist sie eine Strecke lang identisch mit dem „**Ochsenweg**", der bis nach Stade und später nach Hamburg geht. Auf dem Weg dorthin, in Neumünster, biegt die „Straße nach Italien" über eine Stichstraße nach Lübeck ab, von wo sie parallel zur „**Alten Salzstraße**" weiter nach Lüneburg führt. Weiter, an der Braunschweiger Furt, kreuzt dann der **Hellweg** die „Straße nach Italien". Seit dem frühen Mittelalter zieht diese auch den Verkehr von der Osttrasse der „**Via**

**Regia**" ab, die von Breslau aus über Leipzig die transeuropäische Straße in Erfurt quert und dann weiter über Fulda und Frankfurt nach Mainz verläuft. Im vierzehnten Jahrhundert übernimmt auf gleicher Strecke aber unterschiedlicher Trasse die „**Hohe Strasse**" den Handel der „Via Regia" und führt vor allem den von Osten, von Leipzig, kommenden und dorthin gehenden venezianischen Handelsverkehr in Erfurt[219] auf die „Straße nach Italien". Die seit 1165 bestehende Leipziger Messe, die seit dem dreizehnten Jahrhundert dreimal jährlich stattfindet, hat Leibzig zu einem Umschlagplatz für Waren aus allen Himmelsrichtungen werden lassen.[220] Durch ihren Handel mit Bergbauprodukten – vor allem mit Mannsfelder Kupfer – das auch als Zahlungsmittel beim Pfeffereinkauf akzeptiert wird – ist die Stadt natürlich ebenfalls ein Handelsplatz für venezianische Waren.

Auf dem weiteren Weg von Lübeck nach Süden erreichen wir mit Nürnberg den nächsten großen europäischen Umschlagplatz für Orientwaren. In Nürnberg schöpft die „Straße nach Italien" den Handelsverkehr von der „**Via Publica**" ab, die von Brüssel über Köln, Frankfurt und Würzburg nach Prag und auch in einem südöstlichen Zweig über Regensburg nach Passau führt.

In ihrem letzten Abschnitt vor der Überquerung der Alpen erhält die „Straße nach Italien" in der „**Burgunderstraße**" eine Konkurrenztrasse, die Nürnberg über Ulm, Chur, den Septimerpass und Mailand mit Genua verbindet. Im Mittelalter ist die „Burgunderstraße" eine wichtige Wirtschaftsader und auch eine bedeutende

Pilgerstraße für die von England und Flandern kommenden Pilgergruppen, die dann weiter, auf der antiken „**Via Cassia**", die im Mittelalter „**Via Franca**" heißt, nach Rom ziehen. Doch vergleicht man den Wirtschaftsverkehr der „Burgunderstraße" mit dem auf der Straße „Augsburg-Venedig" anhand des passüberschreitenden Warenverkehrs, so dominiert eindeutig der Handelsverkehr über den Brenner- und den Reschenpass gegenüber dem Transitverkehr über den Septimerpass.

Auf dem weiteren Weg nach Süden ist Augsburg im sechzehnten Jahrhundert der zweite große mitteleuropäische Warenumschlagplatz für venezianische Orientwaren. Zahlreiche venezianische Handelsgüter, die nach Frankfurt, Mainz oder auch in den Norden Deutschlands rollen, werden in Augsburg zunächst weiter nach Köln abgefertigt oder von Kölner Kaufleuten nach Norden weitergeleitet, nachdem die Handelsmetropole am Rhein für die Hanse zum Tor nach Venedig geworden ist. Der Lübecker Kaufmann Venckinchusen gibt dafür ein gutes Beispiel. Bereits zu Beginn des fünfzehnten Jahrhunderts begründet er seinen neuen Firmensitz in Köln damit, dass von Köln aus eine günstige und sichere Landverbindung nach Venedig geht.[221] Sein Handelshaus gründet die „Venedische Gesellschaft" mit Gesellschaftern, die wirtschaftsstrategisch positioniert an der „Straße nach Italien" sitzen: in Lübeck und in Lüneburg. Der venezianische Importhandel seiner Gesellschaft umfasst Gewürze, Baumwolle und Seide.
In den venezianischen Export und von dort *„in alle Teile der Welt"* gehen Wollstoffe aus England; ‚Englisches

Tuch', ,Flandersche Tuche', Rosenkränze aus Bernstein und vor allem Pelze. Zwar wird die „Venedische Gesellschaft" nach knapp sieben Jahren wieder aufgelöst, doch die Kölner Firma bleibt bestehen und handelt weiter, nunmehr mit Rohleinen und Seide, mit Samtgewebe aus Griechenland, Tuchen aus England und mit den Rohstoffen Baumwolle, Wolle und Flachs. Im Jahre 1410 gehen dreizehn Sack Schafwolle von Köln nach Venedig.„*Unsere Wolle, 13 Säcke, sind nach Venedig gekommen*", heißt es dazu in einem Dokument.[222] Weitere Kölner Produkte, die in den Export nach Venedig gehen, sind einfache wie hochwertige Textilien, darunter Damast- und Leinen- Rohware in Ballen, gefärbte Textilien wie die blaue „Kölnische Leinwand", feinste Goldfäden zur Brokatherstellung, „welche besser sein sollen als die venezianischen", sowie Blattgold und Blattsilber.

Von Venedig aus gehen in dieser Zeit die Transporte nach Köln deshalb oft über Augsburg und nicht den eigentlich direkteren Weg von Füssen über Ulm, weil die Handelsagenten für die Kölner Kaufleute in Augsburg sitzen. Und so frequentiert der Handel ,Venedig-Köln' die „Alte Straße" weiterhin mit seinen Gespannen, die mit der ganzen Vielfalt des Orients beladen sind: mit ägyptischer Baumwolle und chinesischer Rohseide, mit Zwirn, Goldfäden, Korallen; mit den Farbstoffen Zinnober, Brasilholz (Färberholz) und Indigo; mit den Gewürzen Pfeffer, Ingwer, Kardamom, Gewürznelken, Zimt und Safran, mit Muskatnüssen und -blüten, Sennesblättern, Kümmel und Thymian; mit Arzneidrogen wie Aloe, Borax, Galgantwurzeln, Wurmsamen und

Weihrauch sowie mit den Rohstoffen Wachs, Kupfer, Silber, Blei und Kork.

Politische Entwicklungen zwingen die Kaufleute in Flandern wie auch in Norddeutschland und in den Ostseehäfen zeitweise dazu, auf jeden Warentransport per Seefracht zu verzichten und stattdessen alle Handelsgüter über Land zu befördern.[223] So werden zwischen 1543 und 1544 alle Warentransporte zwischen den Niederlanden und Italien über Land abgewickelt und ein Drittel davon geht über Augsburg und den Brennerpass. Auch noch im achtzehnten Jahrhundert führen Transporte über die „Alte Straße" in die Niederlande und sogar bis nach England.[224]

So zeigt sich die „Straße nach Italien" im beginnenden sechzehnten Jahrhundert als eine transeuropäische Straßenverbindung im wahrsten Sinne des Wortes. Über die nächsten zwei Jahrhunderte vernetzt sie den europäischen Handelsplatz Venedig mit Märkten, die im heutigen Europa in den Staaten Österreich, Tschechien, Polen, Dänemark, Frankreich, England, Belgien und den Niederlanden liegen.

# Krisen und Blütezeit im Fernhandel mit Venedig

Als im Jahre 1503 Lissabon und Antwerpen ebenfalls in den Orienthandel einsteigen, reduzieren sich schlagartig die Warentransporte über die „Straße nach Italien". Denn in Lissabon ist der Pfeffer plötzlich fünfmal preiswerter zu erhalten. Das rechtfertigt auch einen längeren Transportweg über Land, auch nach Nürnberg und Augsburg. Doch schon bald kehrt der deutsch-venezianische Handel wieder zu seinem Handelsvolumen vor 1503 zurück. Denn Venedig bietet bessere Qualität an und auch zahlreiche Orientwaren, die in Lissabon nicht zu bekommen sind.[225]

Antwerpen, das sich zu Beginn des sechzehnten Jahrhunderts zunächst zum süddeutschen Einkaufsmarkt für indische Gewürze entwickelt hat, kann die süddeutschen Kaufleute auf Dauer nicht an sich binden. Eine große Rolle dabei spielen die größeren Transportstrekken zu Wasser und zu Land, auf denen die einkaufenden Handelshäuser – Augsburger und Nürnberger – alle Risiken tragen. Und das Gefahrenpotential ist groß. So klagt im Jahre 1507 der Faktor des Augsburger Handelshauses Rehlinger: „*Lasset allezeit alles versichern... denn jetzt kürzlich haben die Deutschen ein Schiff mit Spezerei verloren auf der Küste der Bretagne, so von Lissabon kam, darauf sie sehr viel verloren haben, die Welser 60 Sack Pfeffer, die Höchstetter 60 und die Rehlinger in all 26 Sack. Das sind fürwahr wüste Schlappen.*" [226] Auch der

Landtransport ist verlustreich. „*Wegen der Räuber seien die Straßen so unsicher, dass niemand auf Geschäftsreisen gehen wolle*",[227] klagt ein Nürnberger Kaufmann. Das Handelshaus Fugger zieht sich 1522 aus dem Lissabon-Antwerpener Pfeffergeschäft zurück, hält aber an seiner Faktorei in Antwerpen noch bis 1576 fest. Dann verlegen die Fugger ihre Niederlassung endgültig von Antwerpen nach Köln.

Zu Beginn des sechzehnten Jahrhunderts wird der Handelsverkehr auf der „Straße nach Italien" zusätzlich belebt. In der Vergangenheit hatten schwäbische und fränkische Kaufleute desöfteren ihre Warenzüge nicht über die „Straße nach Italien", sondern über Salzburg und die Tauernstraße nach Venedig geschickt. Der Grund lag in den niedrigeren Zollsätzen auf dieser Strecke. Nun wird am Katschberg allerdings eine weitere Zollstelle errichtet, was zur Folge hat, dass der aus Schwaben und Franken kommende und in beide Regionen gehende Handelsverkehr nun wieder auf die Brennerstraße zurückgeführt wird.[228]

Venedig bleibt im sechzehnten Jahrhundert ‚das europäische Handelszentrum' für Baumwolle, Ingwer, und andere Orientwaren, ein bedeutender Handelsmarkt für Rohrzucker und zudem der wichtigste Absatzmarkt für die Produkte der deutschen Montanindustrie. So tätigt auch weiterhin das Augsburger Handelshaus Fugger seine Einkäufe in der Lagunenstadt. Der gesamte Handel mit anderen nord- und mittelitalienischen Städten, auch der Handel über Genua, wird über die Niederlassung in

Venedig abgewickelt. Allein die Einkäufe von Damast, Atlas und Brokatstoff, die das Handelshaus im Jahre 1516 in Venedig tätigt, belaufen sich auf 40.000 venezianische Dukaten. Mit Kupfer- und Silberverkäufen aus den Tiroler Gruben und aus den Silbergruben Ungarns gleicht das Handelshaus Fugger seine Zahlungsbilanz in Venedig aus. Die daraus resultierenden „riesigen Gewinne“ [229] müssen in weitere venezianische Waren umgesetzt werden und so führt der Edelmetallexport zu einem andauernden „beträchtlichen“ Import venezianischer Waren: von Seiden, Samt und Brokatstoffen über Geschmeide und Juwelen bis hin zu Baumwolle, Gewürzen, Spezereien, Wein und Südfrüchten.[230]

Im Jahre 1517 trifft den venezianischen Handel eine schwere Krise. Die Osmanen erobern Ägypten und verwüsten Alexandria. Der Transithandel zwischen Asien und Europa bricht zusammen. Doch die Venezianer meistern auch diese größte ökonomische Krise in ihrer Geschichte. Der Doge schließt mit Sultan Bajaset II Frieden. Der Handel wird wieder aufgenommen.

Im Jahre 1571 kommt es zu einer letzten großen Störung im venezianischen Asienhandel, die dann in der Schlacht von Lepanto auch zugunsten Venedigs entschieden wird. Trotz des siegreichen Ausgangs der Schlacht, der drei Tage im Fondaco dei Tedeschi gefeiert wurde, zahlen die Venezianer 300.000 Dukaten Kriegsentschädigung und verzichten darüberhinaus sogar auf venezianisches Territorium, darunter auch auf Zypern, woher Venedig bisher einen großen Teil seines Rohrzuckers bezogen

**Die erste deutsche Meilenscheibe, um 1565**

Hans Rogel gilt als der Erfinder der Meilenscheibe überhaupt.[235] In der Augsburger Meilenscheibe hält er fest, dass die *„... viler Stedt, Wie weit von / augspurg Inn dieselben zu raisen sambt der Fürnehmsten flecken Dörffer un*(d) */ Klöster so darzwischen ordenlich und underschidlich benambt sein zuvor der- / gleichen an Tag nietkummen gar lustig unnd nützlich zugebrauchen."* Augsburg ist Knotenpunkt von Fernstraßen aus allen Himmelsrichtungen: von Regensburg, Landshut, München und Salzburg; der von Würzburg kommenden Fernhandelsstraße aus der Stauferzeit, der Fernhandelsstraßen von Frankfurt, Speyer, Heilbronn, von Straßburg und Paris. Und Augsburg verbindet die von Norden kommende transeuropäische Nord-Süd-Straße über Nürnberg und kanalisiert allen südwärts nach Venedig weitergehenden Verkehr über Haunstetten, die heutige Königsbrunner Flur, Schwabstadl, Landsberg... , kurzum – über die „Straße nach Italien".

liche anzaigung Viler Stedt Wie weit von
rg Inn dieselben zü raisen sambt der Fürnembsten flecken Dörffer vñ
so darzwischen ordenlich vnd vnderschidlich benambt sein zü vor der-
an Tag niem gar lüstig vnnd nützlich zü gebrauchen
Statt Hailbrün
Statt Speyr
Statt Franckfurt
Statt Würtzburg
Statt Bamberg
Statt Regenspurg
Statt Landshut
Des hailigen Römischen Reichs Statt Augspurg
OCCIDENS
SEPTENTRIO
ORIENS
MERIDIES
Cum Gratia et priuilegio &c. Hans Rogel.

hat.[231] Mit diesem klugen Schachzug sichern sich die Venezianer weiterhin den ungehinderten Handel mit asiatischen Ländern.

Ein Jahrzehnt darauf fällt Venedig auch noch die Rolle des nach Lissabon zweitwichtigsten Importhafens für Güter aus dem portugiesischen Indienhandel zu. Venedig profitiert vom Freiheitskampf der Niederlande, der bis Mitte des siebzehnten Jahrhunderts andauert, und von der gefährlichen Lage der Handelsschifffahrt in der Straße von Dover. Nicht nur Hans Fugger weist darauf hin: wegen *„der Umtriebe des englischen Dragons* (Francis Drake) *nichts über Lissabon und die unsicheren Niederlande zu schicken, sondern alles über Italien zu leiten,*[232] und benennt als Ansprechpartner den dortigen Mittelsmann Christoph Furtenbach. *„Per Schiff über die Nordroute wegen der Engländer zu gefährlich,"* betont er am 22. November 1586 zum wiederholten Male.[233] Letztendlich spielt auch noch eine Rolle, dass der Wasserweg über die Biscaya und den Englischen Kanal nach Hamburg – von den Ostseehäfen ganz zu schweigen – und von Hamburg wieder zurück nach Augsburg ein halbes Jahr und länger dauert, bis die Waren die Adressaten schließlich erreichen. All dies benötigt also viel mehr Zeit als der Gütertransport über Venedig.

Im Jahre 1570 steigt für die nächsten sechs Jahre die Stadt Genua zum wichtigsten europäischen Hafen für portugiesisch-spanische Importe auf. Im Nürnberger Handel steht Genua bereits zu Beginn des sechzehnten Jahrhunderts – nach Venedig und Mailand – an dritter Stelle. Auch Genua ist gut sortiert, was das Angebot an Orientwaren anbetrifft. Es bietet Pfeffer und Langen Pfeffer, Ingwer, Kanelröhren,[LXXIX] Wurmsamen, Gewürznelken, Muskatnüsse, Muskatblüten, Galgant und Zitwarwurzeln. Doch auf Dauer kann Genua gegenüber der Konkurrenz Venedig nicht bestehen. Im Jahr 1576 hält Venedig dann erstmals den größeren Anteil an Firmenniederlassungen, die ihre Tätigkeit aus dem wirtschaftlich darniederliegenden Antwerpen in die Lagunenstadt verlegt haben. Venedig ist nun Europas größter Überseehafen.

Diese Entwicklung beschert dem Wirtschaftsverkehr auf der „Straße nach Italien" eine bislang unerreichte Blüte. Zudem haben sich die Augsburger Handelshäuser Fugger und Welser zu einer den Weltmarkt beherrschenden Pfefferhandelsgesellschaft zusammengeschlossen und sich verpflichtet, den europäischen Markt jährlich mit 1.762 Tonnen Pfeffer [234] zu beliefern. Da viele Ladungen der von Indien zurückkehrenden ‚Pfefferschiffe' aufgrund der Bedrohung durch englische Piraten nicht durch den Ärmelkanal nach Norden weiterbefördert werden können, werden sie über Land transportiert – hauptsächlich aber auf dem Seeweg von der iberischen Halbinsel nach Genua und teilweise nun auch nach Venedig umgeleitet. Augsburger Kaufleute wie das Fuggersche Handelshaus importieren auch Waren aus Mittel- und Südamerika über Spanien, wobei im Fuggerschen Handelsverkehr ein Wandel in der Geschäftspolitik deutlich

LXXIX ungebrochene Zimststangen

Alltag auf den Trassen der „Straße nach Italien“ im 16. Jahrhundert. Im Vordergrund ein Kesselflicker mit Blasebalg und Werkzeugkasten.

wird. Der zu Beginn des sechzehnten Jahrhunderts auf Quantität ausgerichtete Import hat sich Ende des Jahrhunderts zu einer Geschäftspolitik gewandelt, die hohe Qualität in den Vordergrund rückt. ‚Selten und teuer' ist die Devise. Damit erreicht nun die Warenvielfalt auf der „Alten Straße" ihren Zenit. Die Güter kommen aus dem gesamten asiatischen Wirtschaftsraum, aus Nord- und Ostafrika, aus der Karibik, Mittelamerika, von der Ostküste und sogar von der Westküste Südamerikas. Die Handelsgüter aus den spanischen Besitzungen – aus Mexiko, Peru, Venezuela und aus der Karibik – werden von Sevilla oder Cadiz ins Mittelmeer weitertransportiert.[236] Nordafrikanische Waren werden mit eigenen Schiffen unter französischer Flagge in Marseille angelandet und erreichen von dort Genua, während indische sowie ostindische Waren mit arabischen Schiffen durch das Rote Meer transportiert werden und deshalb vermehrt in Alexandria auf den Markt kommen. Im Jahre 1564 treffen dreiundzwanzig Schiffe mit Gewürzen beladen aus Indien ein. Deutsche Kaufleute kaufen die Ladungen in Alexandria auf und lassen sie dann nach Venedig verschiffen.

Von Genua aus transportiert das Welsersche Handelshaus die Waren, die von der iberischen Halbinsel kommen, über seine Niederlassung in Mailand und von dort über den Pluegen- oder Septimerpass, über Memmingen, Mindelheim und Schwabmünchen nach Augsburg. Fuggersche Handelstransporte dagegen gehen von Genua über Mailand nach Verona und dann über die Brennerstraße nach Augsburg.[237] Und so werden in der

Blütezeit des oberdeutschen wie venezianischen Fernhandels Importgüter aus Spanien und den spanischen Besitzungen, vor allem spanischer Zucker und Safran, über die „Alte Straße" befördert. Aus dem Indienhandel kommen die bekannten Orientwaren, dazu regionale Produkte, wie Muskatellerwein aus der Umgebung von Genua, genuesisches Olivenöl, *„das besser ist als das venezianische"*, Pomeranzen in Kisten zu 159 Stück oder in Saumlasten zu 1550 Stück, Pinienkerne, Pistazien, Dörrpflaumen und „Susinas", die heute Ringlotten genannt werden. Kaufmannsbriefe listen Farbdrogen auf, die auf dem venezianischen Markt eingekauft worden sind: Purpur (Karmesin), Scharlach (Grana), Rotholz (Brasilholz), Indigo, Salpeter, Breiweiß, Zinnober, Himmelblau, Scharlachbeere, Alaun, Auripigment, Quecksilber, Arsen, Terpentin aus Lerchenharz für die Ölmalerei, Vitriol sowie Lacca , ein Gummilack, der auch Schellack genannt wird – desweiteren Mineralien wie Schwefel und Gallus sowie weiße und schwarze Seife.

Auch Kirchengesetze haben ihren Einfluss auf die Verkehrsbelastung der „Straße nach Italien". Da seit dem Spätmittelalter der Genuss von Fleisch an Freitagen und in der Fastenzeit strikt verboten ist, werden insbesondere in der 30tägigen Fastenzeit und vor hohen kirchlichen Feiertagen enorme Mengen an gesalzenem Seefisch über die Alpen eingeführt, denn der Transportweg von Venedig aus ist kürzer als von der Nordsee.

In den Export über Augsburg und die „Straße nach Italien" gehen auch Bergbauprodukte aus den Mittelgebirgen, vor allem Kupfer. Das verarbeitende Gewerbe

**Die Verkehrskarte Schwaben 1579/1580**

Der erste europäische Straßenatlas zeigt, wie in der Blütezeit des Handels der Verkehr nach Venedig aus allen Himmelsrichtungen in der Reichsstadt Augsburg auf die „Straße nach Italien“ kanalisiert wird.

BAVA
Würzburg
Nürnberg
Wien
Venedig
Alfing
Elwang
Alla
Oetingen
Bopffingen
Norlingen
Wallenstain
Bappenhaim
Monhaim
Konigbron
Trogenhofen
Horburg
Kaysshaim
Danubius flu
RIA
Giengen
Haestett
Dillingen
Merding
Gundelfingen
Weschendorf
Lanckwald
Reutern
Arlesreadt
Horgaw
Burgaw
Oberhausen
Augspurg
Biber
Burtnbach
Krumbach
Bablenhausen
E
Pobingen
Angelberg
Slumnach
Munchingen
Mindelhaim
Ottenbeur
PA
Waall
Yrsee
Kaufbeurn
Landtsberg
RS
Altheim

transportiert Eisenwaren, darunter Eisendraht, Kupferkessel und aus Nürnberg Kleinmetallwaren, „masseria“ oder „merzeria“ genannt, Zinnbecken und andere Waren aus Zinn, dazu Blei, welches hauptsächlich zu Kugeln verarbeitet ist, und Metalle aller Art.

Seit der Mitte des sechzehnten Jahrhunderts werden jährlich über 1,4 Millionen Stück Barchent hergestellt mit weiter ansteigenden Produktionsziffern. Bis Ende des Jahrhunderts ist der Stand von 5,2 Millionen Stück Tuch erreicht. Zwar werden die Barchentrollen in alle Himmelsrichtungen gehandelt, der größte Teil aber geht über die „Straße nach Italien“ in den Export. Den Barchentrollen beigepackt werden Felle und Pelze, Lederwaren, Schwäbisches Papier und eine heimische Warenpalette, deren Aufzählung hier begrenzt werden muss. Versucht man den Handel allein im Transportgewicht auszudrücken, dann setzt sich ein Stapel gelieferter Fernhandelswaren, der 49 Tonnen wiegt, zusammen aus:[LXXX] 40.248 Kilogramm Ingwer, 2.589 kg Muskatnüssen, 1.898 kg Gewürznelken, 1.388 kg Indigo, 1.275 kg Gummi-Lack, 413 kg Weihrauch, 391 kg Muskatblüten, 333 kg Galgant, 327 kg Capeletti, 161 kg Langem Pfeffer, 114 kg Wurmsamen und 40(Bund?) Rhabarber. Betrachtet man das Volumen der einzelnen Waren, da manche „Spezereien“ ja sehr leicht sind, aber viel Volu-

LXXX Das Gewichtsmaß „Pfund“ schwankt von Stadt zu Stadt. In Nürnberg wiegt ein Pfund 0,51 kg, bei medizinischen Produkten sind es 0,358 kg. Dies wiederum sind 12 Unzen, venezianisch: onz. Das venezianische Pfund wiegt 0,36 kg.

men aufweisen wie beispielsweise Ingwer oder gar Muskatblüten, dann beeindruckt die Volumenmenge, wenn wir lesen, dass Augsburg jährlich eine Tonnage von 10.000 bis 15.000 Tonnen über die ‚Untere Straße' und die ‚Obere Straße' erreicht hat. Die Tragfähigkeit zweirädriger von Pferden gezogener Wagen liegt im sechzehnten Jahrhundert bei maximal 2,5 Tonnen. Schwer beladene Fuhrwerke können bei Regen aufgrund der desolaten Straßenverhältnisse nicht fahren. Die durchschnittliche Tonnageleistung pro Gespann dürfte deshalb im Schnitt bei 1,5 Tonnen gelegen haben. Manche Wissenschaftler gehen sogar nur von einem durchschnittlichen Transportgewicht von nur 900 Kilogramm pro Fuhre aus, da eine Ladung gewichtsmäßig nur ausgereizt werden konnte, wenn die Produktpalette und das Lieferziel stimmten. Selbst, wenn man nur das maximale Transportgewicht zugrundelegt und die Ware selbst unberücksichtigt lässt, dann passieren gegen Ende des sechzehnten Jahrhunderts jährlich zwischen 6.500 und 10.000 Gespanne die „Alte Straße" in Richtung Augsburg. Das bedeutet, unter Berücksichtigung der Wintermonate und des sonntäglichen Arbeitsverbotes, einen Tagesverkehr zwischen vierunddreißig und zweiundfünfzig Wagen in Nordrichtung ohne Berücksichtigung des Gegenverkehrs. Mit diesen Zahlen liegt man lediglich an der Untergrenze des Verkehrsflusses über die „Alte Straße". Denn in dem Moment, wo eine mehrtägige Schlechtwetterperiode auftritt, kann die Tagesfrequenz bereits mehr als einhundertfünfzig Gespanne umfassen. Dies bestätigen auch Berichte, die von einer intensiven Nutzung der Rottfuhrstrecken sprechen.[238]

Da an den Passauffahrten zu den Alpenübergängen in beiden Richtungen eine hohe Verkehrsdichte herrscht, sind die Längen der Frachtzüge durch Verordnungen beschränkt. Es dürfen auf der ‚Unteren Straße' nicht mehr als zwanzig bis dreißig Frachtwagen und auf der ‚Oberen Straße' nicht mehr als fünfunddreißig Frachtwagen hintereinander in einem Zug fahren. Tatsächlich aber werden gegen Ende des sechzehnten Jahrhunderts an manchen Tagen Kolonnen von bis zu einhundert Frachtwagen zusammengestellt, deren Fracht aufgrund der ankommenden Menge an Fahrzeugen an den Umladestellen nicht mehr am nächsten Tag weiterbefördert werden kann. Dabei wird auch der Wasserweg voll ausgeschöpft – nach Süden über die Etsch, die ab der Eisackmündung südlich von Bozen floßbar ist, nach Norden ab der Füssener Floßlende oder ab Schongau über den Lech.

Wir haben bisher nur den Fernhandelsverkehr im Auge gehabt. Nun müssen wir auch den Regionalverkehr hinzurechnen. Mann muss dazu wissen, dass sämtliche produzierten Güter in einem Umkreis von sechs Meilen, das entspricht fünfundvierzig Kilometer um Augsburg herum, nur in der Stadt Augsburg angeboten, gehandelt und verkauft werden dürfen. Dies betrifft Güter des täglichen Bedarfs: bäuerliche Erzeugnisse wie Getreide oder Schlachtvieh. Denn die Stadt Augsburg, die inzwischen über 40.000 Einwohner zählt, benötigt jährlich zur Versorgung ihrer Bevölkerung allein über 7.000 Stück Schlachtvieh, saisonabhängig Tonnen von Rüben, Erbsen, Bohnen, Lauchstangen, Äpfeln, Butter und Käse, die aus dem ganzen Umland herangefahren werden. Zumindest zwanzig Prozent dieser Waren rollen über die „Alte Straße“ und zuweilen blockieren Viehherden die Fahrwege. Aus Landsberg, wo die Salzstraße von Salzburg über München zum Bodensee kreuzt, kommen zahlreiche Salzfuhren hinzu, die gesetzlich vorgeschrieben, nicht geflößt, sondern nur auf der Straße weiter befördert werden dürfen. Der Salzhandel hat im Mittelalter Landsberg reich gemacht und die Stadt zum bedeutendsten Salzhandelsplatz des Alpenvorlandes aufsteigen lassen. Jeden Tag erreichen Kolonnen von bis zu fünfzig Gespannen mit kostbarem Salz die bayerische Grenzstadt am Lech. Hier wird es umgeschlagen und mit neuen Gespannen über den Lech zur Rottstation Spötting gebracht. Täglich werden im dortigen Ballenhaus Salzfässer gestapelt, um sie über den nächsten Abschnitt der Rottstraße nach Augsburg zu transportieren. Die Stadt Augsburg benötigt immense Salzlieferungen für die Bevorratung von Lebensmitteln ebenso wie in der Textil- und Lederbranche. Es wird zum Bleichen und Färben verwendet und die Gerber benötigen Salz für die Konservierung der Tierfelle. Schon im Mittelalter ist der Bedarf an Salz so groß, dass in Augsburg der Salzverkauf über den Markttag ‚Freitag‘ hinaus von Donnerstag bis Samstag erlaubt ist und ein fremder Händler sogar jeden Tag Salz verkaufen darf.[239] Und am Ende des dreizehnten Jahrhunderts erhält auch Augsburg das Stapelrecht im Salzhandel. So sind täglich mit Salzfässern beladene Fuhrwerke über die „Alte Straße“ nach Augsburg unterwegs. Unter den Gütern des sekundären und tertiären Bedarfs stehen Holzfuhren an erster Stelle, dann folgen

Rohstofflieferungen für die Augsburger Wirtschaft – beispielsweise Flachs. Anfang des sechzehnten Jahrhunderts verordnet Augsburg, dass sogar im Umkreis bis zu sechzig Kilometer um Augsburg herum alle geerntete und verarbeitete Rohware nur in Augsburg zum Verkauf angeboten werden darf. Und so frequentiert auch noch ein ‚hausgemachter' Pendlerverkehr die „Straße nach Italien".

Auch die regionalen Schwerlasttransporte dürfen nicht vergessen werden: die Rohstoffe aus der nördlichen Alpenregion, die in der Zollstatistik des venezianischen Exports über den Brenner- oder Reschenpass nicht vorkommen. Es sind Transporte aus den heimischen Gruben, die für das weiterverarbeitende Gewerbe benötigt werden: Kupfer, Zinn, Zink, Eisen und Blei. Diese „Zufuhren" verdichten den Straßen- wie den Flussverkehr noch zusätzlich. Fügen wir nun noch das alltägliche Verkehrsgeschehen hinzu – Bauern, die ihre Erzeugnisse nach Augsburg tragen oder fahren, durchreisende Pilgergruppen, fahrendes Volk…, dann erleben wir eine beachtliche Verkehrsdichte. Da der Lechfluss buchstäblich „überfrachtet" ist, bleibt dem gewachsenen Verkehr nur die ‚Straßenflur', die er auf mehreren Parallelstrekken stadteinwärts und stadtauswärts frequentiert. Und daher lassen sich noch heute die Spuren der Blütezeit des Fernhandelsverkehrs in Feldwegeverläufen sowie in Feld- und Grundstücksgrenzen erkennen.

# Der italienische Markt im 16. Jahrhundert

Nach Italien bevorzugen Kaufleute,[240] wenn sie leichte Ladung transportieren, die „Augsburger Straße", wie die ‚Obere Straße' über den Reschenpass auch genannt wird. Sie hat streckenweise etwas mehr Steigung, ist dafür aber kürzer als der Weg über die Brennerstraße. Daher schickt auch der Nürnberger Kaufmann Hieronymus Koler der Ältere im Jahre 1526 seine Schafwollladungen über die ‚Augsburger Straße' nach Italien. Die Flurnamen „**Fern**pass" und „**Zug**spitze" weisen auf die frühe Bedeutung der mittelalterlichen Fernhandelsstraße hin.

Der erste Marktort nach der Überquerung des Alpenhauptkammes ist der Handelsplatz Bozen. Dorthin senden die Augsburger Brüder Hans und Jörg Amman „2 Fass Zinn, 5 Lasten à 125-143 Kilogramm rohe Leinwand und 1 Ballen weiße wollene Decken." Das gleiche Ziel haben die Augsburger Lukas Torrigiani und Leonhard Lidl. Torrigiani transportiert „28 Lasten rohe Leinwand gleichen Gewichts, 3 Fass und 12 Fäßlein Leinwand und 57 Ballen Juchtenleder" und Leonhard Lidl 62 Stück Augsburger Waren und zwanzig Fässer mit Nürnberger Waren. Ein weiterer Kaufmann ist mit 132 Stück Leinenstoffen aus Schwaben, Osnabrücker und Schlesischer Ware und Münchner Zwillich dorthin unterwegs.

Der nächste wichtige Marktort auf der „Straße nach Italien“ ist Verona. Wir hören von einem Transport dorthin, der aus 122 Lasten Stoffballen besteht, die sich aus Osnabrücker, Augsburger und Memminger Leinwand, Lauinger Golschen, Schlesischen Schleiern und Neußer Zwillich zusammensetzen. Beigepackt sind achtzehn Säcke sächsische Schafwolle, fünfunddreißig Ballen bayerische Leinwand sowie Zwillich und Rupfen.

Die in Archiven bewahrten Dokumente über den Warenverkehr von und nach Italien entsprechen keineswegs einer soziologischen Zufallsauswahl, sondern weisen fragmentarisch auf ein Ereignis zu einer bestimmten Zeit hin. Jede Ware spiegelt ein Geschehen wider, das für sich genommen aus heutiger Sicht ein kleines ‚Expeditionsunternehmen‘ gewesen ist. Jeder Warentransfer steht für einen Handelszug, der sich im Schneckentempo bei Wind und Wetter über die „Alte Straße“ bewegt hat. Wir lesen, dass die Augsburger Firma Lukas Fischers Erben Messing-, Eisen- und Holzwaren sowie Krämereien, Heftnadeln und zwölf Lasten Nürnberger Krämereiwaren nach Venedig liefert, einschließlich zweier Schreibtische in Kisten verpackt, und beigepackt 57 Güter Ledersorten, die für Bozen bestimmt sind... Wir hören von einem großen Transport von Textilien aus Augsburg und Ulm, die nach Venedig, Ancona, Rimini und Rom gehen, und auch von Wagen, die „Schierwitz“ – ein Tuchfärbemittel – geladen haben sowie Leinwand, Bettfedern, Säcke mit Rosshaar gefüllt, und von Edelpelzen aus Nordosteuropa. Der Augsburger Kaufmann Rehm liefert Textilien über Bozen nach Mailand und Genua sowie vier Kisten mit Schreiner- und Galanteriewaren nach Venedig. Von Venedig aus besorgen Nürnberger und Augsburger Firmen Safran aus Aquila. Aquila in Mittelitalien ist ein Zentrum des Wollhandels, an dem Augsburger Kaufleute stark beteiligt sind.

Einen spannenden Einblick in die Handelsgeschichte auf der „Straße nach Italien" geben die Korrespondenzen, die Hans Fugger von Venedig aus und von Genua über Venedig[241] erreicht haben. Sie berichten über Warenlieferungen zwischen 1566 und 1594. Das Fuhrunternehmen Kleinhans, das in Füssen ansässig ist und sich auf Eiltransporte spezialisiert hat, holt die Fracht für Hans Fugger jeweils direkt in Venedig ab. Hans Fugger schickt seine Waren nicht mit dem Rottgewerbe, damit sie ihr Ziel in nur einem Drittel der sonstigen Zeit erreichen. Die Firma Kleinhans hat sich vor allem auf die Beförderung hochwertiger Güter spezialisiert. Sie transportiert mit Antiquitäten gefüllte Truhen und Bronzearbeiten, führt Bilderlieferungen durch, sperrige Kunsttransporte wie zum Beispiel einen Bronzealtar, hochwertige Warentransporte wie zwei Schiffsladungen Korallen, die für das Kunsthandwerk bestimmt sind, kistenweise Papier („das beste, das man in Venedig bekommen kann"), handgeschriebene griechische Bücher, denn *„die Mönche in den Klöstern hätten viel Handgeschriebenes, und sie trieben damit Handel wie ain Kauffmanschafft"*.[242] Darüberhinaus befördert die Firma Kleinhans edle Weine, Fässer mit Muskatellerwein, Malvasierwein in größeren Mengen aus angekündigten Schiffsladungen, wertvolle Stoffe wie Atlas, Damast, Tobin, braunen Samt, Rohseide zum *„Hauben wircken und allerlay Weiberarbait"*, Wandfarben, Ledertapeten, karmesinroten Samt – und alles *„am besten (p)er Transport „auf der Ax“ was auch viel billiger als die Post wäre“*. Kleine Werttransporte, wie die aus Südamerika stammenden großschnäbligen „indianischen“ Tauben,[243] werden von einem speziellen Transporteur, einem „Lautenträger“, durchgeführt, der die Käfige mit den Tieren als ‚Saumlast‘ über die Alpen bringt.

Die Bestellungen von Hans Fugger umfassen Bergbauprodukte, darunter tonnenweise Blei aus Schwaz,[244] Güter des gehobenen Bedarfs, wie Truhen zum Transport von Glasscheiben,[245] weiße Kerzen aus Montserrat über Madrid und Genua [246] und Luxusgüter, darunter Schachteln mit gesponnenem Gold, Silberbarren, Borten aus echtem Silber und Gold, Brokatstoff, tausende von Ebenholzperlen für die Anfertigung von Rosenkränzen[247], Korrallen, die über die Schiffsroute Sardinien aus Alexandria nach Genua kommen,[248] italienische mit Duftstoffen behandelte Handschuhe,[249] Elfenbeinkämme, echte Palmen zur Kapellenausschmückung, dazu Rauchwerk, Musikinstrumente, darunter ein Orgelklavier, Claviorganum genannt, das vom Organisten von San Marco hergestellt worden ist. Hans Fugger bestellt auch Saiteninstrumente (Citaras) und Prestigegewächse wie Rosenstöcke, Spargelpflanzen und Spargelsamen, auf deren Ankunft er vorbereitet ist: *„dann Ich das Landt darzu zurichten will lassen.“* [250] Für seine Pflanzungen ordert er Alkali-Salz aus der venezianischen Düngemittelfabrik.

Delikatessen aller Art werden über die „Alte Straße“

transportiert. Hans Fuggers Bestellzettel steht exemplarisch für die Wünsche des Adels aus ganz Mitteleuropa: Fäßchen mit Austern, die aber „nur bei kaltem Wetter" befördert werden sollen, Meeresfrüchte, Kaviar aus dem Rogen der Meerasche, Seefische und vor allem Sulzfische. Denn Meeresfische sollten immer in Sulze transportiert werden, damit sie länger haltbar bleiben. Teufelskrabben, Taschenkrebse und Goldbrassen, Meerspinnen (Tintenfische), Anchovis und anderes *„solch Schleckwerk"*[251] werden nur zwischen November und März – also in der Winterzeit – über die „Alte Straße" geliefert. Anderenfalls seien *„die Meerspinnen und Taschenkrebse nicht mehr so ganz frisch, wenngleich man sie noch essen (könne). Allerdings habe Hans Fugger es damit so übertrieben, dass er fast ein Fieber bekommen hätte."*[252] Hans Fugger hat vorgesorgt, das heißt, er ist im Besitz der indischen „Piedra de la hixada"-Steine, die seine Fischvergiftung kurieren sollen. Ebenfalls hilfreich seien auch Moschus und Zibet.

Sein Agent David Ott,[LXXXI] der in Venedig sitzt, kauft viele Waren auch auf anderen italienischen Märkten ein, wie zum Beispiel Rebhühner, Salami in Körben, Parmesankäse, Trüffel und Oliven, Kohlrabi, Limonen, Melonen und Pomeranzen (Persische Äpfel). Ott lässt durch einen Boten ein Kistchen mit Pflanzensamen und ein Kistchen mit Hartkäse aus Florenz kommen. Aus

---

LXXXI Nach dem Tod von David Ott, 1579, arbeitet Christoph Ott für das Fuggersche Handelshaus.

Bologna werden zahlreiche „Metallbilder“[LXXXII] [253]und eine Sendung Oliven nach Venedig geschickt. Aus Rom kommen antike Skulpturen und es wird sogar ein ägyptischer Sarkopharg für ihn zum Fondaco dei Tedeschi nach Venedig geschickt.

Exotische Gartengemüse ordert Ott in Padua und in Ferrara bestellt er einen Tiertransport mit Zuchtgeflügel – Hühnern und Hennen – *„schöne grosse Hennen... ein halb Duzet Hennen sambt ainen Hahnen, von der schönsten und bössten Art...“* – nach Venedig. Hans Fugger fragt an, ob es ausreichen würde, sich Eier von dort schicken zu lassen, um diese Tiere dann in Augsburg auszubrüten. Wenn es ginge, dann hätte er gerne dreißig bis vierzig solche Eier. [254] Später hören wir, dass das Geflügel gut angekommen und die Hennen in Augsburg bereits so viele Eier gelegt hätten, dass man mehr als genug für künftige Bruthennen habe. Auf diese Weise ist im Jahre 1576 italienisches Geflügel aus Ferrara in Schwaben heimisch geworden.

Aus Verona trifft ein weiterer Tiertransport mit Hetzhunden ein, dazu noch eine Lieferung von Kohlsamen. Aus Mantua werden Kisten mit Kristalgläsern geschickt und aus Trient kommt mitten im Winter ein Schlittentransport mit frischen „Carblonen“, die zur Familie der Karpfen gehören, nach Augsburg. In Venedig erwirbt David Ott Blumenkohl, der aus Zypern[255] kommt, und

LXXXII Es handelt sich um Metallplatten mit bildlichen Darstellungen, siehe Maximilianmuseum, Augsburg.

prestigeträchtige Tulpenzwiebeln,[256] die, wie weitere persische und türkische Waren, aus Istanbul stammen.

Manche Sendungen sind so eilbedürftig, dass Hans Fugger nicht abwartet, bis seine Waren durch seinen Agenten Ott von Venedig aus erworben und dann nach Augsburg geschickt werden. Fugger wird vielmehr selbst tätig. Er schickt den Füssener Fuhrunternehmer Kleinhans nach Trient, Mailand und Genua. Für den Trienter Kunden nimmt die Firma Kleinhans Büchsen (Gewehre) [257] mit, deren Futterale mit weißem spanischen Leder ausgekleidet sind, das Riemenzeug aus Samt und „das Eisenwerk" vergoldet. Für Venedig sind Zobel- und Luchsfelle, Seidengewirktes, Faustwaffen und Pulverflaschen bestimmt und via Venedig werden noch Rüstungen und Büchsen nach Neapel geliefert. In Mailand lädt Kleinhans Harnische und Spießeisen ab und in Genua warten auf ihn Handelswaren aus Südamerika und aus Spanien.

Bereits seit dem Mittelalter pflegt Genua enge Wirtschaftsbeziehungen zur Iberischen Halbinsel. Vor allem der Handel mit den Überseehäfen Lissabon und Cadiz verschafft dem Konkurrenten von Venedig zeitweise erhebliche Handelsvorteile, auch wenn der Stadtstaat am Golf von Lyon nicht über eine schlagkräftige Kriegsflotte verfügt. Nachdem der Genuese Christoph Kolumbus das Tor zur ‚Neuen Welt' aufgestoßen hat, wird Genua zu einem bedeutenden europäischen Einfuhrhafen für die Überseewaren aus ‚Nueva-India' – die aus den heutigen Staaten Peru, Bolivien, Venezuela, Panama, Honduras, Nicaragua, Mexiko und von Kuba, Puerto Rico und

Haiti das spanische Mutterland erreichen. Nicht von ungefähr sind Augsburger und Nürnberger Kaufleute im sechzehnten Jahrhundert in diesen Ländern engagiert – teils mit eigenen Schiffen, teils mit risikoreichen Investitionen auch in Handelsexpeditionen bis in den Pazifischen Ozean.[LXXXIII]

Unter den aus den spanischen Besitzungen Südamerikas in Genua ankommenden Waren ist auch ein Kontingent indianischer Balsam aus Peru und Magensteine südamerikanischer Lamas, Bezoare genannt, die ebenfalls aus Peru kommen[258] und – wie David Ott vermerkt – besser sein sollen als die indischen Bezoare, die aus Kalikut stammen. Dazu lädt er *„Öl, so aus dem orientalischen Indien, (das) von wegen der grossen Tugent Balsamöl"* genannt wird.[259] *Dazu kommen* spanische Handelswaren wie parfümierte Handschuhe, gefärbtes Saffian-Leder aus Cordoba, lederne Weinflaschen und speziell aus Madrid fünfzehn Pfund Seide, zahlreiche Felle einer Art Bisamratte, Luchsrückenfelle und „alte Bücher". Auch Waren aus dem Vorderen Orient sind Teil der Rückladung nach Augsburg: Pfirsiche, die als ‚Persische Äpfel' bezeichnet werden, Blumenkohlsamen, „Califior" genannt, Samt, Damaststoffe und Seide.

---

LXXXIII Im Herbst 2008 erscheint ein Buch über die vom Autor 2003-2005 durchgeführte Expedition mit dem Forschungsschiff Mercator, auf der er im Süd-Pazifik dem Kurs eines, von Jakob Fugger dem Reichen mitausgerüsteten, 1526 dort verschollenen Handelsschiffes gefolgt ist. Auf den Osterinseln, in der Inselwelt der Tuamotus und auf den Gesellschaftsinseln hat der Autor Spuren dieser Handelsexpedition aufgenommen.

# Reproduzierbare Güter und fremdes Know How

Die Rarität des Neuen verspricht Gewinne. Der Erwerb des Neuen geht einher mit dem Gedanken der Reproduktion und dem Ziel, den Zwischenhandel in diesem Geschäft einzusparen. Von der römischen Epoche an sind es unbekannte Nutzpflanzen, die erworben, über die Via Claudia Augusta transportiert und in hiesige Böden eingebracht werden. Auf den römischen Landgütern werden Obstbäume gepflanzt, wie die aus Asien stammenden kultivierten Apfelbäume. Birnensorten werden gezüchtet, von denen der römische Reiseschriftsteller Plinius achtunddreißig Sorten erwähnt. Pflaumenbäume kommen vom Basar in Damaskus und Kirschbäume werden aus Kleinasien importiert.[260] In den Hausgärten wachsen Gewürzkräuter wie Anis, Dill, Kreuzkümmel; Gemüse wie die Kichererbse, die bis heute noch „Römische Kicher" genannt wird; Gurken, die die griechischen und römischen Kaufleute in Südindien kennengelernt haben, sowie Knoblauch, Sellerie und Spargel, aber auch Heilpflanzen wie die Himbeere, die Zwiebel, die Kornblume, das Mutterkraut (heute noch „Römische Kamille" genannt) und das für die Armee wichtige Futtermittel Bockshornklee.

Mit dem Untergang des Römischen Westreiches verschwinden diese und andere importierte Pflanzen mangels ausbleibender Pflege und der Unkenntnis in Bezug auf ihre Verzehrbarkeit – oder sie verwildern einfach.

Die importierten Obstbäume auf Königsbrunner Flur mögen Rodungen zum Opfer gefallen sein. Jedenfalls ist bereits im Mittelalter das Umland der Stadt Augsburg bis zu sechzig Kilometer im Umkreis kahlgerodet. Und so, wie der römische und mittelalterliche Schiffsbau Ursache für die Verkarstung der Ostküste des Adriatischen Meeres ist, so hat auch der mittelalterliche Holzraubbau die Lechfeld-Natur bis heute geprägt.

Im Mittelalter werden die Gewürz- und Heilpflanzen aus der römischen Epoche wieder entdeckt. Karl der Große bestimmt – wie schon zuvor erwähnt – in seiner Landgüterverordnung den Anbau von 73 Nutzpflanzen und Heilkräutern und sechzehn verschiedenen Obstbäumen. Mönche bringen die vorgeschriebenen Nutzpflanzen aber auch neuartige Pflanzen mit, um mit diesen in den Klostergärten zu experimentieren, sie zu züchten und weiter zu veredeln. Auch die zur Herstellung von blauem Leinen dienende Färberwaidpflanze gelangt auf diesem Weg aus Westasien in thüringische Klostergärten. Aus diesen Schatzkästlein der Natur bedient sich im Laufe der Zeit auch die Landbevölkerung und trägt so maßgeblich zur Verbreitung der eingeführten Pflanzen bei.

Unter den fruchttragenden Bäumen wird um 800 herum auch die Esskastanie nördlich der Alpen heimisch. Bereits in römischer Zeit war sie aus Asien in den Mittelmeerraum gelangt. Sie soll nun, in einer Zeit, in der die Landwirtschaft die Ernährung der Bevölkerung nicht sichern kann, als zusätzliche Nahrungsreserve dienen. Bis heute sind ihre Früchte, die Maronen, in der Alltagskultur von Bayerisch-Schwaben und Oberbayern als Lebensmittel präsent: vor allem in der Winterzeit, in der sie als „heiße Maroni“ auf den Märkten verkauft werden.

Doch nicht nur reproduzierbare Güter, sondern auch fremdes ‚Know How‘ findet über die „Alte Straße“ seinen Weg nach Süddeutschland. Ein Beispiel dafür ist die Seifenherstellung. Seit dem Mittelalter wird in Oberitalien Seife aus Olivenöl und Soda hergestellt. Von Venedig aus erreicht die Seife das nördliche Alpenvorland zunächst als Handelsgut. Dann, im frühen vierzehnten Jahrhundert, wird auch das ‚Know How‘ für die Seifenherstellung in den deutschen Kulturraum importiert. Bereits im Jahre 1324 bildet sich in Augsburg die erste Seifensiederzunft heraus und bald schon ist Augsburger Seife ein Produkt für den Export, wodurch die Olivenöllieferungen über die „Alte Straße“ einen steilen Aufschwung erleben. Doch trotz der Augsburger Seifenproduktion bleibt Venedig im vierzehnten und fünfzehnten Jahrhundert eines der europäischen Zentren der Seifenherstellung.

Im sechzehnten Jahrhundert werden über die „Straße nach Italien“ weitere neue Fruchtsorten in den süddeutschen und später mitteleuropäischen Raum eingeführt – darunter süße Orangensorten aus China. Entdeckt werden auch die „Welschen Nüsse“ des Walnussbaumes, der bereits in der zweiten Hälfte des sechzehnten Jahrhunderts in vielen Gärten wächst. Die Asche der verbrannten Nussschalen nutzt man zur Haarpflege, doch vor dem Genuss der Nüsse wird aus ‚gesundheitlichen Gründen' gewarnt. [261] Zur selben Zeit gelangt aus dem mittelamerikanischen Kulturraum das „Welschkorn", wie der Mais zuerst genannt wird, nach Deutschland. Eingeführt wird er, wie der erste Name sagt, über das „welsche Land" Italien und die Wahrscheinlichkeit ist groß, dass er über die „Alte Straße" Einzug auf den Märkten Süddeutschlands gefunden hat.

Hans Fugger ist auch ein maßgeblicher Importeur reproduzierbarer Güter. Die Waren, die er einführt, dienen in erster Linie zwar dem persönlichen Gebrauch und dem repräsentativen Ambiente, doch sind immer wieder auch Güter für „Freunde, Geschäftspartner und hochrangige Persönlichkeiten" bestimmt.[262] Fugger korrespondiert mit Geschäftspartnern entlang der „Straße nach Italien" von Füssen über Innsbruck, Trient, Venedig, Genua, Mailand, Rom, Neapel bis Madrid. Aus den Geschäftsbeziehungen seiner Familie schöpft er reichhaltige Informationen und Kontakte, was wiederum zu einer Vielfalt von Importen aus allen Teilen der bekannten Welt führt. Diese Einfuhren läßt er maßgeblich über seine Ansprechpartner in Venedig beschaffen und größtenteils über die „Alte Straße" nach Augsburg transportieren.

Hans Fugger hat nachweislich das Gartenwesen durch ‚Exoten' belebt – durch Samen und Pflanzen, die hierzulande nach der römischen Siedlungsepoche in Vergessenheit geraten waren. Er hat Lattich, Spinat, große Bohnen, gescheckte Bohnen, große Erbsen, Kichererbsen,

Spargel, Wirsing, Artischocken und Karden [LXXXIV] wieder eingeführt. Auch die Reineclaude – in Süddeutschland und Österreich Ringlotte genannt – ist ihm auf dem Lechfeld zu verdanken. Der Baum ist heutzutage wild wachsend auf der Königsbrunner Flur beheimatet. Die „Susina",[263] wie die Reineclaude in der Fuggerschen Korrespondenz genannt wird, ist aus der mittelalterlichen Stadt Susa über die Levantinische Straße an das Mittelmeer gebracht und von dort weiter nach Venedig geschafft worden.

Auch die ‚Durchreise' der Kartoffel hat Hans Fugger organisiert. Die in Italien mit ‚tartuffali', also mit „Trüfeln" verglichenen Inka-Knollen aus dem Hochland von Peru finden ab 1555 durch die Spanier den Weg aus den Anden nach Europa. Die Spanier geben dieser Knolle zuerst den Namen „Taratoufli", was „Trüffel" bedeutet. Die Venezianer übernehmen diese Bezeichnung und geben sie an ihre deutschen Handelspartner weiter, die aus „Tartuffeln" „Kartoffeln" werden lassen. Andernorts nennt man sie zu dieser Zeit „Erdbirne", „Grundbirne" oder „Erdapfel". Im Jahre 1565 erhält König Philipp II eine erste Kiste mit ausgesucht schönen Kartoffeln, die er an den kranken Papst Pius IV *„zur Wiederherstellung seiner Gesundheit"* weiterschickt. Ab dem Jahre 1573 werden die ersten Kartoffeln aus spanischem Anbau geerntet, wie wir aus dem Rechnungsbuch des Hospitals ‚de la Sangre' in Sevilla wissen. Aus dieser ersten Ernte erhält Hans Fugger über Venedig und Trient ein Käst-

LXXXIV Ein Distelgewächs, das als Gemüse zubereitet wird.

lein mit „Tartuffeln", deren Erhalt er am 30. Oktober 1573 bestätigt. In dieser Zeit ist die Kartoffelpflanze allerdings nicht wegen ihrer essbaren Knollen, sondern wegen ihrer schönen Blüten als Zierpflanze und Statussymbol bekannt. Doch Hans Fugger weiß um die Essbarkeit der Knollen. Allerdings kommen ihm die Tartuffeln schon etwas alt vor und deshalb verteilt er sie *„unter guet Leuth"*.[264] Trotzdem bestellt er immer wieder Kartoffeln. Dass er gutschmeckende Tartuffeln erhalten hat, bestätigt er im Jahr 1581.[265] Doch seine Kartoffeln finden keinen Platz im Erdreich. Möglicherweise ist die Vermehrungsart von den Spaniern geheimgehalten worden. Ansonsten hätte Hans Fugger mit den Kartoffeln wohl genauso experimentiert, wie er es mit den anderen ‚Exoten' getan hat. So wird im Jahre 1588 die Kartoffel anderenorts in Deutschland heimisch und es gehen noch weitere eineinhalb Jahrhunderte ins Land, bevor der Kartoffelanbau auch im Lechtal beginnt.[266] Beim Spargel hingegen geht man gezielter vor. Im Jahre 1578 erreicht Hans Fugger eine Sendung mit Spargelsamen und 1580 kommen weitere Spargelpflanzen an, für die im Vorfeld bereits *„mehrere Gärten zu bestellen* waren, *sowohl auf dem Lande, wie auch in Augsburg.*[267]

# Persönlichkeiten und Augenzeugen

Mit dem Ausbau der Via Claudia im Jahre 46 n. Chr. entwickelt sich ein alpenüberschreitender Güter- und Personenverkehr. Bereits auf der prärömischen Trasse sind Völkerscharen nach Italien gezogen und römische Soldaten haben diesen Weg in umgekehrter Richtung beschritten. Mit Beginn der schriftlichen Überlieferung wissen wir von Siedlern und Staatsbediensteten, ihren Frauen und Kindern, von Handwerkern und Landarbeitern, von Mönchen und Wallfahrern, von Gelehrten und Künstlern, von Kaufleuten und Bildungsreisenden, von viel „fahrendem Volk“, von ganzen Armeen und ihren Feldherren, von Fürsten, Königen und Kaisern, die alle zwischen Augsburg und Oberitalien über die „Straße nach Italien“ gezogen sind.

Die Liste der prominenten Reisenden – im weitesten Sinne des Wortes – wird angeführt von Claudius I, dem jüngsten Sohn von Drusus. Er reist im Jahre 46/47 nach Chr. als römischer Kaiser Tiberius Claudius Drusus Nero Germanicus über die „Alte Straße“, die ihm zu Ehren „Via Claudia Augusta“ heißt. Tiberius gilt im übrigen als bedeutender Historiker und als einer der hundert besten Schriftsteller seiner Zeit. Im Jahr 120/121 nach Chr. besucht Kaiser Hadrian die Provinz Raetien. Er zieht mit seinem militärischen und zivilen Gefolge – etwa fünftausend Menschen an der Zahl – sowie mit hunderten von Maultieren gezogenen Rüstwagen über die Königsbrunner Flur. Sein Tagesziel ist der römische Stützpunkt am Zusammenfluß von Wertach und Lech. Hadrian erhebt den Stützpunkt zum „municipium Aelium Augustum“, zur römischen Stadt.

Im Jahre 213 zieht der römische Kaiser ‚Marcus Aurelius Severus Antonius‘, genannt Caracalla, über die ‚Via Claudia Augusta‘ nach Norden. Für den Besuch bei seinen Legionen, der ihn auch in das Apolloheiligtum in Phoebiana, in das heutige Faimingen, führt, wird alles transportiert, was zur Ausstattung seiner ‚Festtafel‘ gehört: von silbernem Geschirr über Speisesofas, beste Weine und Speisen aus dem Imperium[269] bis hin zu Gewürzen aus Indien. Eine lange Kolonne von Rüstwagen prägt das Straßenbild der ‚Via Claudia Augusta‘. Vierzig Jahre später passieren raetische Truppen unter ihrem Kommandeur und proklamierten Kaiser Valerianus die „Alte Straße“ nach Italien.[268] Valerianus hat die Via Claudia Augusta in der Vergangenheit mehrfach bereist– war er doch bislang der Verwalter der römischen Provinzen Raetien und Norikum. 278/279 zwingt Kaiser Probus den einfallenden Burgundern und Vandalen eine Entscheidungsschlacht am Lech auf. Dabei lockt er die ‚Barbaren‘ über den Fluss, wo sie in den Hinterhalt seiner Truppen geraten und aufgerieben werden.

Um das Jahr 450 tritt die Stadt „Augsburg“ durch die Heilige Sankt Afra[270] wieder aus dem Dunkel der Geschichte. Afra soll einer Legende nach in Ihrer Jugend von Rom nach Augsburg über die Via Claudia Augusta gereist sein. In den Jahren 565/567 erhalten wir durch

Venantius Honorius Clementianus Fortunatus die älteste Reisebeschreibung der Lechebene. Fortunatus gilt als „letzter römischer Dichter“ der Spätantike. Er beschreibt den Weg über die „Alte Straße“, jenen Zweig, der später ‚Obere Straße‘ genannt wird, von Augsburg über Epfach, Füssen und Reute. In *„Augsburg, dort wo Wertach und Lech fließen; dort wirst Du die Gebeine der heiligen Märtyrin Afra verehren. Wenn es möglich ist, den Weg fortzusetzen und ihn der Bajuware dir nicht verlegt, gehe über die Alpen, dort wo die Breuni – die südlichen Vindeliker – wohnen, wo mit seiner reißenden Flut der Inn sich einschneidet und dahinwälzt. Von dort suche auf die Kirche des gesegneten Valentin.“* Damit weist Fortunatus auf Sankt Valentin am Reschenpass hin.[271]

Im Jahre 739 reist ein weiterer Heiliger von Rom nach Augsburg. Es ist Willibald von Eichstätt, der Eichstätt bald darauf zum Zentrum seiner christlichen Missionstätigkeit macht. Auch Udalrich (Ulrich), Bischof von Augsburg, gehört zu den Reisenden über die „Alte Straße“. Unermüdlich ist er in seinem Bistum unterwegs,[272] vor allem nachdem im Jahre 926 die Magyaren vor den Toren Augsburgs standen. Zwar sind sie von Augsburg wieder unverrichteter Dinge abgezogen, doch haben sie das Umland verwüstet. Nun müssen viele Gotteshäuser wieder aufgebaut und neu geweiht werden. Bischof Ulrich regt den Bau einer Steinmauer um die Stadt Augsburg[273] an, deren Aufbau er auch überwacht. Er läßt dazu in der Umgebung von Augsburg von allen noch sichtbaren römischen Ruinen die Steine vor die Stadt bringen, die zu dieser Zeit nur durch einen Palisadenring befestigt ist. Aus den letzten Zeugnissen der römischen Kulturepoche entsteht nun Augsburgs schützender Steinmauerring. Dies geschieht in weiser Voraussicht: denn im Jahre 955 stehen die Magyaren wieder vor den Toren Augsburgs und werden, wie bereits erwähnt, in der Schlacht auf dem Lechfeld durch König Otto I geschlagen. Dieser reist im Jahre 962 zu seiner Kaiserkrönung nach Rom. Auf dem Weg dorthin hat er *„zu Augspurg ein schön Volk angenommen und zu hauff gebracht / und damit seinen Weg durch Beyerlandt und uber das Alpen Geburge nach Italien zu genommen.*"[274] Er hat seinen Weg nach Rom allerdings auf bayerischer Seite fortgesetzt. Dagegen zieht Ende des Jahres 1013 Heinrich II, begleitet von seiner Frau Kunigunde und einem ganzen Heer, zu seiner Krönung über das Lechfeld nach Rom. Auch sein Nachfolger, Heinrich III, begibt sich 1042 von Augsburg aus, *„auff die Reiß in Italien ... und (hat) sehr viel Bürger von hier mit sich hinweg geführet.*"[275] Zwischen 1056-1105 reist Heinrich IV mehrmals über die „Straße nach Italien". Im Jahre 1084 kehrt er nach seiner Krönungszeremonie mit großem Gefolge nach Augsburg zurück.

Im August des Jahres 1132 wird die Ausfallstraße nach Italien von einem Heerhaufen König Lothar III blokkiert. Auf seinem Weg nach Italien hat er in Augsburg übernachtet. In einer konfliktgeladenen Atmosphäre zwischen Rittern des Bischofs, die zur Partei des Gegenkönigs Konrads III gehören, und den Rittern des Königs kommt es innerhalb der Stadtmauern zum Kampf, aus dem heraus die gesamte Stadt verwüstet wird. Dann zieht der König mit seinem Heer *in Richtung Süden* ab.[276] Ein Heerzug nach Süden hat sich nicht immer an die „Straße nach Italien" gehalten, sondern oft auch seinen eigenen Weg über das Lechfeld gewählt. Dieser folgenschwere Besuch des Königs und die damit verbundene Verwüstung Augsburgs haben dazu geführt, dass der Fernhandel zum Erliegen kommt, da die venezianischen Waren und Luxusartikel in der zerstörten Stadt keine Abnehmer mehr finden.

Im Jahre 1154 versammelt Friedrich I Barbarossa „*ein groß Heer bey unser Statt am Lechfeldt*" und zieht dann „*vber das trientische Gebürge*" nach Italien. 1167 ist er wieder in Augsburg und hat abermals „*auff dem Lechfeldt nahend dieser Statt ein Kriegsheer zusamen gebracht: mit welchem er abermals in Italien...*"[277] ist. Auch König Heinrich VI, der 1190 in Augsburg weilt, tritt von hier aus mit seinem Heer den Weg nach Italien an. Er kehrt im gleichen Jahr wieder zurück, um an einer Hochzeit am Gunzenlee teilzunehmen, jener alten Thing- und Versammlungsstätte, die sich bis 1433 in der Nachbarschaft der Königsbrunner Flur befunden hat.

Im weiteren Verlauf der Geschichte hören wir immer wieder von Romzügen, die von Augsburg ausgehen. So im Jahre 1220 durch König Friedrich II, 1235 durch den nunmehrigen Kaiser Friedrich II, 1238 und 1251 durch König Konrad IV. Häufig bleibt der genaue Wegverlauf ungesichert. Konrad IV kann mit seinem Heer möglicherweise ebenfalls östlich des Lechs nach Süden gezogen sein wie auch schon der ein oder andere hohe

Besucher Augsburgs vor ihm. Auch wenn ein solcher ‚Zug nach Italien' nicht über die „Alte Straße" gegangen ist, so hat allein die tagelange Anwesenheit der Kaiser und Könige in Augsburg schon im Vorfeld einen verstärkten Fern- und regionalen Handelsverkehr auf der „Alten Straße" hervorgerufen. Illustre Gäste, eine vielköpfige Begleitung und gegebenenfals auch ein ganzes Heer müssen versorgt werden – Gastgeschenke bestellt, festliche Garderobe geschneidert, ‚Brot und Spiele' organisiert... und so wird schon Tage vor dem Ereignis Schlachtvieh nach Augsburg getrieben, landwirtschaftliche Erzeugnisse werden in die Stadt gebracht und die Stadt für den Empfang ihrer Gäste gerüstet.

Auch in den nächsten zwei Jahrhunderten ziehen Kaiser und Könige über die „Straße nach Italien". Im Jahre 1310 sichern Truppen des Erzbischofs von Trier einen wertvollen Transport auf dem Weg über die Alpen für die Krönung Heinrich VII, der allerdings erst ein Jahrzehnt später die Alpen überquert.[278] Und 1401/ 1402 hören wir von der Anwesenheit Kaiser Ruprecht I in Augsburg. *„Unnd als er nacher auff freyem Marcckt die gewöhnliche huldigung von den Burgern empfangen / verruckte er von hier nach Italien,"* [279] lesen wir in der Welserchronik aus dem Jahre 1595. Und im Jahre 1432 weilt König Sigismund in Augsburg. Danach zieht *„dieser gütige und sanfftmütige Fürst von hier nach Italien zu seiner Krönung."* [281] Ein weiterer „Prominenter" ist Ritter Stephan von Gumppenberg, der 1419 mit seinen Begleitern Friedrich von Wolffskel sowie Hans von Kameraw, zwei Würzburger Bürgern, Hans Striegel und

Niclaus Magerer, sowie mit vier Dienern, einem Koch, einem Maler, einem Reiter, einem Schreiber und dem Würzburger Kaplan, Johann Eyselhauer, von Würzburg nach Jerusalem pilgert. Von Augsburg bis auf die Höhe von Haunstetten wird die vierzehnköpfige Pilgergruppe noch von Bediensteten des Augsburger Bischofs Anselm von Nenningen begleitet. Danach zieht die Pilgergruppe alleine weiter über das sich eintönig bis zum Horizont erstreckende Lechfeld. Von nun an ist nur mehr „*wenig Kurzweil vorhanden. Ich hab den Weg von Augsburg biß gen Venedig nit mögen beschreiben, dieweil er sonst wolbekannt, so haben wir nichts sonderliches oder seltzames gesehen, das der Müh wehrt were, hat auch nicht die Zeit in den Herbergen zuschreiben. Derhalben hab ich in einer Summa den Weg von Augspurg in 13. Tagen biß gen Venedig glücklich gereyset...*" In Venedig besteigt die Reisegruppe eine Galeere, die sie an die Küste des „Heiligen Landes" bringt. Doch Stephan von Gumppenberg kehrt nicht mehr zurück, denn er stirbt nach dem Besuch der Heiligen Stätten und wird von seinen Mitfahrern am Berg Sion begraben. [280]

Und im Jahr 1433, angeblich um seinem „*bösen, zänkischen Weib eine Zeitlang zu entrinnen*", unternimmt Reichsgraf Philipp der Ältere von Katzenellenbogen von seiner Burg Rheinfels bei St. Goar ‚allein' eine Pilgerreise ins Heilige Land, auf deren Rückweg er im März 1434 von Schongau aus auf der „Alten Straße" nach Augsburg reitet. Später erinnert er sich an die Strecke zwischen Schongau und Augsburg nur insofern, dass sie zehn Meilen lang gewesen sei: „*Item von Amergauwe gehe Schangauwe 4 milen, die nacht. Item von Schangauwe ghene Außburg*[LXXXV] *10 milen (!) die nacht.*" [282] Insgesamt braucht er für die Strecke ‚Venedig – Augsburg' elf Tage und drei weitere nach Nürnberg.[283]

Im Sommer 1438 zieht eine russische Gesandtschaft des Moskauer Metropoliten Isidor von Suzdal über Augsburg, Innsbruck, Trient und Padua nach Ferrara und Florenz. „*Von (Augsburg) bis zu den Alpen* – Schongau – *sind es 10 Meilen*", hören wir über das Passieren des Lechfeldes – mehr nicht.[284] Der Gesandtschaft folgt 1474 ein Prominenter: Christian I, König von Dänemark, Norwegen und Schweden. Drei Jahre, nachdem er auf Wunsch des portugiesischen Königs Alfons V eine See-Expedition unter dem Hildesheimer Didrik Pining und dem Hamburger Hans Potthorst nach Nordwesten entsandt hatte, um den Seeweg nach China zu finden,[LXXXVI] [285] kommt „*Christianus / König zu Dennemarck / Schweden und Norwegen / mit hundert Pferden hieher* (und zieht) *derselbe von hier hinweg nach Rom…,*" berichtet uns die Welserchronik. [286] Der Nürnberger Rudolf Agricola wandert um 1460 über die „Alte Straße", wie auch Jahre später sein Schüler, der Universitätsprofessor und Poet Konrad Celtis. Im Jahr 1478 steigt Jakob Fugger, der später einmal „der Reiche" genannt wird, in das Fuggersche Unternehmen ein und reist, um das kaufmännische

---

LXXXV Ammergau…gegen Schongau… gegen Augsburg…

LXXXVI Der Autor ist 1996 dem Kurs der Wiederentdecker von Amerika, Pining und Potthorst, entlang der Labradorküste mit dem Forschungsschiff Mercator gefolgt.

Handwerk, vor allem die venezianische Buchhaltung, zu erlernen, im gleichen Jahr nach Venedig.[287] Nahezu alle bekannten Augsburger und Nürnberger Kaufleute haben ihre Ausbildung in Venedig erhalten.

Im Jahre 1483 flieht der Humanist, Arzt und Geograph, Hieronymus Münzer, vor der Pest über die „Alte Straße" nach Italien. Zehn Jahre später wird Hieronymus Münzer von sich reden machen, weil er den König von Portugal auffordert, den Seeweg nach Indien in Richtung Westen zu suchen. Er macht sich im selben Jahr auch publizistisch einen Namen durch die erste Deutschlandkarte in der Schedelschen Weltchronik. 1494/1495 reist Albrecht Dürer zum ersten Mal nach Italien und überliefert uns von dieser Reise Detailskizzen von Gebäuden und Landschaften entlang der Brenner-Straße. Im Jahre 1505 ist er ein weiteres Mal auf der „Alten Straße" nach Venedig unterwegs.[288]

Anfang des sechzehnten Jahrhunderts treffen wir den Kaufmann Balthasar Sprenger, der aus dem Städtchen Vils in Tirol nach Augsburg reist. Im Jahre 1505 ist er als Beauftragter des Augsburg-Nürnbergischen Handelskonsortiums mit der ersten deutschen Handelsflotte nach Indien unterwegs. Darüber veröffentlicht er später einen in ganz Europa aufsehenerregenden Reisebericht und zeichnet darin ein neuzeitliches Bild von Afrika und Indien.[289] Die berühmten Holzschnitte des Reiseberichtes fertigt der Augsburger Künstler Hans Burgkmair der Ältere an, einer der bekannten deutschen Künstler des Mittelalters. Mehrere Reisen nach Venedig sind von ihm überliefert.[290] Um 1500 ist er das erste Mal in der Lagunenstadt. Burgkmair wird „zum venezianischsten deutschen Maler seiner Epoche.“ [291] Im September 1505, dem Monat, in dem die erste deutsche Handelsflotte die indische Westküste erreicht, bricht in Nürnberg die Pest aus. Um einer Ansteckung zu entgehen, flieht Albrecht Dürer wiederum über die „Alte Straße“ nach Venedig. Und im Jahre 1507 berichtet Francesco Vettori – ein Freund Macciavellis und Gesandter des Stadtstaates Florenz am Hofe von Kaiser Maximilian – von seiner Reise am vierten Mai über den Abschnitt auf der „Alten Straße“ zwischen Augsburg und Landsberg: „*Wir blieben in Augsburg bis zum 14. Tag nach Ostern und reisten mit dem Legaten bei großer Kälte und Schnee ab. Am Abend erreichten wir, starr vor Kälte, Landsberg am Lech…*“.[292] Im Jahr darauf reist der Nürnberger Kaufmann Anton Kolb nach Venedig und 1518 ein weiteres Mal. Er publiziert den ersten Venedigplan aus der Vogelschau.[293]

Der bekannte Historienmaler und gebürtige Augsburger ‚Jörg Breu der Ältere‘ wandert im Jahre 1514 über die „Alte Straße“ nach Venedig. Im Jahr darauf hören wir von Antonio de Beatis‘ Reise nach Middelburg. Er und sein Gefährte Kardinal Luigi d‘Aragona reisen in Begleitung von einem Bischof, von Kavalieren und Lakaien, des weiteren von einem Leibarzt, Hausmarschall, Quartiermeister, Dolmetscher und von Pferdeknechten – alles in allem fünfunddreißig Berittenen – von Ferrara über Augsburg an die Scheldemündung. Am 24. Mai erreicht die Reisegruppe das Kloster Rottenbuch: „*Zu Rottenbuch Mittagessen und Abendessen in Landsberg….*“, notiert Vettori – und einen Tag später, am 25. Mai: „*Zu Landsberg Mittagessen und Abendessen zu Augusta, von den Deutschen Auspruch genannt. Es ist sechs Meilen entfernt. Von Landsberg ab ließen wir die Berge und Wälder hinter uns und ritten durch eine weite, öde Ebene, die der in Apulien gleicht.*“[294] Apulien, der „Absatz“ des italienischen Stiefels, ist eine verkarstete, wasserlose und sonnenverbrannte Landschaft. Mit diesem Vergleich übermittelt Vettori einprägsam, wie es im zweiten Jahrzehnt des sechzehnten Jahrhunderts im Lechtal ausgesehen hat. Ein Heer armer Leute in den Vorstädten von Augsburg, das zu dieser Zeit über 30.000 Einwohner zählt, zieht in den kalten Wintermonaten Tag für Tag über das Lechfeld und sammelt alles auf, was sich verbrennen lässt. Und somit ist und bleibt auch die Königsbrunner Flur „öde und leer.“

Im September 1516 reitet der neunzehnjährige Matthäus Schwarz nach einer Buchhalterlehre bei dem venezianischen Kaufmann Antonio Mariafior nach Augsburg zurück und tritt im Handelshaus Fugger eine Stelle als Buchhalter an. Er wird schon bald Hauptbuchhalter von ‚Jakob Fugger‘. Bereits zwei Jahre später gibt Matthäus Schwarz eine ‚Musterbuchhaltung‘ heraus. Von ihm haben wir auch ein Trachtenbuch, bei dem der Autor ‚Schwarz‘ in hundertsiebenunddreißig Bildern in unterschiedlicher Kleidung Modell gestanden hat.[295]

Im Jahre 1524 ist Herzog Heinrich II zu Braunschweig-Lüneburg und Fürst von Braunschweig-Wolfenbüttel bei der Niederschlagung des Bauernaufstandes dabei.

Mit neunhundert gepanzerten Reitern passiert er Augsburg und zieht weiter nach Süden, um im Namen Kaiser Karls V die Venezianer anzugreifen. Vier Monate später berichtet die Chronik von seiner traurigen Rückkehr über das Lechfeld. Begleitet wird er nur noch von einem kleinen Häuflein Überlebender.

Im Jahr 1528/1529 wandert der Augsburger Künstler Hans Burgkmair wiederum über die „Alte Straße" nach Venedig.[296] In dieser Zeit entdecken auch englische Reisende die „Straße nach Italien". So hören wir in den Jahren 1548, 1550 und 1555 von dem englischen Diplomaten Sir Thomas Hoby, Ritter von Bisham Abbey, der seinen Weg über Augsburg und Landsberg nach Süden nimmt. Viel zu berichten hat er nicht: *„Von Augsburg nach Lansberg 6 Meilen"* (Hinweg 1548); *„Von Venedig nach Augusburg sind es 56 dutch Meilen, welche 203 Score und 10 (englischen?) Meilen entsprechen."* (Rückweg 1550*)* [297] Dreizehn Jahre später hören wir von weiteren Engländern, die über die „Alte Straße" reisen: es sind Sir Edward Unton, der vier Jahre zuvor von der englischen Königin Elisabeth I zum Ritter geschlagen wurde, sein Begleiter Richard Smith und ein oder zwei Diener. Viel neues erfahren wir auch von ihnen nicht: *„Von Augsburg reisten wir am 10. April ab und ritten nach einem Städtchen namens lansburge am Lech (Landsberg) sechs Meilen ab Augsburg."* [298]

Mitte Juni des Jahres 1574 reist der venezianische Bildhauer Girolamo Campagna über die „Alte Straße". Hans Fugger bestätigt ihm am 28.6.1574 in einem Brief, dass er „*seine Arbeit* (in Augsburg*)... beendet, mit der er* (Hans Fugger) *sehr zufrieden sei.*“ [299] Campagna hat in Augsburg die Transportschäden einer aus fünf Truhen bestehenden Lieferung von antiken Skulpturen repariert, die so schlecht verpackt transportiert worden waren, „dass der Inhalt *schier zu Pulver worden, namentlich Nasen, Ohren, Kinn und Haare. Eine Statue aus Alabaster sei in zwanzig Teile zerbrochen...*“ [300] Der in Verona geborene und 1572 nach Venedig gezogene 22jährige Girolamo zählt am Ende seines Lebens zu den bedeutendsten Künstlern seines Faches.

Im Jahr 1581 reist Marcus Welser wiederholt nach Venedig, diesmal als Konsul der deutschen Kaufleute im Fondaco dei Tedeschi. Marcus Welser korrespondiert mit Galileo Galilei, der Welsers hervorragendes Italienisch lobt.

Immer öfter treffen wir nun Künstler auf der „Alten Straße“. 1583 ist es der Dichter und Geschichtsschreiber, Peter Lindeberg, der über seine Tagesreise von Augsburg nach Landsberg berichtet: „*Nach Augsburg, Wertach und dem Lech, der das schwäbische Gebiet von den bayerischen Gefilden trennt, zeigt das Bayerland die Mauerzinnen von Landsberg und Rätien gewährt allmählich den Blick auf die hoch in die Luft ragenden, von ewigem Schnee versehrten und vom Eis schwanenweiß schimmernden Alpen, die ich in der Ferne in undeutlichem Licht erblicke...*[301] Und immer noch ist der römische Name Raetien umgangssprachlich geläufig.

1587 ziehen der Dramatiker Barthold von Gadenstedt aus Wernigerode, der Statthalter von Wolfenbüttel Melchior von Steinberg und Josef Benjamin Theler mit zwei ‚Augsburger Venedigerboten' nach Venedig:

*„Wir haben diese tage uber 2 boten, mitt welchen die frembden pflegen nach venedig zu reisen, zu uns beschiedenn. Einer mit namen Anthonies Smaltzeisenn, der ander Moritz genand, beyde guete leutte wie wirs unterwegens nicht anders erfharen, mitt welchen wir gehandeltt, uns von Augsburg nach Venedig zufhüeren... Den 10. (Oktober) nachdhem wir von unserm wirtte abschied genommenn, haben wir uns Im nhamen gottes umb 10 uhr* [LXXXVII] *aufgemachtt und Ist ein freiherr Albrecht von Limburg beneben seinem praeceptore, Melchior genannt. In unser compagnia kommen... sein unser also beneben den boten achte in der compagnie gewesen, sein derselben tag noch geritten biß nach Landesberg (Landsberg)... Zwischen Augsburg und Landesbergk Ists gar eben feltt, das „Lechenfeltt" genannt, von wegen des Fluss Lyco oder Lech, welcher von Augsburg Ins Land zu Bayern fleust. Es Ist eine gewaltige weitte reume. Zwischen beiden Orten stets auf angerr daher es darselbst eine herliche weide vors viehe.... Außerhalb der stad Ists eine guete herberge, do wir die nacht gelegen...* "[302]

Die Gruppe hat auf der Rottstation in Spötting ein Nachtquartier gefunden.

Eine Bildungsreise, damals Kavaliersreise genannt, führt im Jahre 1598 Prinz Ludwig von Anhalt-Köthen mit

LXXXVII Der besseren Lesbarkeit wegen wurde der Wortbedeutung entsprechend das „v" durch das „u" ersetzt.

vier Begleitern – seinem Hofmeister, seinem Zeichner und zwei Pagen – über Augsburg nach Süden. In Gedichtform verfasst er später seine Reiseerinnerungen: *„Von Augspurg wochentlich gewisse boten*[LXXXVIII] *gehen / Zu Rosse, wan es fried', und die man kann bestehen / Bis in Venedig nein, um sondre kost und geld / Die Reis' in viertzehn tag' uns durch die Alpen felt. / Den fünften Brachmonats wir uns zu pferde setzten, / Und mit dem Schwaben Land uns meistentheiles letzten, / Auf Landsberg ritten doch den Lech hienaufwarts nach / Des nachts verblieben dar, und hatten gute sach.“* [303]
Im gleichen Jahr nimmt auch Erzherzog Albrecht von Österreich, ein Sohn Kaiser Maximilians II, mit Ritter Gilles de Faing und zahlreichem Gefolge diesen Weg. Neun Damen und 43 Herren begleiten ihn. Während der Erzherzog von Augsburg über München reist, wo er vom Herzog von Bayern festlich empfangen wird, wählt sein ihn begleitender Tross die „Alte Straße“ nach Süden und erreicht nach sechs Wegstunden die sechs Meilen von Augsburg entfernt liegende Stadt Landsberg. „*Vor der Ankunft* – in Landsberg – *sieht man auf der einen wie der andern Seite nur schöne Schlösser und schöne Häuser, eine gute Straße und überall Wiesen*“, notiert Ritter Gilles de Faing.[304]

Im Jahre 1600 reist Herzog August der Jüngere von Braunschweig-Wolfenbüttel von Venedig nach Augsburg. Am 5. September trifft er in Landsberg ein. „*Den 6. Sept. biß Stadell* (Schwabstadl) *Wirtzhauß Hohenste-*

---

LXXXVIII ‚Augsburger Venedigerboten‘

*ten* (Haunstetten) *Dorf – Schwaben – Augspurg Stadt „Zur Weintrauben" 6 meil."* [305] notiert er in seinen Aufzeichnungen. Er hat die Strecke in drei Tagen gemütlich zurückgelegt. Die Reisegruppe des Herzogs Johann Christian Heinrich Wenzeslaus und Karl Ferdinand von Schlesien bewältigt die Strecke in einem Tag. Zwei Jahre später treffen wir auch den Augsburger Stadtbaumeister Elias Holl auf der Straße nach Venedig.[306] Und um die Jahreswende 1615 / 1616 reist der aus Flandern zurückgerufene vatikanische Botschafter Nuntius Guido Bentivoglio über diese Straße nach Ferrara. Er fährt *„wie im Frühling; Schnee, Eis, Regen, Wind so wenig, dass es fast ein Frühling ohne Frühling war und er über die Alpen nur so jucken konnte."* [307]

1667 passiert ein illustrer Tross das Lechfeld. Erbprinz ‚Cosimo III von Toskana' reist offiziell „inkognito" in einer Sänfte, begleitet von sechzig Personen. Die Reisegesellschaft besteht aus seinen persönlichen Gefährten, Marchese Filippo Corsini, Marchese Vievi Guadagni, Signore Bali Lorenzo Martelli und seinem Hofstaat: dem Kammerherrn Graf von Novellara, einem Leibarzt, einem Sekretär, einem Kaplan, einem Haushofmeister, einem Schatzmeister, zwei Kammerdienern, einem Einkäufer, einem Quartiermacher, drei Almosenspendern, einem Speisemeister für das Gesinde, fünf Köchen, einem Kellermeister, einem Aufwärter mit zwei Gehilfen, einem Piccolo, einem Mundschenk, zwei Kammerjungen, fünf Reitknechten und Lakaien, einem Kutscher, einem Vorreiter, zwei Mauleseltreibern für die Tragsänfte, einem Aufsichtsmann für die Tragsänfte, einem Sänftenführer, vier Stallburschen und elf Dienern für die ihn begleitenden Edelleute.[308] Der Reiseweg führt auf der Trasse der alten ‚Via Claudia Augusta' über Unterdießen und Igling nach Hurlach, wo sich die Reisegesellschaft in einer Herberge einquartiert. Am nächsten Tag, Freitag, den 18. November, reist die Gesellschaft dann weiter „... *in Richtung Augsburg durch eine weitläufige Ebene. Zur Linken erblickte man Oucemortit,* [LXXXIX] *ein ziemliches Dörfchen mit einer modernen, sehr vernünftigen Kirche, weiterhin die kleinen Orte Suaminghen und Gnactin sowie Toachhausen in weitläufiger Ebene... Darnach begegnet einem Pobin und Naustetten. Um 13 ½ Uhr trafen wir in Ausburgh oder Augusta, einer freien Reichstadt ein...*" [309] Ein Augenzeuge ergänzt noch das Bild vom Lechfeld: „*Wir reisten durch ein sich weitest dehnendes und schönes Land, voll von Dörfern, und durch die Weiße des Schnees um so weitläufiger; der Schnee ließ aber das Auge zu keiner Freude über diese weite Ferne kommen. So begaben wir uns nach Augsburg.*" Und Cosimo III gibt in seinem Brief, den er von Augsburg nach Florenz schreibt, noch einen interessanten Hinweis auf die Straßenbeschaffenheit zwischen Hurlach und Augsburg: „*Von da aus reisten wir auf guter Straße schon früh ab und durcheilten ziemlich rasch und hurtig diese schönen Ebenen.*" Die Schnelligkeit auf diesem Straßenteilstück verwundert im ersten Augenblick, da die Reisegesellschaft ja über die ‚Hohe Landstraße' unterwegs ist.[XC] Das winterliche Wetter gibt

LXXXIX Untermeitingen ... Schwabmünchen ... Graben ... Ottmarshausen ... Bobingen ... Haunstetten ... Augsburg ...

XC siehe dazu die Seiten 302-303

eine Erklärung dafür: der Fahrgrund ist frosthart, Löcher und Unebenheiten sind mit Schnee gefüllt und der stetig über die Ebene wehende eisige Wind hat die Fahrbahn geglättet. So geht die Reise schneller vonstatten als in der übrigen Jahreszeit.

Drei Bildungsreisende runden im siebzehnten und achtzehnten Jahrhundert die Beschreibung der Königsbrunner Flur ab: 1671 reist der französische Medikus, Charles Patin, über die „Alte Straße" nach Süden: *„Beim Fortreisen aus Augsburg wandte ich mich nach Süden. Ich sah dort die Sonne schöner als sonst. Mir schien, dass es nicht die alltägliche sei. Ihre Wärme belebte die Felder und kochte die Ernte vor meinen Augen…"* [310] *Im Jahre* 1677 folgt der Marchese Alfonso Bevilaqua in einer zweispännigen Rollsänfte mit einem Reisegefährten und drei Dienern, die ihn in einer vierspännigen Karosse nach Verona begleiten. Er benutzt die neue Pilgerstraße: *„Am 17. Sept. von Augsburg nach Kirchel 1 ½ Stunden: In Kirchel sind zwei große Gasthäuser und eine sehr schöne Kirche mit einem Franziskanerkloster* [XCI]*... Der Weg war sehr gut…. Dort übernachtete ich und war sehr gut versorgt." Am 18. von Kirchel nach Denklingen 6 ½ Stunden."* [311] Der letzte Prominente über Königsbrunner Flur im achtzehnten Jahrhundert ist Papst Pius VI, der im Jahre 1782 die Strecke zwischen Augsburg und Füssen in nur zwanzig Stunden bewältigt.

---

XCI ‚Kloster Lechfeld' mit der 1602 erbauten Kirche

## Die europäische Poststraße

Bereits in römischer Zeit ist die „Alte Straße" im staatlichen Postnetz des Römischen Weltreiches, dem cursus publicus, verankert – auch nach Westen hin, nach Mainz, Köln und Maastricht. Im Mittelalter transportieren zunächst vertrauenswürdige Händler, Pilger, Mönche sowie private und schließlich hauptberufliche Boten Nachrichten und Kaufmannspost. So unterhält beispielsweise die bischöfliche Verwaltung in Augsburg Kurierreiter und Boten zur Nachrichtenübermittlung. Später beschäftigen auch die großen Augsburger Handelshäuser eigene Boten. Aus dem Jahre 1516 sind uns die Namen von Hans Negelin sowie Hans Ferber alt und Hans Ferber jung bekannt. Sie transportieren Briefe, Bargeldsendungen, ab und an auch Juwelen und andere wertvolle Fracht.[312] Das Fuggersche Handelshaus ist auch noch in der zweiten Hälfte des sechzehnten Jahrhunderts ein Dreh- und Angelpunkt für den europaweiten Postverkehr, der mit Fuggerschen Boten abgewickelt wird. So reichen die Verbindungen „von Stockholm über Danzig, Leipzig, Nürnberg bis nach Rom." [313] Im November 1578 befördert ein Firmenbote im Auftrag von Hans Fugger ein Kistchen vom Schwedischen König über die „Straße nach Italien" nach Venedig: *„alles für den König bestimmte über die Fugger"*, heißt es dazu in einem Brief.[314] Zehn bis zwölf Tage braucht der Bote für die Strecke Augsburg-Venedig. Im Winter können es bis zu drei Wochen werden.

Auch die Reichstadt Augsburg hat ihre Botenorganisa-

**Die transeuropäische Poststraße zwischen 1505 und 1706 über die heutige Königsbrunner Flur.**

Der Postverkehr quer durch Mitteleuropa kann sich bereits ab Mitte des sechzehnten Jahrhunderts auf einen fahrplanmäßigen Liniendienst stützen. Zuverlässigkeit ist oberstes Gebot. Die „Postboten“ erreichen ihr Ziel fast auf die Stunde genau. Über Jahre verzeichnen sie nicht einen einzigen Ausfall ihrer Postkuriere.

Augsburg ist die Drehscheibe des Postverkehrs. Von Augsburg aus erreichen Postkuriere über die Nord-, West- und Südtrasse einen Handelsraum, der heutzutage der mitteleuropäischen Wirtschaftszone der Europäischen Union entspricht.

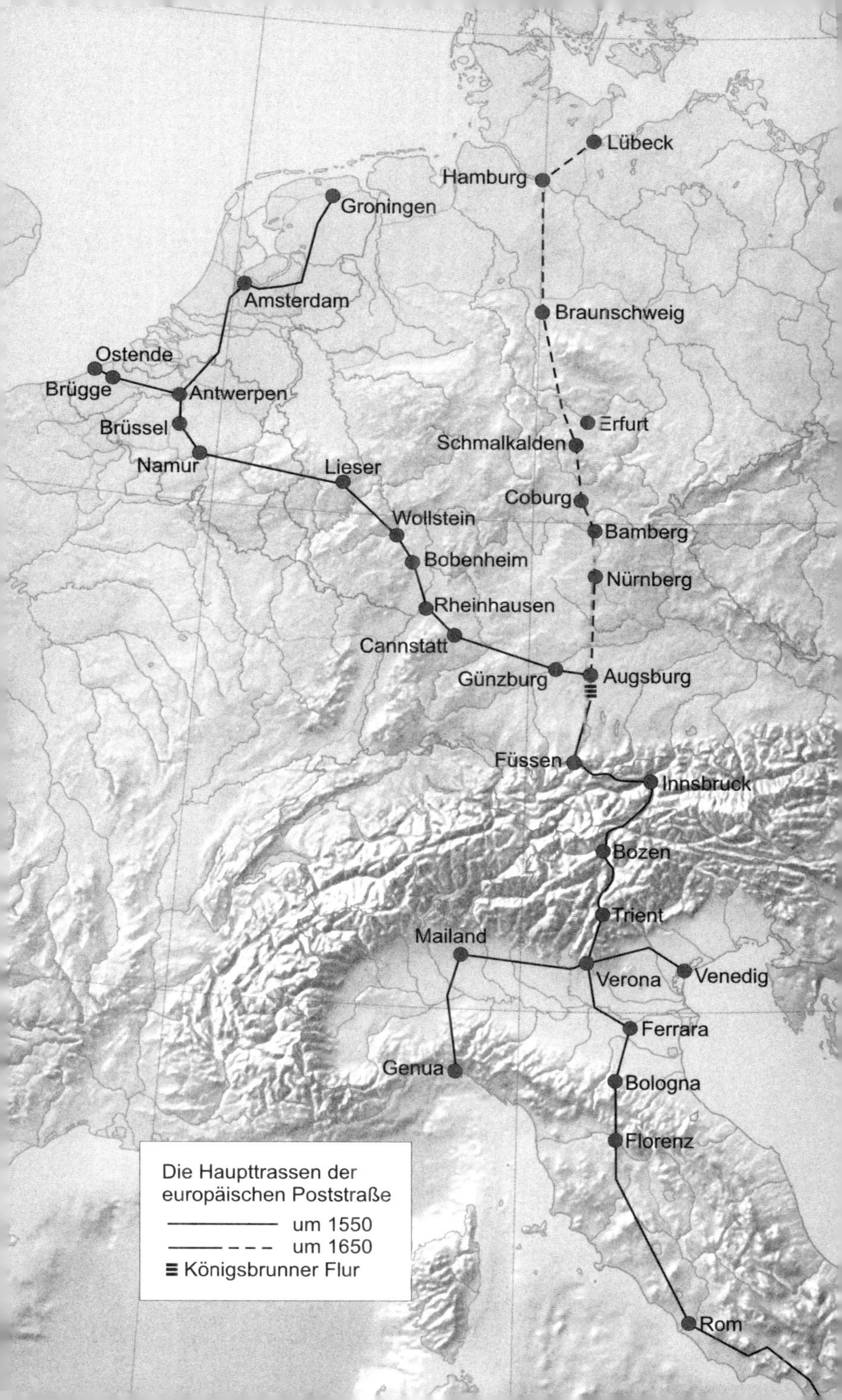
Lübeck
Hamburg
Groningen
Amsterdam
Braunschweig
Ostende
Brügge
Antwerpen
Brüssel
Erfurt
Schmalkalden
Namur
Lieser
Coburg
Wollstein
Bamberg
Bobenheim
Nürnberg
Rheinhausen
Cannstatt
Günzburg
Augsburg
Füssen
Innsbruck
Bozen
Trient
Mailand
Verona
Venedig
Ferrara
Genua
Bologna
Florenz
Rom
Die Haupttrassen der europäischen Poststraße
um 1550
um 1650
Königsbrunner Flur

tion. Seit dem vierzehnten Jahrhundert verkehren die „Augsburger Venedigerboten" zwischen Augsburg und Venedig. Es gib sie selbst dann noch, als die Thurn-und-Taxis-Post bereits Augsburg und Venedig verbindet. Aus dem Jahre 1555 ist überliefert, dass der Bote nach wie vor jeden Samstag in Augsburg die Briefe einsammelt und am nächsten Samstag „zu guter Tageszeit" in Venedig übergibt. Von dort kehrt er mit Post aus Venedig am Samstag darauf zurück.[315] Ein reitender Bote benötigt von Venedig nach Augsburg vier Tage und erhält dafür einen *„gemainen lon 30, 33 Rheinischen Gulden"*. Das entspricht dem Jahresverdienst eines Chirurgen oder Pfarrers.[316] Auch der Stadtbote hat den Transport großer Werte zu verantworten. Im Jahre 1562 sind Augsburger Stadtboten mit zwei beladenen Saumrössern unterwegs, die Werte von insgesamt 18.000 Rheinischen Gulden mit sich führen.

Im Jahre 1490 richtet Maximilian I einen allgemeinen Postdienst ein: *„Item inn dem Jar legt der Römische König reitbotten von dem land osterreich bis inn das niderland, bis in franckreich auch bis gehen Rohm..."* [317] Die wichtigste Postroute der Thurn-und-Taxis-Post ist bereits ab 1496 der Abschnitt der „Alten Straße", der Antwerpen und Brüssel mit Italien verbindet. Sie führt über die Stadt Augsburg, die in den kommenden Jahren die Drehscheibe im europäischen Postverkehr nach Süden sein wird.[318] Systematisch werden nun entlang der Fernhandelsstraße Poststationen aufgebaut. Die Geschwindigkeit in der Nachrichtenübermittlung wird von einer bisherigen Tagesleistung von 20 Kilometern durch die Einrichtung von Relaisstationen – alle fünf Meilen à 7,5 Kilometer – auf 120 bis 150 Kilometer pro Tag gesteigert.[319] Da reichsstädtische Wirtschaftszentren wie Köln und Speyer, die Einrichtung eines Postamtes auf ihrem Stadtgebiet nicht dulden – die Reichsstadt Augsburg bildet eine Ausnahme – werden kleine Dörfer wie Elchingen bei Ulm zu wichtigen Poststationen oder wie Rheinhausen – gegenüber von Speyer gelegen – gar zu zentralen Postumschlagplätzen.

Schon kurz nach Einrichtung der Strecke boomt die Verkehrsroute über die „Alte Straße", denn als *„die Teutschen Kaufleute gewahr wurden, wie* (sie) *den Wechselkurs, die Taxe und den Preis aller Waren durch die Post für weniges Geld haben könnten, ohne deshalben nach Antwerpen, Brüssel, usw. zu reisen, so zog sich auf diese neue Taxische Post eine so unbeschreibliche Menge Briefe zusammen, dass der von Taxis einen so reichen Überschuß an Geld vom Postwesen hatte, als kaum ein mäßiges Teutsches Fürstenthum austragen konnte.*" [320] Auch das Handelshaus Fugger übergibt, wie 1516 überliefert, eilige Briefe dem ‚Ordinaripostboten', der pro Tag die doppelte Strecke zurücklegt wie der Augsburger Bote.

Die Poststraße krönt die europäische Dimension der „Alten Straße".[321] Von Rom aus führt die „Römische Linie" (1527-1740) nach Norden. In Verona stößt die „Venezianer Linie" (1539-1797) hinzu, die um 1580 auch die spanische Postkorrespondenz ab Genua über das Thurn- und Taxis-Netzwerk via Augsburg nach Antwerpen transportiert. Die Thurn-und Taxis-Post" beför-

**Die Poststraße und die „Straße nach Italien“ auf der Augsburger Meilenscheibe von 1629.**

Augsburg ist zum Drehkreuz des mitteleuropäischen Postverkehrs[326] geworden. Auf der Augsburger Meilenscheibe von 1629[327] werden die Routen dieser drei Poststrecken aufgeführt. Die O.P.N.P.U.W. (Ordinari Post nach Prag und Wien) führt über Aichach, Saal, Regensburg, Pilsen und Prag nach Wien. Die O.P.N.A. (Ordinari Post nach Antwerpen) läuft über Auerbach, Scheppach, Günzburg, Elchingen, Rheinhausen... Namur, und Brüssel nach Antwerpen. Die O.P.N.V. (Ordinari Post nach Venedig, siehe rechtes Bild) geht über Ottmarshausen, Hurlach... Füssen, Imst, Brixen, Bozen und Trient nach Venedig.

Die Handelsstraße nach Venedig führt direkt am Lech entlang über Haunstetten, Landsberg und Schongau.

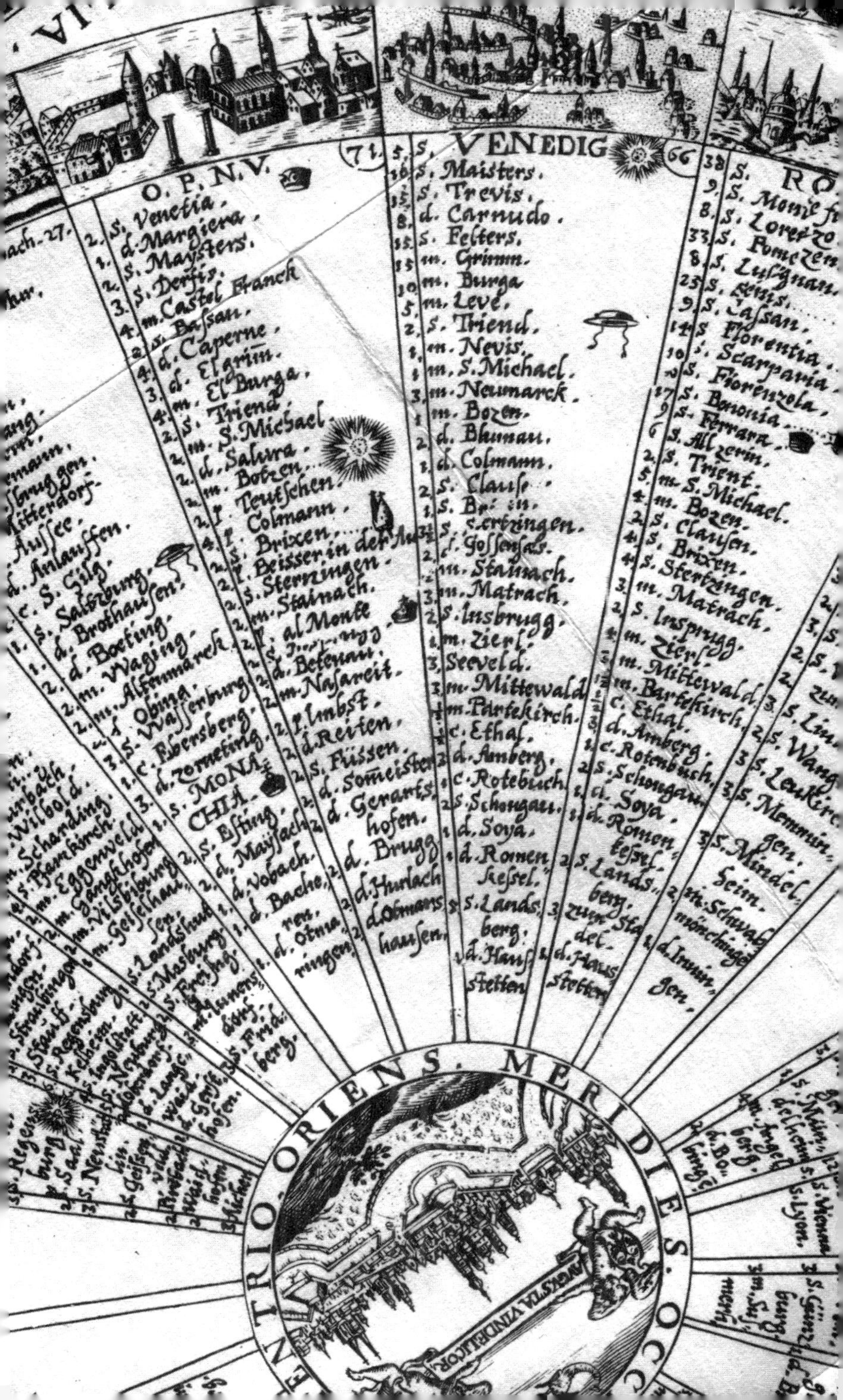
VENEDIG
O. P. N. V.
S. Venetia
d. Margiera
S. Maysters
S. Derfis
m. Castel Franck
S. Bassan
d. Caperne
d. Elgrim
m. El Burga
S. Triend
m. S. Michael
d. Salura
m. Botzen
m. Teutschen
Colmann
S. Brixen
Beisser in der Aw
S. Sterzingen
m. Stainach
al Monte
d. Betenau
m. Nasareit
Imbst
d. Reiten
S. Füssen
d. Someister
d. Gerants hofen
d. Brugg
d. Hurlach
d. Obmans hausen
S. Maisters
S. Trevis
d. Carnudo
S. Felters
m. Grimm
m. Burga
m. Leve
S. Triend
m. Nevis
m. S. Michael
m. Neumarck
m. Bozen
d. Bhunau
d. Colmann
S. Clause
S. Gossensas
m. Stainach
m. Matrach
S. Insbrugg
m. Zierl
Seeveld
m. Mittewald
m. Partekirch
c. Ethal
d. Amberg
c. Rotebuch
S. Schongau
d. Soya
d. Romen kessel
S. Lands berg
d. Hauss stetten
S. Florentia
S. Scarparia
S. Fiorenzola
S. Bononia
S. Ferrara
S. Trient
m. S. Michael
m. Bozen
S. Clausen
S. Brixen
S. Sterzingen
m. Matrach
S. Inspruck
m. Ziersl
m. Mittewald
m. Bartenkirch
c. Ethal
d. Amberg
c. Rotenbuch
S. Schongau
d. Soya
d. Romen kessel
S. Lands berg
S. Memmingen
S. Mindel heim
m. Schwab münchingen
S. Saltzburg
d. Brothausen
d. Boeting
m. Waging
m. Alstenmarck
S. Wasserburg
c. Ebersberg
S. MONACHIA
S. Landshut
S. Mosburg
S. Freising
S. Fridberg
S. Regensburg
S. Ingolstatt
S. Neuburg
ORIENS. MERIDIES. OCC

dert nicht nur Briefe, sondern auch hohe Werte. Hans Fugger erhält darüber einen Diamanten von 13 Karat.[322] Über Trient führt die „Bologna da Tassis Lini" (1537-1769) nach Tirol. Dort übernimmt die „Innsbrucker Linie" und von Füssen nach Augsburg die „Augsburger Linie" (1515-1706). Von Augsburg aus transportiert die „Augsburger Linie" (1515-1706) auf dem Westzweig der „Alten Straße" via Günzburg, Cannstadt bis Rheinhausen und dort übernimmt die „Brüsseler Linie" bis Brüssel nach Ostende (1500-1867) und von Brüssel aus die „Antwerpener Linie" (1530-1626) über Antwerpen und Amsterdam bis nach Groningen. Im Jahre 1563 ist der Westzweig ‚Antwerpen-Augsburg-Innsbruck-Rom-Neapel' mit einer Strecke von 1685 Kilometern und 92 Poststationen die Hauptlinie der Thurn-und-Taxis-Post." [323] Auf dem Nordzweig ab Augsburg transportiert die „Brüsseler Linie" (1500-1867) via Nürnberg, Schmalkalden und Braunschweig bis nach Hamburg und Lübeck.

Wir schreiben einen Tag im Jahre 1585. Wie jede Woche passiert ein Postreiter von Venedig kommend die heutige Königsbrunner Flur in Richtung Augsburg. Seine beiden wetterfesten Postsäcke, die er am Pferd festgeschnallt hat, sind voll mit Geschäftspost. Einer der beiden Postsäcke ist für Brüssel bestimmt. Der Inhalt besteht aus Briefen, die größtenteils Bestellungen enthalten, zum Teil mit Warenmustern ergänzt. Bestätigt oder angefragt werden Handelsartikel aus dem Orient und aus dem Mittelmeerraum: Gewürze, Edelsteine, Korallen, Pfauenfedern und dergleichen mehr von der indischen Westküste; Stoffe aus Persien und aus Südeuropa; Waren wie Ebenholzschalen aus Afrika; Agrarprodukte wie Reis und Wein in großer Menge und Bergwerksprodukte.[324] Eine Stunde später ist dieser Postsack mit dem nächsten Postreiter der „Augsburger Linie“ bereits nach Günzburg unterwegs. Nur zehn Tage braucht die Geschäftspost von Venedig nach Brüssel. Die Zuverlässigkeit ist bestechend. Zwischen 1608 und 1610 ist keine einzige Post ausgefallen. Fast auf die Stunde genau – 104mal im Jahr – passiert der Postreiter die Königsbrunner Flur zwischen Augsburg und Venedig und zurück. 140.000 Briefe transportiert er jährlich. Knapp 70.000 werden in Augsburg an andere Zielorte verteilt; davon knapp 28.000 nach Köln. Und 35.000 Briefe gehen von Augsburg aus direkt nach Antwerpen.[325]

Daneben bietet die Thurn-und-Taxis-Post auch die Personenbeförderung an. Entlang der Poststraße werden den Reisenden von Relaisstation zu Relaisstation Pferde zur Verfügung gestellt. Zwei Pferde je Station haben für die Reisenden bereitzustehen. Daneben bietet eine solche Station auch Verpflegung und Unterkunft, womit sich ihre Betreiber ein attraktives Zubrot verdienen können. Und so passieren immer wieder Reisende auf Postpferden die Flur von Königsbrunn.

Mitte des achtzehnten Jahrhunderts ändert sich der Postdienst auf der Strecke von Augsburg nach Süden. Der Postbote reitet zwar nach wie vor die Strecke Augsburg-Füssen über die heutige Königsbrunner Flur, Hurlach und Hohenwart, doch wird jetzt noch zusätzlich eine weitere Postreiterstrecke eröffnet. Sie führt ebenfalls von Augsburg aus über die Königsbrunner Flur, verläuft dann aber über Landsberg, Dießen, Weilheim, Murnau und Partenkirchen. Beide Postreiterrouten haben Innsbruck als Ziel.

Die seit Mitte des achtzehnten Jahrhunderts aufgenommene Personenbeförderung mit Postkutschen – sogenannte Eilwagen mit vier, sechs, neun oder zwölf Sitzen – geht nun über Schwabmünchen, Buchloe und Kaufbeuren nach Füssen.[328] Mit diesen Eilwagen werden auch schwere Briefpostsendungen transportiert und Münztransporte durchgeführt. Die „Alte Straße" über die heutige Königsbrunner Flur beginnt an Bedeutung zu verlieren. Sie bleibt zwar Postreiterroute, doch die Pflege der Wegetrasse wird so nachlässig betrieben, dass die „Alte Straße" verkommt. So wird im Jahre 1805 die Posthalterei in Hurlach aufgelöst und in Lechfeld, dem heutigen Klosterlechfeld, neu eingerichtet, weil die „Alte Straße" über Hurlach nicht mehr passierbar ist. Im Jahre 1819 wird die Poststrecke über die Königsbrunner Flur noch ein letztes Mal aufgewertet, indem ein wöchentlicher Postwagendienst nach Füssen eingerichtet wird. Doch bereits vier Jahre später wird die Strecke dann endgültig geschlossen.[329]

# Niedergang und Renaissance der „Alten Straße“

Die Zeichen der Zeit stehen nicht günstig für den Handel auf der „Alten Straße“ – auch wenn davon zu Beginn des siebzehnten Jahrhunderts noch nichts zu spüren ist. Im Jahre 1604 ist Venedig zum größten Glasexporteur im Mittelmeerraum aufgestiegen und Glas aus Murano ist auch in Deutschland eine gefragte Handelsware. Unter den 12.000 Tonnen Handelsgütern, die von Venedig über den Brennerpass in Richtung Augsburg gehen, sowie unter den etwa 4.000 Tonnen, die aus Venedig über den Reschenpass transportiert werden, ist auch kistenweise Murano-Glas, das die Menge der Güter weiter anwachsen lässt. Der Verkehrsfluss auf der „Alten Straße“ verlangsamt sich jedoch mehr und mehr. Auch die Transportrouten zu Wasser sind überlastet. Im Jahre 1730 hat die transportierte Tonnage von Venedig – allein über den Brennerpass – die Auslastung von 12.000 bis 14.000 Tonnen erreicht. Etwa fünfzehn bis sechzehn Wochen brauchen nun die Handelswaren von Venedig nach Augsburg – vier Wochen länger als noch dreißig Jahre zuvor. Doch die Importe nach Venedig werden in einigen Gütersegmenten bereits weniger. Zwischen 1600 und 1620 ziehen die Niederlande fast den gesamten Pfefferhandel über See nach Amsterdam. Unruhen im Osmanischen Reich blockieren den Handel über die Levantinische Landverbindung. Im Jahre 1620 trifft der spanische Staatsbankrott den direkten Handelspartner ‚Genua‘. Dies wirkt sich auch auf Venedig aus. Und der Dreißigjährige Krieg trägt seinen

**Die Alte „Straße nach Italien“ und die neue Chaussee im Jahre 1726 über die Königsbrunner Flur**

Die Karte von 1726 zeigt den 1660 *„neu gemachten Fahrweg“*, – die ‚Hochstiftstraße‘, eine Pilgerstraße, die im Jahr darauf sogar in einem spanischen Reiseführer auftaucht.[334] Sie stößt am Neuhaus, dem ältesten Haus der Stadt Königsbrunn, auf die „Via Claudia Augusta“, die hier „Hohe Landstraß“ genannt wird.

Die Legende beschreibt die Straßenverhältnisse:

| | |
|---|---|
| A | Die „Hohe Landstraße“ nach Augsburg – die alte Trasse der „Straße nach Italien“ |
| B | Die neugebaute Straße nach Augsburg – die neue Trasse der „Straße nach Italien“ über Klosterlechfeld |
| C | Klosterlechfeld |
| D | Untermeitingen |
| E | Äcker von Untermeitingen |
| F | Dorfstraßen |
| G | Dorfwege, die zur Landstraße führen |
| H | Graben |
| J | Kleinaitingen |
| K | Ottmarshausen (Oberottmarshausen) |
| L | Neuhaus, „Neuewürthshauß“ |
| M | Haunstetten |
| N | Landstraße nach Augsburg |
| O | Wiesen, Viehweiden und Sumpfgebiete |

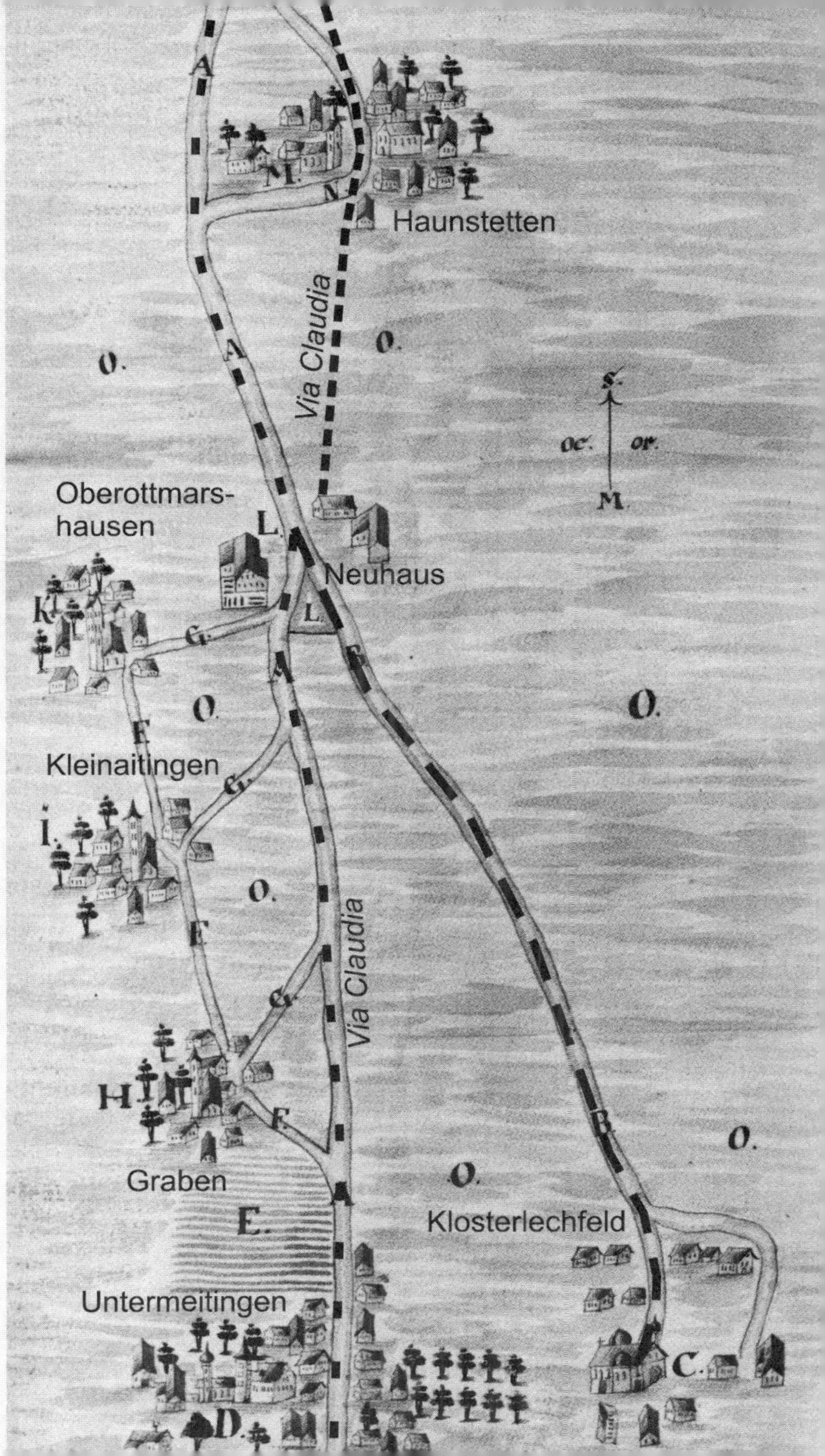
Haunstetten
Via Claudia
Oberottmars-
hausen
Neuhaus
Kleinaitingen
Via Claudia
Graben
Klosterlechfeld
Untermeitingen
A.
N.
L.
O.
S.
oc.
or.
M.
K.
G.
E.
I.
H.
F.
B.
C.
D.

Teil dazu bei, dass ein Jahrzehnt später der Fernhandel über die „Alte Straße" nahezu versiegt.

In diesen Jahren verläßt Georg Christoph Neitzschitz zusammen mit Kaufleuten, die nach Augsburg zurückkehren, seine Heimatstadt Naumburg, um über die „Straße nach Italien" Richtung Venedig und in den Orient zu reisen.[330] In Augsburg übernachtet er im Gasthaus zur Traube, wo er eines der von Venedig gerade eintreffenden „Mieth-Rosse" ausleiht. Von hier bricht er zusammen mit dem Gesandten des Bischofs von Würzburg nach Landsberg auf. Die Straße dorthin ist alles andere als ein Vergnügen. Streckenweise haben tiefe Geleisespuren die einstige Trasse bis zur Unkenntlichkeit verändert. Reisende, die mit einer Kutsche unterwegs sind, müssen sich damit abfinden, dass *„in dem so unterschiedlichen Gemenge von Steinen jeder Größe, Staub, Kot, Lehm und Wasser"* [331] die Zugtiere nur noch mühsam vorankommen. Denn die „Alte Straße hat sich nach jahrhundertelanger starker Verkehrsbelastung streckenweise in tiefe Fahrspuren aufgelöst, so dass die Reisenden in steter Sorge sein müssen, dass ihre Kutsche während der Fahrt nicht umgeworfen wird. So berichtet es im Jahre 1687 François Maximilien Misson: *„Von Augspurg bis Venedig/ oder zum wenigsten bis Mestré bey Venedig / kann man ordentliche kutschen haben /deren preis beständig ist; man siehet aber solchergestalt die stadt München nicht… Ausser dem ist das land so hart vor die carossen / dass man entweder in steter sorge wegen des umwerffens seyn / oder wegen des unauffhörlichen auff- und absteigens an denen gebirgen mehr zu fusse gehen / als fahren muß."* [332]

1602 wird auf dem Lechfeld eine Wallfahrtskirche gebaut. Später kommt ein Benediktinerkloster hinzu. Daraufhin werden im Jahre 1660 zwischen Augsburg und Hurlach die nördlich des Neuhaus bestehende mittelalterliche Straße und die südlich des Neuhaus existierende römische Trasse mit einer neuen Fahrbahndecke überzogen. Es ist die erste Reparatur an der „Straße nach Italien" seit rund 1600 Jahren. Ihrer Bestimmung nach ist sie eine Pilgerstraße, die vom Allgäu und von Augsburg aus auf die Wallfahrtskirche „Unser Frauen Hülf" zuläuft und natürlich sofort den Verkehr von der „Alten Straße" abzieht. Deshalb wird im Süden der heutigen Königsbrunner Flur ein Zollhaus errichtet mit einem quer über der Straße stehenden Torbau. Dort müssen alle Fuhrwerke, die die Hochstiftliche Straße, im Volksmund „Hohe Straße" oder „Hohe Landstraße", benutzt haben, eine Maut dafür entrichten. Wer diese nicht bezahlt, wird im Nachbarort Bobingen in Gewahrsam genommen.

Da der Verkehr die ‚Pilgerstraße' belastet, wird Anfang des 18. Jahrhunderts ab dem Neuhaus ein *„neu gemachter Fahrweg und Straße"* in Richtung Stadel über die mittelalterliche Trasse gebaut. Dadurch erhält die „Straße nach Italien" nun zwischen dem Neuhaus und Hurlach zwei durchgehende Parallelstrecken. Dies ist auch bitter nötig, denn die kaum vierzig Jahre alte „Hohe Straße" ist in einem äußerst desolaten Zustand. Das kann man bei dem Reisenden von Blainville, der am 25. Januar 1707 über Augsburg nach Venedig unterwegs ist, zwischen den Zeilen lesen: *„Von Augsburg aus kamen wir in zwei Stunden nach Haunstein (Haunstetten)… Nachher fuhren* *wir an dem Lech hin über eine große Ebene, die wir nicht übersehen konnten, und langten am Abend in dem Dorfe Kirchheim an, nahe bei welchem ein Kloster mit einer hübschen Kirche steht...*" [333] Das Dorf Kirchheim (Klosterlechfeld) ist aufgrund des schlechten Straßenzustandes nun schon eine Tagesreise von Augsburg entfernt.

Endlich, im Jahre 1804, beginnt man von staatlicher Seite her an der Verbesserung des Zustandes der „Straße nach Italien" Interesse zu zeigen. Doch es dauert noch bis zum Jahr 1825, bis die komplett ausgefahrene und ausgefranzte Fahrbahn über die heutige Königsbrunner Flur begradigt und repariert wird. Im gleichen Jahr werden beidseitig der Straße Bäume gepflanzt, drei Jahre später wird wieder das Rechtsfahrgebot eingeführt und durch Schilder auch die Beachtung der Vorfahrt von Extraposten und Eilwagen vorgeschrieben. Kaum, dass die Fahrbahn gerichtet ist, verkehren wieder wöchentlich Eilwagen zwischen Augsburg und Innsbruck.[335]

Im Jahre 1828 lassen sich nach mehr als einem Jahrtausend, nachdem am Ende des frühen Mittelalters die Königsbrunner Flur von den letzten Bewohnern verlassen worden ist, wieder Siedler an der „Straße nach Italien" nieder. Die „Alte Straße" ist zeitweise wieder stark frequentiert „ *besonders von Seiten sehr zahlreicher Wallfahrer, die in der weiten Öde weder Ruhepunct noch Labe finden.*" [336] Für sie lässt der bayerische König Ludwig I Brunnen graben. Den ersten im Jahre 1840. Da leben bereits schon vier Familien an der Straße und freuen sich, nun auch „*das Wasser aus* (dem) *an der Poststraße erbauten Brunnen* (nutzen zu können), *woher der Name Königsbrunn gefasst sein soll.*“ Bereits zwei Jahre später wird die kleine Siedlung zur Gemeinde erhoben. Jahrzehnte danach reiht sich längs der „Landstraße“ Siedlerhaus an Siedlerhaus und Königsbrunn wird zum längsten Straßendorf Deutschlands.

Nach dem zweiten Weltkrieg wird die „Straße nach Italien“ zwischen Augsburg und der österreichischen Landesgrenze als Bundesstraße 17 wiedererweckt und diese schließlich vierspurig an die westliche Flurgrenze von Königsbrunn ausgelagert, wo sie in Zukunft eine Brükkenfunktion im Autobahnnetz zwischen der A 8 und der A 96 erfüllen wird – und für den Urlaubsverkehr als alternative Stau-Umfahrung wiederum zur „Straße nach Italien“ wird.

Auf der Königsbrunner Flur sind die einstigen alten Straßentrassen inzwischen verkehrsberuhigt, flurbereinigt oder einfach verschwunden. Geblieben ist hier nur noch die Römerstraße – die ‚Via Claudia Augusta‘. Als Bodendenkmal erinnert sie daran, dass hier der Fernhandel bereits vor zweitausend Jahren stattgefunden hat, dass über sie weit entfernt liegende Wirtschaftsräume in Ost- und Südostasien mit Europa verbunden gewesen sind, und dass über viele Jahrhunderte hinweg Waren und Wissen aus allen Teilen der „neu entdeckten Welt“ ihren Weg über diese „Alte Straße“ gefunden haben.

**Globium – der weltweit größte Historische Globus**

Das vor Drucklegung dieses Buches noch vor der Fertigstellung stehende Gebäude zeigt auf seiner Außenfläche die erste Handelskarte der kurz zuvor von Magellan umfahrenen Welt. Die Karte wurde von dem Spanier Diego Ribero gezeichnet und liegt im Original 2,04x0,850 Meter in der Vatikanischen Bibliothek. Sie wurde im Jahre 2005 anlässlich der Festwoche der 500 jährigen Wirtschaftsbeziehungen zwischen dem heutigen Bayern und Indien dreidimensional hochgerechnet und auf diesen 452 m² großen, Historischen Globus aufgebracht. Die Ausstellung im Innern des Gebäudes dokumentiert 4000 Jahre Fernhandel über die „Alte Straße".

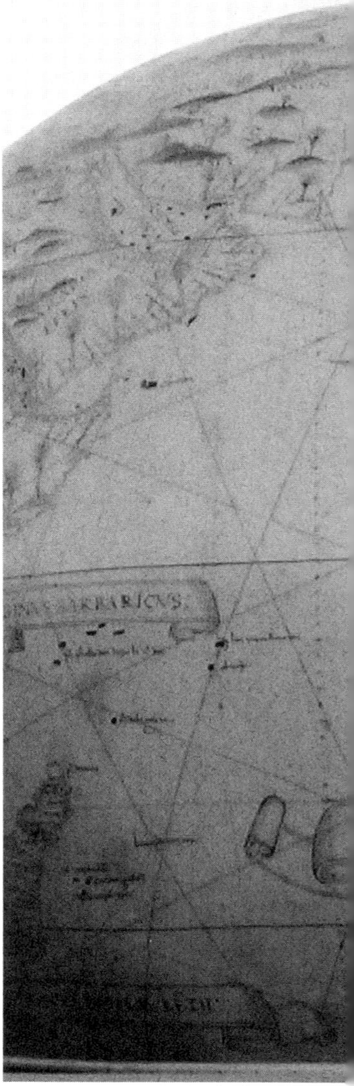

SINVS GAGETICVS
ARE INDICVM

# Epilog zur ‚Romantischen Straße'

Mitte des zwanzigsten Jahrhunderts ist auf der Königsbrunner Flur unerwartet eine neue „Fernstraße" hinzugekommen – die „Romantische Straße". Sie ist keine Straße im herkömmlichen Sinne, sondern eine Erlebnisroute auf den Spuren der Vergangenheit. Sie verbindet die schönsten Landschaften zwischen dem Main und den Alpen, belebt sie durch „Fern-Tourismus" und verschafft auch dem fast in Vergessenheit geratenen Teilstück der „Straße nach Italien" eine unerwartete Renaissance. Seit die „Romantische Straße" im Jahre 1950 geboren wurde, macht ihr Name Touristen aus aller Welt neugierig, sich auf ihre Spur zu setzen, ihrer Route zu folgen. Und dies tun jährlich mehr als zehntausende Touristen aus aller Welt. Pilger des einundzwanzigsten Jahrhunderts möchte ich sie nennen. Sie besuchen mittelalterliche und frühneuzeitliche Stätten der Kunst und Kultur.

Die Geburtshelfer der „Romantischen Straße" haben ihren Verlauf natürlich unter touristischen Gesichtspunkten festgelegt, und dabei nicht die in den letzten zweitausend Jahren gewachsenen Wirtschafts- und Kommunikationsadern Mitteleuropas berücksichtigt. Oder vielleicht doch?
Tatsächlich haben die an der „Romantischen Straße" liegenden mittelalterlichen Städte zwischen Donau- und Maintal – wie Rothenburg ob der Tauber, Dinkelsbühl oder Nördlingen – bereits durch die Nord-Süd-Fern-

straße der Stauferzeit am Venedighandel partizipiert. So war seit dem Mittelalter Nördlingen bereits ein Schnittpunkt der Fernstraßen ‚Augsburg-Frankfurt' und ‚Nürnberg-Genua' und – wie wir schon gehört haben – führte die Fernstraße ‚Frankfurt-Augsburg-Italien' seit 1410 durch Rothenburg. Und so atmet jeder Tourist, der über die ‚Romantische Straße' fährt, nicht nur ‚romantisches Ambiente', sondern auch ein Stück Fernhandelsgeschichte ein.

Bis zum Alpenrand begleitet nun die Romantische Straße unsere alte Fernhandelsstraße. Sie passiert die einstige Reichsstadt Augsburg, die mit dem beginnenden Welthandel wie keine andere Stadt in Mitteleuropa verknüpft ist. Und sie führt durch die Stadt Königsbrunn, wo man die Geschichte der „Straße nach Italien" zwischen Augsburg und Füssen in einer Ausstellung im Globium nacherleben kann – zurück bis in die Bronzezeit, als die „Alte Straße" geboren wurde.

# Anmerkungen

1 Bayer. Hauptstaatsarchiv München, Plansammlung Nr. 840a
2 Behrendt, Teichner, 1984, S.117
3 ebda. S.48
4 ebda. S. 65 und S. 103
5 Grundlage: Bayerisches Landesvermessungsamt Uraufnahme 1:25000, Kartenblätter: Göggingen, Haunstetten, 1987, Groß-Aitingen, Merching, 1994
6 Karnehm, 2003, III, Bd. II-2, Dok.Nr. 3130
7 ebda. Bd. II-2, Dok.Nrn. 3130, 3142, 3181, 3195, 3213, 3246, 3251-3254, 3258, 3266
8 ebda. Bd. II-2, Dok.Nr. 3254
9 Ginzrot,1981, S.18
10 Karnehm, 2003, III, Bd. I, Dok.Nr. 356
11 Pötzl 1996, S.42
12 ebda. S.37, Karte der steinzeitlichen Fundstellen
13 Heinke, 2003, S.19
14 Parker, 1996, S.52, Pötzl, 1996, S.73
15 Weisgerber, 2004, S.53f
16 ebda. S.77
17 Müller, 2002, S.34
18 Weisgerber, 2004, S.296
19 Müller, 2002, S.291
20 ebda. S.50 und 267, Fundort Augsburg
21 ebda. S.50 Fundort Hammel bei Augsburg
22 Strahm, 1995, S.79f
23 Müller 2002, S.268
24 Altmann, 2007, S.10
26 Metzger, 2002, S.39
27 Linke, 1991, S.31
28 Pötzl, 1996, S.161
29 Altmann, 2007, S.11
30 Müller-Hahl, 1996, S.351
31 Parker, 1996, S.84
32 Linke, 1991, S.42
33 Wolters, 2006, S.14
34 Carrol, 2003, S.39
35 Junckelmann, 1997, S.66
36 ebda. S.64
37 Walser, 1983, S.41
38 etwa 23-28 km, Heinz, 2003, S.76
39 Hitzler,1971, S.39
40 Heinz, 2003, S.74
41 Ginzrot, 1981, S.16
42 Junkelmann, 1997, S.62

43 Ginzrot, 1981, S.17
44 Heinz, 2003, S.43
45 Ginzrot, 1981, S.37
46 Welser, 1595, Rep. 1985, 2. Teil, Kap. 1, S. 64
47 Schneider, 1982, S.117
48 Österreichische Nationalbibliothek, Tabula Peutingeriana, Cod. 324
49 Wamser, 2000, S.88
50 über Lenzfried, Betzigau, Leiterberg, Kraftisried, Reinhardsried, Aitrang, Hiemenhofen, Neumann, 2006
51 ebda. über Oberzell, Stocken, Dienhausen
52 Eustathios, um 362 n. Chr., Giebel, 2000, S. 150
53 Wamser, 2000, S. 113
54 Freytag, 1866, S.154
55 Junkelmann,1997, S.77f
56 Trier, 1990, S.23
57 Schallmayer, 2006, S.129
58 Altmann, 2007, S.13
59 Wolters, 2000, S.82ff; Altmann, 2007, S.12; Bayerisches Landesamt für Denkmalpflege, 1985, S.118
60 Altmann, 2007, S.12
61 Carroll, 2003 S.80
62 Wamser, 2000, S.186
63 Maier, 1991, S. 165
64 Bayerisches Landesamt für Denkmalpflege, 1985, S. 165f
65 Heinz, 2003, S. 8
66 Heinke, 2003, S.18f
67 Die Straßenbauarbeiten an der römischen Straße begannen „unverzüglich“ nach der Beendigung der Kämpfe.
68 Czysz, 1995, S.262f
69 Trier, S.36
70 Junkelmann, 1997, S.167
71 Lepelley, 2006, S.168f
72 Lauridsen, Henning, Viborgs historie 1, Viborg 1998, S.17
73 Wamser, 2000, S.227
74 ebda S.229
75 Lepelley, 2001, S.303
76 ebda. S.297
77 Knabe, 1981, S.251-266
78 Knust, 1976, S. 76
79 ebda S. 76
80 Schulte, 1966, S.697
81 Knabe, 1981, S.252f
82 Basham, 1975, S.435
83 Universitätsbibliothek Heidelberg, Codex Palatinus Graecus , Signatur 398, Fols 40v-54v.
84 Knabe, 1993, S. 13
85 Casson, 1989, S.12

86 ebda. S.81, Vers 48-49
87 Heimathafen Hamburg, Liegeplatz, Königsbrunn
88 Knabe, 1993, S.157
89 ebda. S.184f
90 ebda. S.192
91 ebda. S.290f
92 ebda. S.l34
93 Casson, 1989, S.85, Vers 54.5
94 Österreichische Nationalbibliothek, Tabula Peutingeriana, Cod. 324
95 Knabe, 1993, S.414
96 Junkelmann, 1997, S.148
97 Casson, 1989, S.16, Plutarch, siehe Heinz, 2003, S.17
98 Maier, 1991, S.226
99 Purpurschnecken werden hier seit Jahrhunderten gesammelt. Mercator-Expedition 1992, Forschungsbericht, Bd.2, S. 113
100 Casson, 1989, S.19 Vers 56:3,4
101 Trier, 1990, S. 31
102 Casson, 1989, S.230f, S. 231
104 Wamser, 2000, S.166
105 Knabe, 1993, S.414
106 Schallmayer, 2006, S.97
107 Walser, 1983, S.14
108 ebda. S.24; siehe auch Grasser, 1980, S.16
109 Freytag, 1866, Band 1, S.93
110 Linke, 1991, S.53
111 Walser, 1983, S.17; Grasser, 1980, S.17
112 „Der Barbarenschatz", 24.02.-08.07,2007 Römisches Museum, Augsburg
113 Inschrift auf einem 1992 im Lech aufgefundenen Steinquader, Römisches Museum, Augsburg
114 mdl. Quelle: Grabungsleiter Rainer Linke; Bayerisches Landesamt für Denkmalpflege, 1985, S. 277ff
115 Trier, 1990, S.36
116 Müller-Hahl, 1966, S. 173, 547
117 Knabe, 1997, S.97f
118 Trier, 1990, S. 138 Beilagenkarte 1 und 4
119 Metzger, 2002, S.41
120 Schulte, 1966, S.73
121 ebda. S.74
122 Hitzler, 1971, S.109
123 Dreyer-Eimbcke, 1989, S.85
124 Lauridsen, 1998, S.22

125 Dreyer-Eimbcke, 1989, S.35
126 ebda. S.174
127 Gottlieb, 1984, S.184f
128 Wirtz, 2006, S.29
129 Schulte, 1966, S.144
130 Wirtz, 2006, S.16-28
131 Ipser, 1976, S.19; Wirtz, 2006, S.23
132 Schulte, 1966, S.355
133 Ipser, 1976, S.21
134 ebda. S.27f
135 ebda. S.30
136 ebda. S.42
137 Schulte,1966, S.147f
138 Baer, 1989, S.175
139 ebda. S.176
140 Bruns, 1967, S.47
141 Filser, in Baer, 1989, S.243
142 Spranger, 2006, S. 349f
143 Weitnauer, 1931, S.120f
144 Dreyer-Eimbcke, 1989, S.178
145 Spufford, 2004, S.142
146 Hitzler, 1971, S.131ff
147 ebda. S.331
148 Wirtz, 2006, S.86
149 Dreyer-Eimbcke, 1989, S.123
150 von Stromer, 1999, S.5
151 Baer, 1989, S.178
152 Gottlieb, 1984, S. 171ff
153 Frei 1989, Karte XI,3
154 Baer, 1989, S.188
155 ebda. S.174
156 Schmidt-Händel, 2004, S.119
157 ebda. S.127f, S.170f
158 ebda. S.24
159 Settele, 1983, S.13f
160 Wirtz, 2006, S.239
161 ebda. S.239
162 Dussler, 1968, S.44
163 Bruns, 1967, S.302
164 ebda. S.317
165 Kießling, 1987, S. 88
166 Settele, 1983, S.23f
167 ebda. S.12
168 Müller-Hahl, 1966, S.89, 90 und 544f.
169 Wirtz, 2006, S.240
170 Dussler, 1968, S.88
171 ebda. S.104
172 Hack, 1995, S.110
173 ebda. S.39
174 Knabe, 1993, S.287ff.
175 Für ein realistisches Bild der Geschäftigkeit wurden Quellen der Jahre 1426, 1430, 1441, 1442 zusammengefasst, Hack, 1995, S.15, 60
176 Baer, 1989, S.189
177 Dussler, 1974, Bd.2, S.25
178 Stromer von Reichenbach, 1963, S.20, 108

179 Schulte, 1966, S.712
180 Die Begriffe „gold taffel“, „pachaschin“, „Sabania“, „pacz“, „Bunde“, „gepackte Bunde“ sind nicht eindeutig zu definieren.
181 Flüssigkeitsmaß
182 Wirtz., 2006, S.225
183 Bruns, 1967, S.236
184 Behringer, 1990, S.141
185 Junkelmann, 1997, S.24
186 Wamser, 2000, S.264
187 Czysz, 1995, S.259
188 Wamser, 2000, S.266f
189 ebda. S.266-267
190 Hägermann, 1997, S.261
191 Junckelmann, 1997, S.60
192 Wamser, 2000, S.267
193 ebda. S.133
194 ebda. S.93
195 ebda. S.134
196 Czysz, 1995, S. 261; Bayerisches Landesamt für Denkmalpflege, 1985, S.122
197 Wamser, 2000, S.79
198 Welser, 1595, Rep. 1985, 2. Teil, Kap. 1, S. 134
199 Behrendt, Teichner, 1984, S34f
200 Schmidt-Händel, 2004, S.120
201 Dreyer-Eimbcke, 1989, S.178
202 Baer, 1989, S.184
203 Filser, in: Baer, 1989, S.233-250
204 Karnehm, 2003, III, Bd. II-2, Dok.Nr. 3143
205 Rösch, 1982, S.38
206 Baer, 1989, S.121
207 Dussler, 1968, S.127
208 ebda. S.129-130
209 Filser, 1991, S.25f
210 Bayerisches Landesamt für Wasserwirtschaft, 1984, Heft 19, S. 18 Abb. 7
211 Dussler, 1974, S. 144/145
212 Filser, 1991, S.236
213 Hack, 1995, S.57
214 ebda. S.111
215 ebda. S.43
216 Schmidt-Händel, 2004, S.42f
217 Landstraßenkarte, Etzlaub, Erhard, Nürnberg 1501
218 Lauridsen, 1998, S.246
219 Steinfeld, 1994, S.33
220 ebda. S.24
221 Kellenbenz, 1975, S.284
222 Wirtz, 2006, S.50f
223 ebda. S.203

224 ebda. S.217f
225 Weitnauer, 1931, S.48f
226 Knabe, 1993, S.88f
227 ebda. S.89
228 Ipser, 1976, S.166
229 Weitnauer, 1931, S.97f
230 ebda. S.99
231 Ipser, 1976, S.167
232 Karnehm, 2003, III, Bd. II-2 Dok.Nr. 2912
233 ebda. Bd. II-2 Dok.Nr. 3100
234 Knabe, 1993, S.174
235 Staats- und Stadtbibliothek Augsburg, Hans Rogel, Augsburger Meilenscheibe, Augsburg 1665, Graph. 29, 140
236 Gottlieb, 1984, S.279
237 Ludwig, 1997, S.499-501
238 Spranger, 2006, S.351
239 Gottlieb, 1984, S.168
240 Baer, 1989, S.194
241 Karnehm, 2003, III, Bd. I, Dok.Nr. 585
242 ebda. Bd. I, Dok.Nrm. 367, 381, 413
243 ebda. Bd. I Dok.Nr. 120, 125
244 ebda. Bd. II-1 Dok.Nr. 698
245 ebda. Bd. I, Dok.Nr. 209,211
246 ebda. Bd. II-1 Dok.Nr. 137
247 ebda. Bd I, Dok.Nr. 879
248 „zwei Schiffe aus Sardinien mit solcher Ware“, Karnehm, 2003, III, Band I, Dokument 638
249 ebda. Bd. II-1, Dokument 718, 761
250 ebda. Bd. II-1, Dokument 1631, 1654, 1772
251 ebda. Bd. I Dok.Nr. 390, 403, 412
252 ebda. Bd. II,1, Dok.Nr. 1488
253 ebda. Bd. II,1, Dok. Nr. 271
254 ebda. Bd. II-1, Dok. Nr. 715
255 ebda. Bd. II-2, Dok.Nr. 2093
256 ebda. Bd. II-2, Dok.Nr. 2934, 3218
257 Gewehre
258 Karnehm, 2003, III, Bd. II-1, Dok.Nr. 1552
259 ebda. Bd. II-1, Dok.Nr. 1192
260 siehe auch Völse, 2006, S.344
261 Redtel, 2004, Anmerkung 7

262 Karnehm,2003, III, Band I, S.30
263 ebda. Bd. I, Dok.Nr. 848
264 ebda. Bd. 1, Dok.Nr. 1197
265 ebda. Bd. II-1, Dok.Nr. 1870
266 Scherr, 1890, S.,260
267 Karnehm, 2003, III Bd. II-1, Dok.Nr. 1772, 1960, und Bd. II-2, Dok.Nr. 1631
268 Walser, 1983, S.16f
269 Junkelmann, 1997, S.11
270 Pölnitz, 1952, S.4ff
271 Dussler, 1974, S.13f
272 Pölnitz, 1955, S.47
273 ebda. S.40ff
274 Welser, 1595, Rep. 1985, 2. Teil, Kap. 1, S. 33
275 ebda. 2. Teil, Kap. 1, S. 41
276 Baer, 1984, S.128
277 Welser, 1595, Rep. 1985, 2. Teil, Kap. 1, S. 65
278 Spuffort, 2004, S.28
279 Welser, 1595, Rep. 1985, 2. Teil, Kap. 1, S. 142
280 Dussler, 1968, S.34-36
281 Welser, 1595, Rep. 1985, 2. Teil, Kap. 1, S. 169
282 Dussler, 1968, S.37
283 Behringer, 1990, S.15
284 Dussler, 1968, S.38
285 Knabe, 1997, S.101f
286 Welser, 1595, Rep. 1985, 2. Teil, Kap. 1, S. 229
287 Zorn, 1973, S.39
288 Isper, 1976, S.43 und 50
289 Knabe, 1993, S.59ff
290 Pölnitz, 1955, S.61
291 Ipser, 1976, S.32
292 Dussler, 1968, S.65
293 Isper, 1976, S.42
294 Dussler, 1968, S.72
295 Weitnauer, 1931, S.5ff
296 Pölnitz, 1955, S.61
297 Dussler, 1974, S.39
298 ebda. S.52
299 Karnehm, 2003, III, Bd. II-1, Dok.Nr. 154
300 ebda. Bd. II-1, Dok. Nr. 10
301 Dussler, 1974, S.57f
302 ebda. S.96
303 ebda. S.65
304 ebda. S.70
305 Dussler, 1968, S.111f
306 Ipser, 1976, S.34
307 Dussler, 1968, S.124
308 ebda. S.163
309 ebda. S.166, 178, 179

310 ebda. S.182
311 Dussler, 1974, S.155
312 Weitnauer, 1931, S.118
313 Karnehm, 2003, III, Bd. II-1, Dok.Nr. 1770
314 ebda. Bd. II-1, Dok.Nr. 1408
315 Dallmeier, 1990, S.334f
316 Hack, 1995, S.55-56
317 Behringer, 1990, S.27
318 ebda. S.35f
319 Dallmeier, 1990, S.24
320 Behringer, 1990, S.42
321 Dallmeier, 1990, S.76 und 77
322 Karnehm, 2003, III Bd. II-1 Dok.Nr..1322
323 Behringer, 1990, S.37
324 ebda. S.67f
325 ebda. S.81f
326 Augustin, Caspar, Augsburger Meilenscheibe, Augsburg 1629, Faksimiledruck, o.J.,Privatbesitz
327 Augsburger Meilenscheibe, 1629
328 Frei, 1989, Karten I,3; XI,3
329 Behrendt, 1984, S.64
330 Dussler, 1974, S.89
331 Behrendt, Teichner, 1984, S.64
332 Dussler, 1974, S.187f
333 ebda. S.187f
334 Guia de caminos 1727, S.12
335 Behrendt, 1984, S.64
336 ebda. S.69, S.68

# Geographische Namen

# Handelswaren

# Personenverzeichnis

# Handelsorte an der indischen Westküste

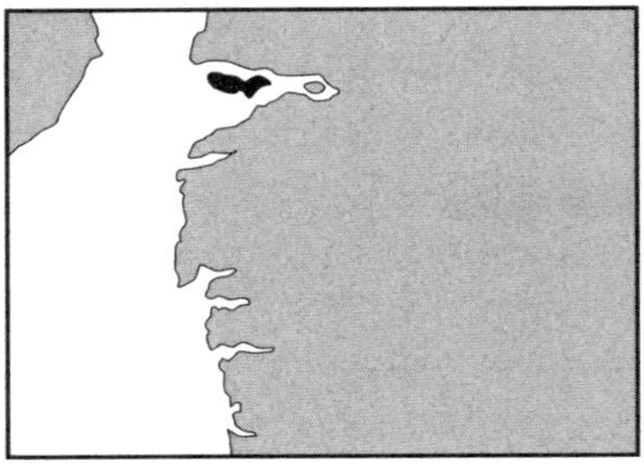

1. Barygaza (Bharuch) 21° 36‘ N

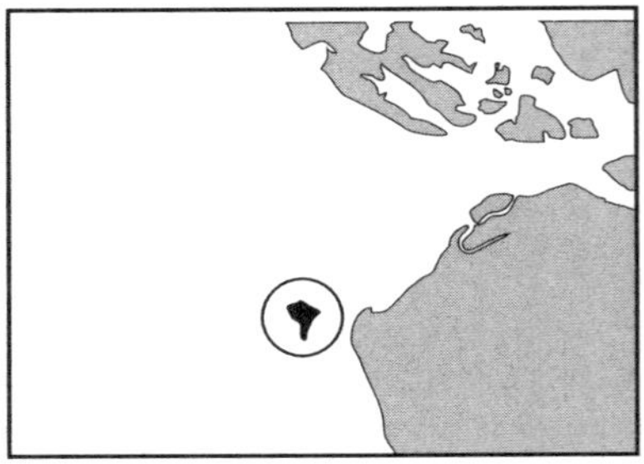

2. Akabaru (Arnala) 19° 28‘ N

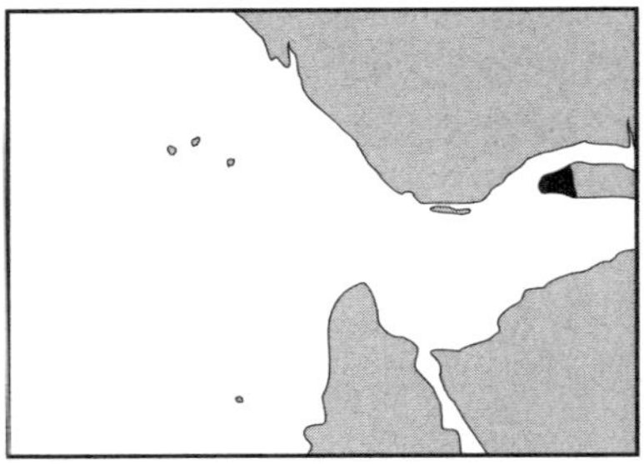

3. Suppara (Bassein) 19° 20‘ N

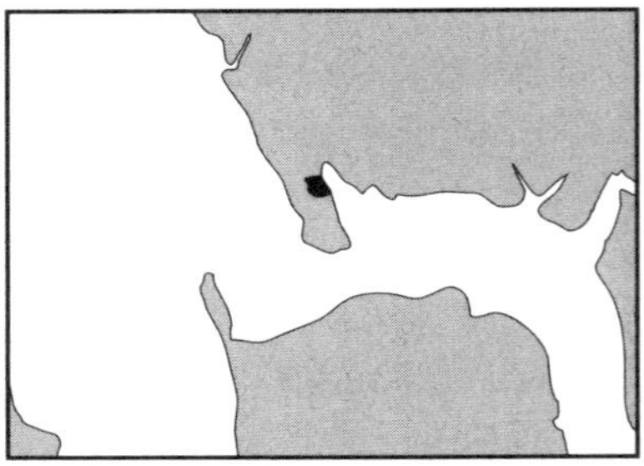

4. Semylla (Chaul) 18° 33‘ N

5. Mandagora (Bankot) 18° 07‘ N

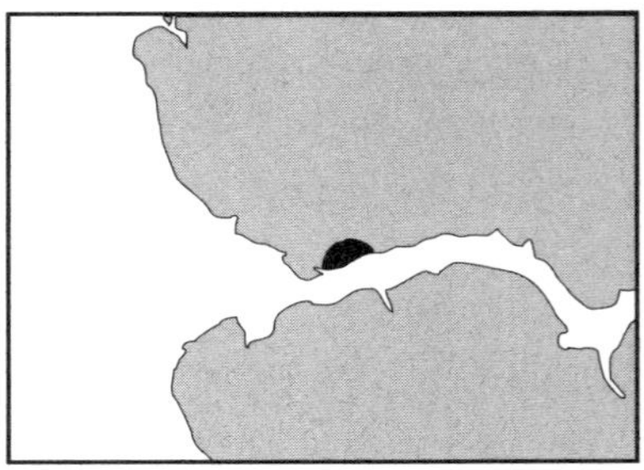

6. Palaipatmai (Dabhol) 17° 36‘ N

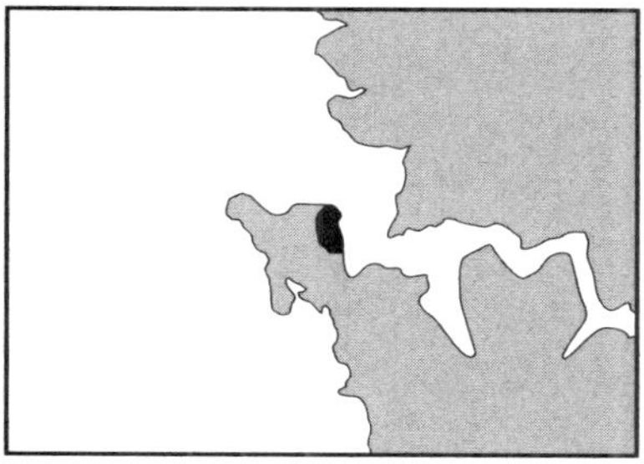

7. Melizeigara (Jaigarh) 17° 18‘ N

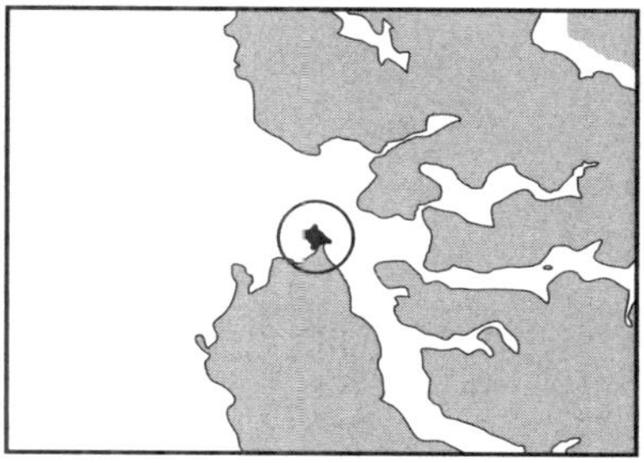

8. Byzantion (Vijayadurg) 16° 34‘ N

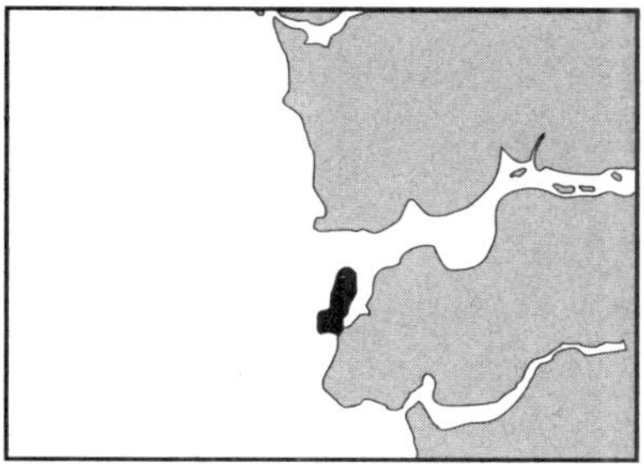

9. Toparon (Devgarh) 16° 23‘ N

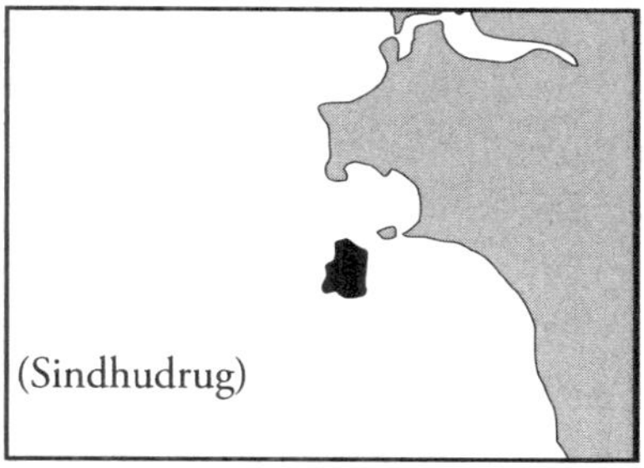


10. Tyrannosboas 16° 03‘ N

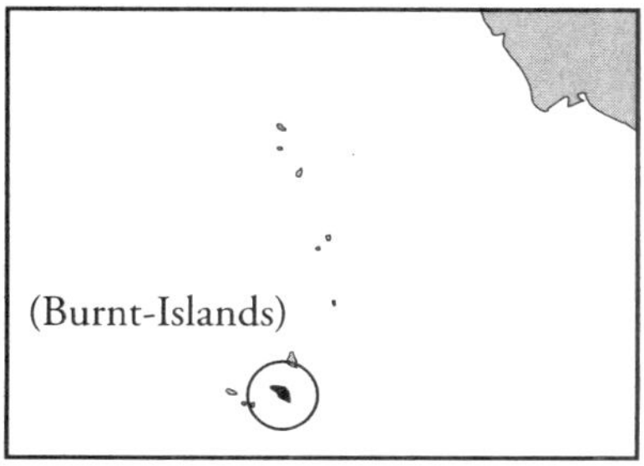


11. Sesekreienai-Inseln 15° 53‘ N

12. Aigidiorum (Anjediva) 14°45‘ N

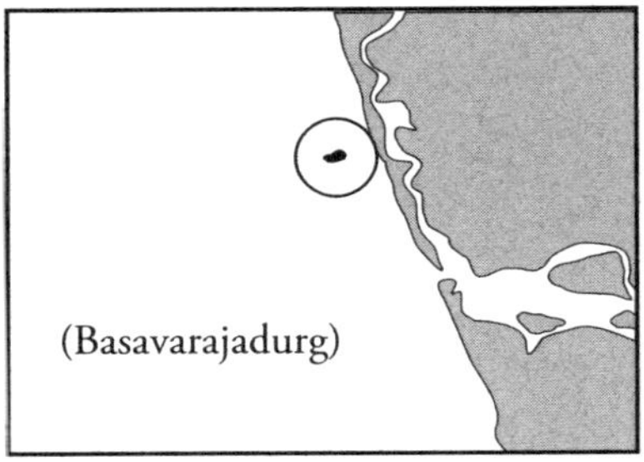


13. Kaineitoi 14° 18‘ N

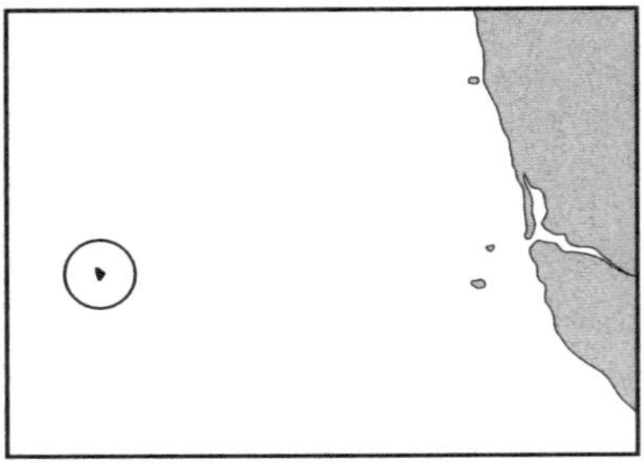

14. Weiße Insel (Netrani) 14° 01‘ N

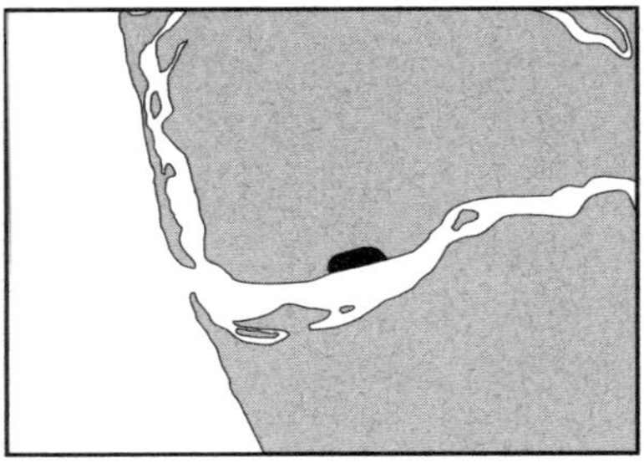

15. Naura (Mangalore) 12° 50‘ N

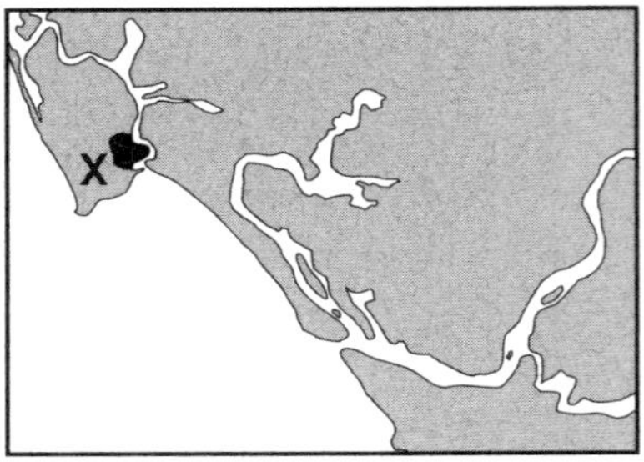


16. Eli (Berg Dilli X) 12° 02‘ N

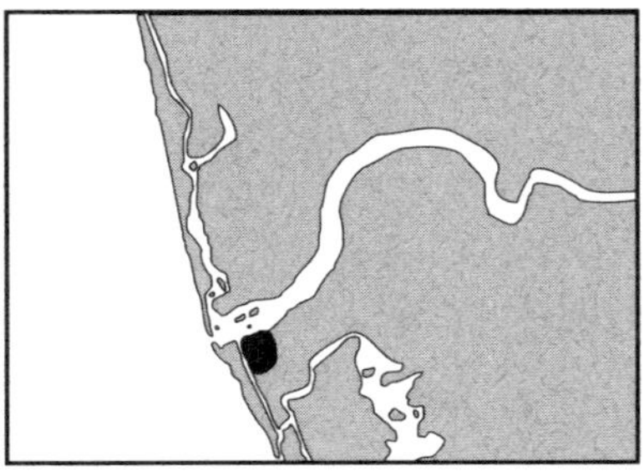

17. Tyndis (Ponnani) 10° 46‘ N

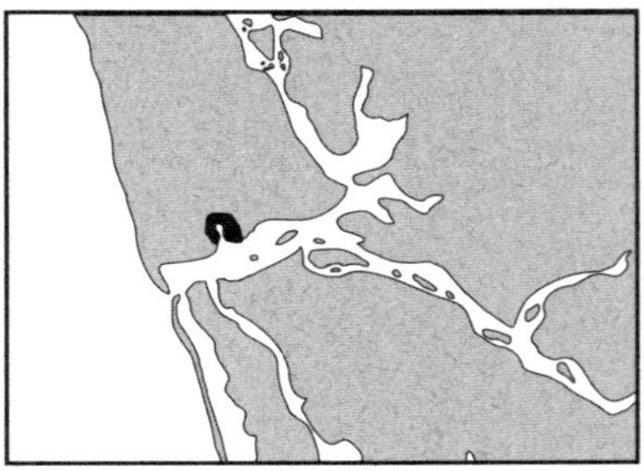

18. Muziris (Cranganore) 10° 12‘ N

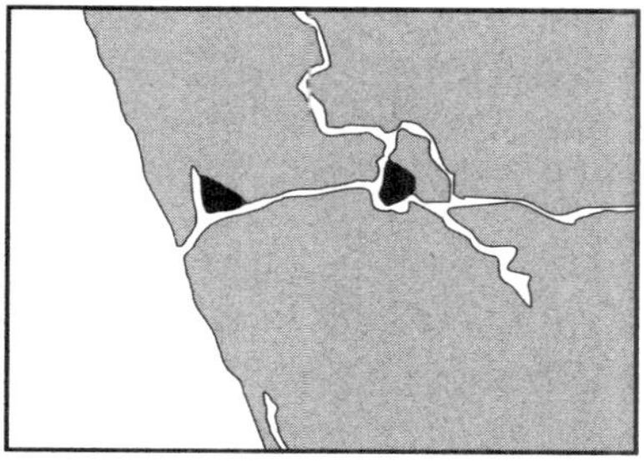

19. Bakare und Nelkynda 09° 20‘ N

20. Balieta (Pelikara) 08° 44‘ N

21. (Vilinjam) 08° 22‘ N

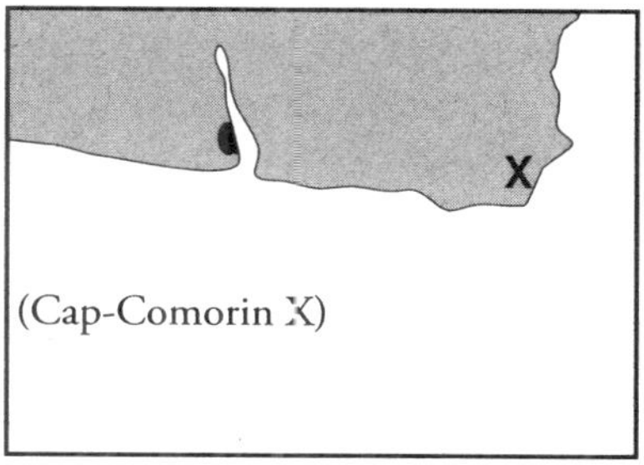


22. Comar 08° 05‘ N

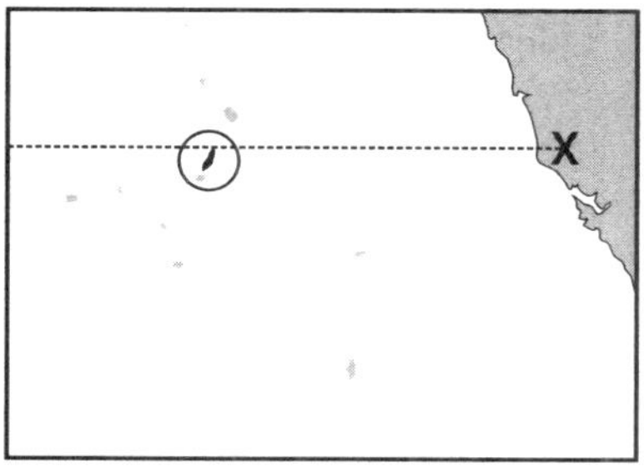


23. Berg Dilli – Kadmat – Sokrota

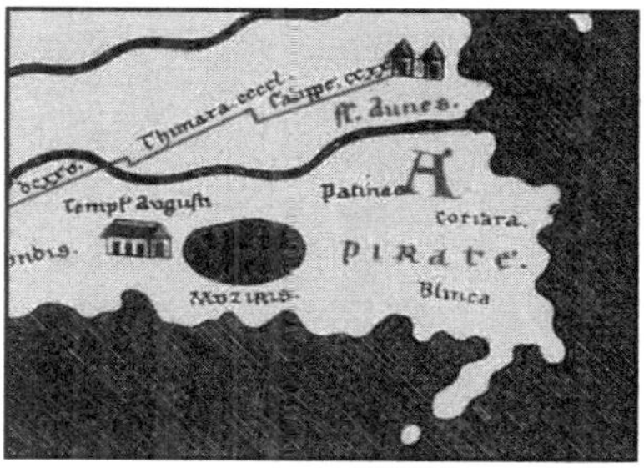

24. ‚Tempel des Augustus‘, Muziris.

# Literaturquellen


Altmann, Werner, Lorenz, Susanne, Königsbrunn, Königsbrunn 2007

Baer, Wolfram u.a., Beiträge Schwaben-Tirol, Beiträge, Rosenheim 1989

Bartels, Karl Heinz, Drogenhandel und apothekenrechtliche Beziehungen zwischen Venedig und Nürnberg, Frankfurt 1966

Basham, A.L., A Cultural History of India, Oxford 1975

Bayerisches Landesamt für Denkmalpflege, Die Römer in Schwaben, München 1985

Behrendt, Willi, Teichner, Albert, Königsbrunn, die Stadt auf dem Lechfeld, Königsbrunn 1984

Behringer, Wolfgang, Thurn und Taxis, München, Zürich 1990

Bruns, Friedrich, Weczerka, Hugo, Hansische Handelsstraßen, Atlas, Köln, Band 1, Graz 1962; Band 2, Graz 1967; Register, Weimar 1968

Carroll, Maureen, Römer, Kelten und Germanen, Stuttgart 2003

Casson, The Periplus Maris Erythraei, Princeton 1989

Czysz, Wolfgang, u.a., Die Römer in Bayern, Stuttgart 1995

Dallmeier, Martin, 500 Jahre Post, Regensburg 1990

Dussler, Hildebrand, Reisen und Reisende in Bayerisch-Schwaben und seinen Randgebieten, Band I, Weißenhorn 1968

Dussler, Hildebrand, Reisen und Reisende in Bayerisch-Schwaben und seinen Randgebieten, Band II, Weißenhorn 1974

Dreyer-Eimbcke, Erika, Alte Straßen im Herzen Europas, Frankfurt 1989

Dreyer-Eimbcke, Oswald, Die Entstehung der Erde, Frankfurt 1988

Ehrenberg, Richard, Das Zeitalter der Fugger, Band 1, Jena 1896

Fahrenkamp, Was Caesar am liebsten speiste, Erftstadt 2006

Filser, Karl, Flösserei auf Bayerns Flüssen, München 1991

Fleckinger, Angelika, Ötzi, der Mann aus dem Eis, Wien 2005

Frei, Hans u.a., Historischer Atlas von Bayerisch-Schwaben, Augsburg 1989, 2. Auflage

Freytag, Gustav, Bilder aus der deutschen Vergangenheit, Bd.1-5, Leipzig 1866
Giebel, Marion, Reisen in der Antike, Düsseldorf 2006
Goebel, Peter, Mohammed der Spediteur, Hamburg 1976
Grasser, Walter, Bayerische Münzen, Rosenheim 1980
Ginzrot, Johann Christian, Die Wagen und Fuhrwerke von der Antika bis zum 19. Jahrhundert nebst Bespannung, Zäumung und Verzierung der Zug-, Reit- und Lasttiere, Gütersloh 1981
Gottlieb, Gunter, u.a., Geschichte der Stadt Augsburg, Stuttgart 1984
Hack, Nils, Der Gewürzhandel im Nürnberg des 14.-16. Jahrhunderts, Bamberg 1995
Hägermann, Dieter, Schneider, Helmuth, Propyläen Technik Geschichte, 750 v.Chr.-1000 n. Chr., Berlin 1997
Heinke, Jochen, Unterwegs auf den Straßen unserer Urahnen, Fulda 2003
Heinz, Werner, Strassen und Brücken im Römischen Reich, in: Zeitschrift für Archäologie und Kulturgeschichte, Sondernummer 1988, Jena 1988
Heinz, Werner, Reisewege der Antike, Unterwegs im Römischen Reich, Stuttgart 2003
Hitzer, Hans, Die Straße, München 1971
Höhn, Alfred, Die Straßen des Nürnberger Handels, Nürnberg 1985
Hollberg, Cecilie, Deutsche in Venedig im späten Mittelalter, Göttingen 2005
Holzschuher, Gabriel, Ein Brief aus Indien von Januar 1580, Germanisches Nationalmuseum, Nürnberg, Sig HS 28,884.
Ipser, Karl, Venedig und die Deutschen. Deutsche, Österreicher, Schweizer am Rialto, München 1976
Junkelmann, Panis militaris: Die Ernährung des römischen Soldaten oder der Grundstoff der Macht, Mainz 1997
Karnehm, Christl, Gräfin von Preysing, Maria, Die Korrespondenz Hans Fuggers von 1566 bis 1594, Quellen zur

Neueren Geschichte Bayerns, III Bände I,II-1,II-2 Regesten der Kopierbücher aus dem Fuggerarchiv 1566-1594, München 2003
Kaster, Heinrich, Die Weihrauchstraße. Handelswege im alten Orient, Frankfurt 1986
Kay, Bernhard, Ans Ende der Welt und darüber hinaus, Frankfurt 1995
Kellenbenz, Hermann, Zwei Jahrtausende Kölner Wirtschaft, Band 1, Köln 1975
Kellenbenz, Hermann, Die Fugger in Spanien und Portugal bis 1560, München 1990
Kellenbenz, Hermann, Oberdeutsche Kaufleute in Sevilla und Cadiz, Stuttgart 2001
Kießling, Hermann, Lohrmann, Ulrich, Türme, Tore, Bastionen, Augsburg 1987
Knabe, Wolfgang, Untersuchungen über die Grundlagen der Mària-Religion, Düsseldorf 1977
Knabe, Wolfgang, Afghanistan – Beute seit Jahrtausenden, in: Politische Studien, 32. Jg., Heft 257, München 1981
Knabe, Wolfgang, Auf den Spuren der ersten deutschen Kaufleute an der indischen Westküste, Anhausen 1993
Knabe, Wolfgang, Zwischen Eis und Ewigkeit, Reutlingen 1997
Knabe, Wolfgang, The Beginning of the Indo-German Trade Relation in the 16th century. A cross-cultural view of economic relations, in: Indian-German Intercultural Seminar, DaimlerChrysler AG, Berlin 2002
Knabe, Wolfgang, 500 Jahre Handel, Bayern – Indien, Festschrift, Bayerische Staatskanzlei, München 2005
Koebner, Richard, Venantius Fortunatus, Hildesheim 1973
Knauth, Percy, Die Entdeckung des Metalls, Amsterdam 1976
Krüger, Herbert, Das älteste deutsche Routenhandbuch, Jörg Gails Raißbüchlin, Graz 1974
Kühnel, Harry, Alltag im Spätmittelalter, Augsburg 2006.
Lauridsen, Henning, Viborgs historie 1, Viborg 1998, S.17
Lepelley, Claude, Rom und das Reich, München, Leipzig 2001

Linke, Rainer, Königsbrunn, eine junge Stadt mit einer archäologischen Vergangenheit, in Einsle, Hans, Geschichte und Geschichten aus Königsbrunn, Königsbrunn 1991
Ludwig, Karl-Heinz u.a., Prophyläen Technik Geschichte, Bd. 2, Berlin 1997
Knust, Theodor, Marco Polo, Von Venedig nach China. Tübingen, Basel, 1976
Maier, Robert, Das römische Kochbuch des Apicius, Stuttgart 1991
Mälzer, Gottfried, Die Fries-Chronik des Fürstbischofs Julius Echter von Mespelbrunn (1574), Würzburg 1989
Metzger, Wolfgang, Handel und Handwerk des Mittelalters im Spiegel der Buchmalerei, Graz 2002
Müller, Johannes, Vom Endneolithikum zur Frühbronzezeit: Muster sozialen Wandels, Bonn 2002
Müller-Hahl, Bernhard, Stadt- und Landkreis Landsberg a. Lech, Landsberg a. Lech 1966
Müller, Karl Otto, Welthandelsbräuche 1480-1540, Stuttgart, Berlin 1934
Neumann, Alfred, Römerstraße Cambodunum-Abodiacum, Kempten 2006
Ohne Autor, Guia de caminos para ir venir por totas las provincias…de España, Francia, Italia y Allemania, Madrid 1727
Parker, Geoffrey, Historischer Weltatlas, München 1996
Pemsel, Helmut, Weltgeschichte der Seefahrt, Bd 1, Bd.2, Hamburg 2000
Pirenne, Henri, Mohammed und Karl der Große, Frankfurt 1985
Planta, Armon, Verkehrswege im alten Rätien, Chur 1985
Pölnitz, Götz, Freiherr von, Lebensbilder aus dem Bayerischen Schwaben, Band 1, München 1952; Band 4, München 1955
Pötzl, Walter, Schneider, Otto, Vor- und Frühgeschichte – Der Landkreis Augsburg, Augsburg 1996
Pötzl, Walter, Herrschaft und Politik – Der Landkreis Augsburg, Augsburg 2003
Redtel, David, Das Kräuterbuch des Johannes Kentmann von 1563, Berlin, London 2004

Rösch, Gerhard, Venedig und das Reich, Tübingen 1982
Schäfer, Herbert, Bobingen, Bobingen 1975
Schallmayer, Der Limes, Geschichte einer Grenze, München 2006
Scheck, Frank Rainer, Die Weihrauchstraße, Bergisch Gladbach 1995
Schneider, Hans-Christian, Altstraßenforschung, Darmstadt 1982
Schmidt, Rolf, Zum Augsburger Stadtbuch von 1276, in Zeitschrift des Historischen Vereins für Schwaben und Neuburg (ZHVS), 70, 1976
Schmidt-Händel, Astrid, Der Erfurter Waidhandel an der Schwelle zur Neuzeit, Frankfurt 2004
Schneider, Hans-Christian, Altstrassenforschung, Darmstadt 1982
Settele, Walter, Haunstetten, Augsburg 1983
Schoff, William, The Periplus of the Erythraean Sea, New York, 1912
Schulte, Aloys, Geschichte des mittelalterlichen Handels und Verkehrs zwischen Westdeutschland und Italien mit Ausschluß von Venedig, Berlin 1966
Spranger, Carolin, Der Metall- und Versorgungshandel der Fugger in Schwaz in Tirol 1560-1575 zwischen Krisen und Konflikten, Augsburg 2006
Spufford, Peter, Handel, Macht und Reichtum, Stuttgart 2004
Steinfeld, Ludwig, Chronik einer Straße. Die alte Straße von Frankfurt nach Leipzig. Horb am Neckar, 1994
Strahm, Christian, Das Glockenbecher-Phänomen. Ein Seminar, Freiburg 1995
Stromer von Reichenbach, Wolfgang, Die Nürnberger Handelsgesellschaft Gruber-Podmer-Stromer im 15. Jahrhundert, Nürnberg 1963
Trier, Marcus Carl, Die frühmittelalterliche Besiedlung des unteren und mittleren Lechtales nach archäologischen Quellen, Köln 1990

Völse, Hans Joachim, Altes Wissen neu entdeckt, München 2006
Volkmann, Hermann, Via Claudia, Augsburg 1998
Von Stromer, Wolfgang, Venedig und die Weltwirtschaft um 1200, Stuttgart 1999
Waas, Adolf, Der Bauernkrieg, München, o.J.
Walser, Gerold, Die römischen Straßen und Meilensteine in Raetien, Stuttgart 1983
Wamser, Ludwig, Die Römer zwischen Alpen und Nordmeer, Mainz 2000
Weisgerber, Gerd, Alpenkupfer, Bochum 2004
Weitnauer, Alfred, Venezianischer Handel der Fugger, München, Leipzig 1931
Welser, Markus, Augsburger Chronik, Augsburg 1595, Faksimile, Augsburg 1985
Wirtz, Carolin, Köln und Venedig, Köln, Weimar, Wien 2006
Wolf, Hans, Vierhundert Jahre Mercator, vierhundert Jahre Atlas, Weißenhorn 1995
Wolters, Reinhard, Die Römer in Germanien, München 2006
Zentralinstitut für Fränkische Landeskunde und allgemeine Regionalforschung, Jahrbuch für fränkische Landesforschung, Neustadt a.d. Aisch 1950
Zorn, Wolfgang, Historischer Atlas von Bayerisch-Schwaben, Augsburg 1989
Zorn, Wolfgang, Lebensbilder aus dem Bayerischen Schwaben, Band 9, München 1966; Band 10, Weißenhorn 1973
Zorn, Wolfgang, Das Hochstift Augsburg und der Merkantilismus, in: Jahrbuch des Vereins für Augsburger Bistumseschichte, Band 3, Augsburg 1969.

# Bildquellen

**19 – Straßenspuren auf Königsbrunner Flur**

Kartengrundlage, Landesvermessungsamt, München, Uraufnahme von 1860, 1:25000, Blatt 635 Göggingen, Blatt 636 Haunstetten, Blatt 662 Großaitingen, Blatt 663 Merching.

**24 - 25 – Die transeuropäische Nord-Süd-Straße um 1575/1580**

Staats- und Stadtbibliothek Augsburg, Alemannia Sive Svevia Superior, Christoph Hurter, 1575/1580, Sig, Graph hv7.

**55 – Transportwege der Orientwaren über ‚Königsbrunner Flur' um 200 n. Chr.**

Topographische Grundlage: Columbus Verlag, Kartographisches Institut, Krauchenwies.

**62 - 63 – Die römische Straße „Via Claudia Augusta" zwischen Augsburg und Epfach**

auf der Straßenkarte von Castorius, um 365 n. Chr., Österreichische Nationalbibliothek, (ÖNB), Bildarchiv, Wien: Cod. 324, Segm.III.

**127 – Fernstraßen und Übernachtungsorte zwischen Augsburg und Landsberg**

Bayerische Staatsbibiliothek München, ca. 1760-1778. Exactissima Statuum Totius Ducatus Bavariae Tabula Secundum Omnes Status & Praefecturas Cum Insertis Et Finitimis Regionibus. Heinrich Ludwig Broenner. Mapp.XI, 37h.

**151 – Die ‚Obere Straße' und die ‚Untere Straße' der „Straße nach Italien" zwischen Augsburg und Venedig**
Topographische Grundlage: Columbus Verlag, Kartographisches Institut, Krauchenwies.

**174 - 177 – Die europäischen Pilgerstraßen nach Rom im Jahre 1500**
Bayerische Staatbibliothek, München, Pilgerkarte, Erhard Etzlaub, Nürnberg 1500, Sig. 2 Inc.c.a. 2918-221a.

**208 - 217 – Die Wasserstraße „Lech"**
Stadt Königsbrunn, Der Lech-Fluss von Füeßen im Algöw an, Bis zu seinen Auslauff in die Donaw, Gabriel Bodenehr, Ende 17./Anfang 18. Jht.

**235 – Die transeuropäische Nord-Süd-Straße im Geflecht mittelalterlicher Fernstraßen**
Topographische Grundlage: Columbus Verlag, Kartographisches Institut, Krauchenwies.

**246 – Die erste deutsche Meilenscheibe, um 1565**
Staats- und Stadtbibliothek Augsburg, Augsburger Meilenscheibe, Hans Rogel, um 1565, Sig. Graph. 29,140.

**252 - 253 – Die Verkehrskarte Schwaben 1579/1580**
Bayerische Staatsbibliothek München, , Itinerarium Orbis Christiani, Sweviae Circulus, XLII X, Sig. 4 Mapp. 48a-43.

**293 – Die transeuropäische Poststraße zwischen 1505 und 1706 über die heutige Königsbrunner Flur**
Topographische Grundlage: Columbus Verlag, Kartographisches Institut, Krauchenwies.

**297 – Die Augsburger Meilenscheibe am Ende der Blütezeit des Augsburger Fernhandels, 1629**
Augustin, Caspar, Augsburger Meilenscheibe, Augsburg 1629, Faksimile, o.J., Privatbesitz.

**303 – Die „Straße nach Italien" 1726 über Königsbrunner Flur**
Stadtarchiv Schwabmünchen, Archiv der Freiherren von Imhoff auf Untermeitingen, Karte des Feldmessers Simon Gigl, 1726.

**308 – Globium – der weltweit größte Historische Globus**
Foto: Wolfgang Knabe, 5.8.2007

**334 - 337 – Handelsorte an der indischen Westküste**
Tophographische Grundlage: Government of India, India West Coast, Amtliche Seekarten. Kartenausschnitte stark verkleinert, unterschiedliche Maßstäbe

**337 – Der ‚Tempel des Augustus', Muziris**
ÖNB, Bildarchiv, Wien: Cod. 324, entnommen aus Segm.VI.

**Vorsatz/Rücksatz – Die Fernstraßen Mitteleuropas im Jahre 1501**
Große Kreisstadt Löbau, Stadtarchiv, Erhard Etzlaub, Landstraßenkarte, Nürnberg 1501.

# Danksagungen

Dieses Buch entstand als Beitrag der Mercator-Forschungsgruppe e.V. zum 40jährigen Jubiläum der Stadt Königsbrunn und zur Eröffnung der Ausstellung „Aus Indien und vom Ende der Welt“ – 2000 Jahre Fernhandelsgüter aus Asien über Königsbrunner Flur.

Ganz herzlich danke ich meiner Frau Edith für ihre unermüdliche Unterstützung bei der Erstellung dieses Buches – von der Idee bis zur Drucklegung. Mein Sohn Bernhard hat sich mit großem Engagement des Layouts, des Einbandes, der zeitintensiven Bearbeitung aller Karten und der Aufbereitung des gesamten Bildmaterials angenommen, wofür ich ihm ganz herzlich Dank sage.

Mein besonderer Dank gilt auch Herrn Anton Oberfrank für seine spontane Zusage, dieses Buch künstlerisch mitzugestalten. Mit Begeisterung hat er die viertausendjährige Vergangenheit der „Alten Straße“ über die heutige Königsbrunner Flur in seinen Zeichnungen wieder zum Leben zu erweckt. Mein Dank gilt dem Geigerverlag, Frau Laitinen, Herrn Bosch und Herrn Weiß für die gute Zusammenarbeit. Herrn Thorsten Oestergaard danke ich für die Überlassung der topographischen Kartengrundlage Mitteleuropa.

Unserem 1. Bürgermeister der Stadt Königsbrunn, Herrn Ludwig Fröhlich, danke ich ganz herzlich dafür, dass er das spannende Thema „Abenteuer Fernhandel“ aufgegriffen und den ‚Historischen Globus‘ in Königsbrunn

‚verankert‘ hat. In diesem Zusammenhang sage ich auch ein herzliches Dankeschön allen Damen und Herren des Stadtrates, Herrn Manfred Schachenmayer, Herrn Michael Veit – vor allem aber Herrn Bernd Seybold, ohne den diese Idee nie Wirklichkeit geworden wäre, Dr. Ambrosio Piazzoni, dem Vizepräfekt der Bibliotheca Apostolica Vaticana für die Bereitstellung der Lithos sowie Herrn Thorsten Oestergaard und Herrn Andreas Thamm für die kooperative Zusammenarbeit. Maßgeblich dazu beigetragen, dass dieses Bauwerk verwirklicht werden konnte, haben auch Herr Ministerialrat Dr. Paul Fischer und Herr Ministerialrat Dr. Alois Bogenrieder von der Bayerischen Staatskanzlei.

Bedanken möchte ich mich auch bei Herrn und Frau Kromer, bei Herrn Rainer Linke, Herrn Albert Teichner Herrn Franz Moritz und Herrn Wolfgang Niederzoll für ihre wertvollen Hinweise in diesem Zusammenhang.

Vielen Dank auch der Universitätsbibliothek Augsburg, der Staats- und Stadtbibliothek Augsburg, dem Stadtarchiv und der Pressestelle der Stadt Löbau, dem Stadtarchiv und der Stadtbibliothek der Stadt Schwabmünchen, dem Landesvermessungsamt München und der Bayerischen Staatsbibliothek München, hier den Bildstellen der Handschriftenabteilung sowie der Kartenabteilung – und der Bildstelle der Österreichischen Nationalbibliothek Wien für ihre Unterstützung.

Wolfgang Knabe
Königsbrunn, im Juli 2007

BEHEN
PRAG
elnbogn
GIRLICZ
DRESEN
MEISSEN
LIPCZ
ZEICZ
TVR
ERFT
NORTHVSN
SAGEN
KOTTEVICZ
LAVSNI
CZR
MEIDBVRG
BRVNSVIG
FRANCKEVR
LEBVS
MARK
BRADE
BVRG
BERLIN
SAX
EN
AVELBVRG
Elb flu
LVNBVRGE
MERN
STETIN
MEG
LBORG
SVND
LVNEBORG
ENBVRG
LEB
LVBECK
HOLT
RVGEN
ERISCHMER
FALSTER
OSTER SEE
DIE
SCHLESVIG
FEMARN
SEELAND
ROSCHILD
RIPEN
DEVTSCHMER
ARHVS
DEN
MARK
VVIBORG